山西大同大学著作基金资助

KEXUE SHIJIANGUAN FANSHIXIA
SIXIANG ZHENGZHI JIAOYU JIAZHI YANJIU

科学实践观范式下思想政治教育价值研究

李月玲 著

人民出版社

目　　录

序 …………………………………………………………… （1）

导论 ………………………………………………………… （1）

第一章　科学实践观概述 …………………………… （45）

一、科学实践观之直接理论来源 …………………… （46）

（一）黑格尔的实践观 ……………………………… （46）

（二）费尔巴哈的实践观 …………………………… （48）

二、科学实践观之实质 ……………………………… （51）

（一）实践是人与动物的异质点 …………………… （52）

（二）实践是个人与社会的契合点 ………………… （58）

（三）实践是主体与客体的分合点 ………………… （62）

（四）实践是现实性与超越性的关联点 …………… （63）

三、科学实践观对现代思想政治教育的启示 ……… （66）

（一）再度审视思想政治教育的本质 ……………… （66）

（二）克服"社会本位"和"个人本位"两种片面倾向 … （90）

第二章　科学实践观范式下思想政治教育价值思想之考略 … （100）

一、马克思恩格斯的思想政治教育价值思想……………… （100）

（一）关于思想政治教育社会价值的思想……………… （102）

（二）关于思想政治教育个人价值的思想……………… （104）

（三）关于思想政治教育社会价值和个人价值关系的思想

………………………………………………… （106）

二、列宁的思想政治教育价值思想…………………………… （108）

（一）关于思想政治教育社会价值的思想……………… （108）

（二）关于思想政治教育个人价值的思想……………… （111）

（三）关于思想政治教育社会价值和个人价值关系的思想

………………………………………………… （112）

三、中国共产党的思想政治教育价值思想………………… （113）

（一）关于思想政治教育社会价值的思想……………… （114）

（二）关于思想政治教育个人价值的思想……………… （117）

（三）关于思想政治教育社会价值和个人价值关系的思想

………………………………………………… （120）

第三章　科学实践观范式下对现有思想政治教育价值的审视

………………………………………………… （124）

一、对思想政治教育价值认识方式及内涵的审视………… （124）

（一）实体性思维方式居主导地位……………………… （124）

（二）停留在价值"关系说"的表层…………………… （131）

二、对思想政治教育价值的形态与特征的审视…………… （134）

（一）混淆价值形态与价值特征的关系………………… （134）

（二）对价值形态的划分标准缺乏理论依据…………… （139）

三、对思想政治教育社会价值和个人价值关系的审视………（141）

（一）重社会价值轻个人价值 …………………………（141）

（二）重个人价值轻社会价值 …………………………（143）

第四章　科学实践观范式下思想政治教育价值之诠释 ………（145）

一、科学实践观范式下思想政治教育价值的形成…………（145）

（一）思想政治教育价值的要素 ………………………（146）

（二）思想政治教育价值的生成 ………………………（158）

二、科学实践观范式下思想政治教育价值的形态 …………（184）

（一）社会意识形态个体化 ……………………………（188）

（二）个体意识形态社会化 ……………………………（190）

三、科学实践观范式下思想政治教育价值的本质特征 ………（191）

（一）个体性与社会性的辩证统一 ……………………（191）

（二）现实性与超越性的辩证统一 ……………………（194）

第五章　科学实践观范式下思想政治教育价值之实现…………（199）

一、思想政治教育价值实现的理念 ………………………（200）

（一）个人和社会相统一的理念 ………………………（201）

（二）实然与应然相统一的理念 ………………………（205）

（三）合规律性与合目的性相统一的理念 ……………（208）

二、思想政治教育价值实现的原则 ………………………（211）

（一）同质多维的原则 …………………………………（212）

（二）和谐共进的原则 …………………………………（214）

（三）全面发展的原则 …………………………………（217）

三、思想政治教育价值实现的机制 ………………………（219）

（一）融合机制 …………………………………………（220）

（二）调适机制 …………………………………（222）

（三）认同机制 …………………………………（224）

四、思想政治教育价值实现的途径 …………………（227）

（一）正确定位思想政治教育的本质 ……………（227）

（二）营造适宜思想政治教育的环境 ……………（229）

（三）提升思想政治教育队伍的素质 ……………（233）

（四）凝练思想政治教育的方法 …………………（235）

结语 …………………………………………………（241）

参考文献 ……………………………………………（244）

后记 …………………………………………………（272）

序

　　思想政治教育价值问题是思想政治教育基本理论中的重要问题，其反映和体现了思想政治教育的本质，决定和影响着思想政治教育的其他问题。对该问题的研究，从 20 世纪 70 年代开始进入学界的视野，目前仍处于讨论之中。

　　作为我指导的"科学实践观视阈下思想政治教育研究"系列博士论文之一的《科学实践观视阈下思想政治教育价值研究》，从科学实践观这一新的视角对思想政治教育价值进行了新的阐释。科学实践观即马克思主义实践观，该实践观指出了社会历史中存在的所有现象在根本上都是现实的个人实践活动的结果，个人的实践活动离不开一定的社会条件。因此，现实的社会一定是以个人实践活动为前提和基础，受个人实践活动状况决定和影响的社会；现实的个人，必定是处于特定社会历史条件下，受社会状况决定和制约的个人。概言之，在马克思主义实践观中，个人与社会是统一不可分的。论文从这一视阈出发，主要阐述了以下观点：第一，科学实践观视阈下的思想政治教育价值是以个人与社会在思想观念、政治观点、道德规范等意识形态领域中的良性互动、同质发展为尺度，是思想政治教育价值客体的属性满足主体意识形态的需要和目的而产生的一种肯定状况。第二，科学实践观视阈下的思想政治教育价值体现为社会意识形态个体化和个体意识形态社会化两种形态。第三,科学实践观视阈下的思想政治教育价值具有个体性与社会性、现实性与超越性辩证统一的本质特征。第四,科学实践观视阈下的思想政治教育价值应确立个人与社会相统一、实然与应然相统一、合目的性与合规律性相统一的理念,同质多维、和谐共进、全面发展的原则,融合、调适、认同的机制以及诸种方法等等。

本书的作者李月玲在青海师范大学本科毕业后,只身闯荡到山西大同大学(原雁北师范学院)应聘。刚刚立足就开始考研,跟随我攻读了硕士、博士学位。期间,我见证了她从一个要强心理与自卑心理交织、纯正善良、外向率直、外形颇具高原特点的女孩,成长为乐观、进取、自信、宽容、成熟的全过程,如今她已成为学校教学、科研和管理工作的骨干。她的成长过程使我得出了一个新的认识,即人的个性特点不是一成不变的,随着知识的增长和视野的开阔是可以改变的;人的内在与外在是统一的,内在修养水平的提高会带来外在气质的提升和形象的变化。

现在月玲的博士论文在进一步修改和完善的基础上即将付梓,我由衷地为她高兴。我相信本书的出版既是她学习研究的重要阶段性成果,亦是她不断进取的新起点。衷心祝愿月玲在学术研究与行政管理两方面取得更大成绩。

王秀阁

2014 年 7 月 18 日

导　　论

一、选题意义

（一）理论意义

1. 有助于转换思想政治教育价值的研究范式

"范式"作为科学的思维方式及其方法论的核心概念，最初是由美国的哲学家托马斯·库恩提出来的。在此之后，"范式"一词通常指称在某一学科领域中，研究者们对该学科的基础理论和基本方法所具有的共同信念。这种共同信念为该学科的研究者们提供共同的理论框架和理论模型，限制研究者们对该学科的研究集中在相同的范围之中，决定研究者们对该学科的基础理论持有相同的观点、对该学科的研究采取相同的基本方法，从而规定了该学科具有共同的发展方向。理论研究的实践证明，当某一理论难题得不到解决，并不断失败而引起危机时，必然需要和寻找新的研究范式。随着新的研究范式的出现及其被接受，一切危机就会宣告结束。由此可见，研究范式的转换是理论研究不断推进的助产士。

思想政治教育价值研究范式的转换既是时代变迁、社会变化的必然要求，也是思想政治教育自身内在矛盾运动的必然要求。从思想政治教育价值研究的历时态考察，其研究范式经历了"社会哲学范式"向"人学范式"的转换。"社会哲学范式"的产生是由革命战争时期的中心任务决定的。这一研究范式在特定的历史时期的确需要，并且发挥了巨大的作用。在"社会哲学范式"下，人们着眼于思想政治教育与整个社会大系统之间的关系，使思想政治教育主要侧重于社会政治的需要，并且把社会政治的需要看做是思想政治教育的出发点和归宿。可见，在"社会哲学范式"下，思想政治教育的价值主要集中在社会政治范围内，侧重解决了思想政治教育的工具价值问题。人们把这种研究范式下的思想政治教育称之为"社会本位"的思想政治教育。但是，随着时代的变革，随着特定的历史任务的完成，并随着市场经济的发展，人的主体性日趋增强。在特定历史时期过度重视宣传和灌输社会所要求的思想观念、把思想政治教育视为单纯的政治工具或手段、"只见社会而不见人"的思想政治教育已经不能适应变革了的社会现实，也不能更好地解决现实中的问题，其理论体系也受到了不同程度的挑战和质疑。因此，"社会哲学范式"下的思想政治教育逐步失去了它应有的地位和价值，逐步使人们产生了对思想政治教育的反感甚至抵触情绪。这一局面要求必须转换思想政治教育价值的研究范式。华中师范大学的张耀灿教授等人在《思想政治教育学前沿》中提出了思想政治教育要实现人学范式的转向。于是，很多学者立足于"现实的个人"，把"现实的个人"看做是思想政治教育的出发点和归宿，把培养人和满足人的需要看做是思想政治教育的关键，把关心人、理解人、尊重人看做是思想政治教育的基本原则。可见，"人学范式"下的思想政治教育主要解决思想政治教育的目的价值问题。然而，囿于学者们对个人和社会之间关系的机械论理解，这种转向却逐步倾向于过分强调思想政治教育的个体价值而忽视了它的社会价值，逐步产生"只见人而不见社会"的嫌疑。人们把它称之为"个人本位"的思想政治教育。

可见，"社会哲学范式"向"人学范式"的转换，尽管是为了克服思想政治教育价值在前一种研究范式下的弊端和困境而进行的。然而，由于后建立的"人学范式"自身的缺陷，却使思想政治教育的价值研究重新陷入了新的困境之中而受到了不同程度的挑战和批判。在一定程度上，思想政治教育呈现出"失语"的状态。说严重一点，导致了思想政治教育的"失效"和"失能"现象。由此，必须再次转换思想政治教育价值的研究范式。思想政治教育既承载着宣传一定社会所要求的思想观念、政治观点、道德规范的任务，也担负着促进个体思想观念、政治观点、道德品质发展的任务。其最终目的并不是要求个人无条件地接受社会所要求的思想观念、政治观点、道德规范，而是促进个人和社会在思想观念、政治观点、道德规范等意识形态领域的有机统一。以此为基点剖析"社会哲学范式"和"人学范式"下的思想政治教育，不难发现，两种范式的局限性归根结底就在于对个人和社会二者之间的关系的理解不同。科学实践观表明，个人和社会是在人类实践中产生的同构共生的关系体。科学实践观所蕴涵的最基本的价值观就是个人和社会自始至终是统一的。可见，以科学实践观为研究范式，是扬弃"社会哲学范式"和"人学范式"下的思想政治教育价值利弊的必然选择，也是应对现有的思想政治教育所面临的困境和难题的必然选择。

2. 有助于促进思想政治教育学理论科学化

截至目前，思想政治教育研究者要么把思想政治教育这一活生生的有机体异化为是为社会政治斗争服务的工具，只强调了思想政治教育价值的一方面，即社会价值，从而屏蔽了思想政治教育对个体价值的考量与追问；要么把思想政治教育这一具有阶级性、意识形态性的特殊的实践活动异化为是为了个体自由成长和全面发展服务的活动,只强调思想政治教育的个体价值,从而掩盖了思想政治教育对社会的责任和义务,导致思想政治教育理论的科学性和意识形态性大大降低。

马克思指出:"我们坚信,构成真正危险的并不是共产主义思想的实际试验,而是它的理论阐述"。① "理论只要彻底,就能说服人[ad hominem]。所谓彻底,就是抓住事物的根本。"② 所以,在整个思想政治教育研究中,加强思想政治教育理论建设是其重中之重的任务。思想政治教育价值问题是思想政治教育理论问题的重要内容之一。通过思想政治教育价值的研究,使得思想政治教育的地位和作用得到进一步的理论抽象和理论升华,不仅有利于丰富思想政治教育理论,而且有利于增强思想政治教育理论的科学性。

(二) 现实意义

1. 有助于提升思想政治教育存在的合法性

众所周知,人的精神和观念一旦为某些思想和意见所占据,另一些思想和理性便不能追寻它自身的目的,因而就没有活动的余地。因此,"意识形态领域历来是敌对势力同我们激烈争夺的重要阵地。敌对势力要搞乱一个社会、颠覆一个政权,往往先从意识形态领域打开缺口,先从搞乱人们思想入手"。③ 国际局势跌宕起伏,正在发生着冷战结束以来最为深刻的变化,网络化、信息化进程的不断加快,社

---

① 《马克思恩格斯全集》第 1 卷,人民出版社 1995 年版,第 295 页。

② 《马克思恩格斯文集》第 1 卷,人民出版社 2009 年版,第 11 页。

③ 《十六大以来重要文献选编》下,人民出版社 2008 年版,第 399 页。

会转型一步步推进，难以预测的和不稳定的因素明显增多。在这种情况下，意识形态的争夺不但没有削弱，反而以各种不同的方式加剧。由此，思想政治教育作为开展意识形态教育的主阵地，始终不可懈怠。不但不能忽视，反而要更加重视。然而，如果撇开对思想政治教育价值的追问，对思想政治教育的地位和作用仅停留在现象层面的认识，缺乏对思想政治教育价值和意义的哲学把握，很难真正理解思想政治教育"是什么"、"为什么"、"怎么样"，从而不可能提高其可信度，更谈不上思想政治教育的吸引力。正如著名文学家韦勒克指出："不谈价值，我们就不能理解并分析任何艺术品。能够认识某种结构为'艺术品'就意味着对价值的一种判断"。① 目前，由于各方面的原因，不少人质疑甚至怀疑思想政治教育存在的意义。甚至包括很多研究者在内，虽然他们从事的是思想政治教育工作和思想政治教育学科的研究。然而，他们对该工作和该学科的价值认同度却不高，对思想政治教育学科发展的信心也明显不足。所以，研究思想政治教育价值，是提升思想政治教育存在的合法性的必然选择，也是提高思想政治教育时效性和实效性的前提。

2. 有助于澄清思想政治教育开展的必要性

在全球化、网络化、信息化的时代背景下，人们日益体悟到人在社会生活中占据着越来越重要的地位。甚至很多学者强调："社会的现代化归根结底就是人的现代化"②。人作为社会发展的主体，其素质状况直接决定着社会的发展水平。质言之，社会的发展离不开德才

---

① ［美］韦勒克等：《文学理论》，刘象愚等译，三联书店出版社 1984 年版，第 16 页。

② 项久雨：《思想政治教育价值论》，中国社会科学出版社 2003 年版，第 2 页。

兼备的人才。但通常来讲,"道德可以弥补智慧的缺陷,而智慧却永远弥补不了道德的缺陷"(但丁语)。因此,一个有德无才的人是可悲的,一个有才无德的人却是可怕的。然而,对一个人而言,专门的技术训练可以将人制造成一种最有用的工具,使其具备某一方面的才能,但它未必就能培养出具有科学素质和道德素质的人。现代化的发展,使人们的科学技术水平大幅度的提高。科学技术的进步和成就理应使我们的星球更加美好,使我们的生活水平大幅度提高。然而,现有的科学技术成就却把我们这个星球带入危机四伏、前途暗淡的境地,而且很多危机已经威胁到了地球文明的继续存在,也许还很有可能会威胁到地球自身的生命。虽然知识和技术越来越丰富,人们却并不真正知道所有这一切的意义以及如何利用它,以至于出现了"物的世界的增值同人的世界的贬值成正比"①的现象。这些危机都源于不断滋生和蔓延的科技至上、金钱至上等生活方式和价值观念。譬如,科技至上主义所造成的理性猖獗、情意缺失、人本沦丧、物性至尊等现象,金钱至上的价值观所引发的一桩又一桩的"毒食品"等事件,不但没有真实地提高人民的生活水平,反而为了获取利益最大化,给人民的健康带来了许多的隐患。同时,很多人已经意识到虽然物质世界不断丰富了,可是人们从来没有像今天这样迫切地需要相对稳定的价值观念的支撑,也从来没有像今天这样强烈地需要在变动不定的世界里寻求一个安定的精神家园。这一切都强烈地呼唤"重估一切价值"(尼采语)。如何使人从异化的工具人、经济人回归到真正的人,已成为有责任感的人冥思苦想、迫切解决的极大难题,这也是思想政治教育所要解决的现实的课题和重大的难题。思想政治教育在本质上就是为了解决人类在思想观念、政治观点、道德品质等意识形态方面

① 《马克思恩格斯文集》第 1 卷,人民出版社 2009 年版,第 156 页。

的困境，促进人们形成正确的价值观，提高人的价值判断力。对思想政治教育价值的研究，使人们更加清晰地认识到思想政治教育的这一本质。由此可见，对思想政治教育价值的研究，有利于澄清思想政治教育开展的必要性。

3. 有助于指明思想政治教育发展的方向性

"前提性认识的改变必将带来整个教育观念和对其性质、过程等方面认识与行为的变化"。① "范式"作为规定某一学科发展方向、研究范围和思维方式的共同信念，对它的把握和认识是研究该学科时必须做出的前提性认识。在不同的研究范式下，理论研究的思维方式便不同。于是，理论研究所需要的研究方法、所选择的研究范围、所运用的基础理论也就不同，进而影响到理论发展的方向。

考察思想政治教育发展的历程，思想政治教育的发展曾沿着两种不同的方向进行。在"社会哲学范式"下，把思想政治教育的最终旨归看做是维护社会稳定和团结。因此，思想政治教育便沿着为社会服务的方向发展；在"人学范式"下，把思想政治教育的最终旨归看做是促进个人的身心健康与和谐。因此，思想政治教育一切理论的研究都围绕"如何发展人"、"怎样发展人"展开。这两种发展方向都背离了思想政治教育的本质，违背了个人与社会的关系。科学实践观范式所蕴含的最基本的思维方式，要求对思想政治教育价值的研究，必须把个人和社会看做是同构共生的关系体，既不能忽视思想政治教育的个人价值，也不能忽视思想政治教育的社会价值，而要把思想政治教育的社会价值和个人价值统一起来，这为思想政治教育的进一步发展指明了方向。

---

① 叶澜：《教育研究方法论初探》，上海教育出版社 1999 年版，第 131 页。

二、国内外相关研究综述

（一）关于科学实践观的研究现状

一石激起千层浪，自1978年真理标准大讨论以来，中国哲学界对实践问题的研究可谓是汗牛充栋。在CNKI上，以1979年到2012年5月为时间段，仅在哲学栏目下，以"实践"为字段，共检索到相关文章6919篇；以"实践观"为字段，共检索到相关文章604篇（其中硕士论文31篇）；以"科学实践观"为字段，共检索到相关文章55篇（其中硕士论文3篇）；以"马克思主义实践观"为字段，共检索到相关文章136篇；以"马克思实践观"为字段，共检索到相关文章102篇。在中国国家图书馆网站，以"科学实践观"为字段检索到相关专著3部，博士论文1篇；以"马克思主义实践观"为字段检索到相关专著4部，博士论文1篇。

纵观国内学术界的研究成果，粗看起来，对于实践问题的研究名目繁多，形式各异。然而，细究其研究内容，其中渗透着或贯穿着一种基本相似的取向和理念——即从根本上挖掘和探讨马克思的实践思想。根据已掌握的资料看来，学界基本达成共识：科学实践观指的就是马克思的实践观。但在"什么是科学实践观"这个关键问题上，有些理解貌似相同，有些理解还是尖锐对立的。整体上看，学界从实践的概念及实践在客观世界和马克思主义哲学中的地位两个视角出发阐述了科学实践观。

1. 实践的概念

对于实践概念本身的理解，学界的观点大体可以归纳为五大类。

第一，从认识论的角度理解实践。其类观点普遍存在于哲学原理教科书中，他们认为，实践是认识的基础、动力、源泉，又是检验真理的唯一标准。实践观点是"认识论"的"首要的"观点。第二，从物质生产的角度理解实践。他们认为，实践是主体通过一定的中介（包括手段、方法等），为了实现主体的目的，探索和改造客体的对象性物质活动。① 第三，从物质生产和社会实践统一的角度理解实践。他们认为"实践既是人们能动地改造客观世界的感性物质活动，又是人作为历史活动主体的形成和发展。二者是辩证的统一"。② 从本源上来看，实践就是指人们的物质生产活动，它构成了人类社会起源、存在、发展的基础。从现实上来看，它是指"客观的、对象性的"的活动，包括物质劳动和社会实践。③ 第四，从人的生存角度理解实践。他们认为，实践是人的生存基础和生命活动的体现，承载着人的生存和发展，既是有意识、有目的的价值追求，也是对外部世界的对象化。既体现了主体性的特征，也具有客观的物质性。④ 第五，从实践的二重性的角度理解实践。他们认为，实践是具有两重性质的，是主体与客体、主观性与客观性相互作用、相互规定、相互转化的活动，体现着主体与客体、主观性与客观性双向本原作用。它"既是分化世界的活动，又是在更高基础上统一世界的活动。它是人类面对的一切

---

① 兰明：《对马克思主义实践观的再理解》，《马克思主义研究》2008 年第 2 期，第 16 页。

② 陈筠泉：《实践概念和哲学基本问题》，《高校理论战线》2010 年第 3 期，第 33 页。

③ 陈诚：《"实践存在论"的理论实质及其思想渊源———对朱立元先生反批评的初步回答》，《文艺理论与批评》2010 年第 2 期，第 17 页。

④ 张奎良：《辩证法的实践内涵》，《哲学研究》2008 年第 5 期，第 41 页。

现实矛盾的总根源，又是解决这一切矛盾的力量和方法的源泉"。①

　　2. 实践的地位

　　实践在客观世界以及马克思主义哲学中的位置问题，是有关实践和实践观的一个关键性问题。对其，学界主要从四个维度展开了论述。

　　第一，实践本体论维度。此观点认为，实践就是人类世界的真正的本体，它构成了人类世界得以产生、存在以及发展的基础、源泉和根据。②

　　第二，实践生存论维度。此观点把马克思哲学称为马克思实践哲学。他们认为马克思实践哲学，在本质上就是生存论的本体论。实践的概念就是本体论框架内的概念。也就是说，他们把实践看做是本体论框架内的人的存在方式和根据。③

　　第三，实践生成论维度。此观点认为，人的生活世界首先面对的核心问题，就是人的生存方式、生存结构、生存处境及其改变等人的生成性的存在问题。这些核心问题，就是人的生活世界中的本体论问题。所以，马克思的哲学，在本质上就是感性实践生成本体论。④

　　第四，实践思维方式维度。此观点认为，应该把"实践"看做是马克思主义哲学用以阐明其全部世界观所采取的一种崭新的思维方

---

　　①　高清海：《走哲学创新之路（续）——关于哲学教科书体系改革的心路历程》，《开放时代》1996 年第 4 期，第 12 页。

　　②　杨耕：《物质、实践、世界：关于马克思主义哲学三个基本范畴的再思考》，《北京社会科学》2000 年第 3 期，第 27 页。

　　③　俞吾金：《如何理解马克思的实践概念——兼答杨学功先生》，《哲学研究》2002 年第 11 期，第 17 页。

　　④　韩庆祥：《实践生成本体论：马克思本体论思想解析》，《江海学刊》2002 年第 6 期，第 22 页。

式，而不能把它仅仅看做是认识的基础、来源以及真理标准等问题的一个原理。①

另外，还有一些虽不普遍但较为独到的观点。第一，"实践观点是历史观的首要的基本的观点，但实践观点是不是马克思主义哲学的首要的基本的观点"。② 第二，科学实践观有两个基本原则：一个是现实性思维的原则，它是为理论认识提供正确的出发点的本体论原则；另一个是价值原则，它是理论建构的起点，反映人的活动的根本性质。③

综上可见，三十多年的研究历程中，学界对"科学实践观"的研究成果是显而易见的，早已打破了认识论的局限、超越了单纯的物质生产领域、克服了主客二分的对立模式，逐渐深入到世界观、历史观等思维方式的高度把握科学实践观。这些成就是毋庸置疑的，但依然存在一定的问题。对实践概念本身以及实践地位的理解存在着相去甚远的种种理解，对实践概念的泛化、片面化、庸俗化、经验主义的倾向，消解了实践概念的超验维度。对实践地位的过度提升或过度降低，忽略了甚至是割断了实践与人类的存在及其对人类的终极关怀的联系。对许多人来说，科学实践观的完整本质仍然是遮蔽不明的，从而导致人们对科学实践观依然存在不同程度的误解和扭曲。

---

① 高清海：《论哲学观念的转变——哲学探进断想之一》，《哲学研究》1987年第10期，第19页。

② 黄楠森：《关于马克思主义哲学的若干问题》，《高校理论战线》2001年第2期，第34页。

③ 熊明：《论科学实践观的两个原则》，《理论月刊》2005年第12期，第55页。

（二）关于思想政治教育价值的研究现状

每一个概念都有其相对确定的论域。思想政治教育价值是价值中的一种特殊现象。对价值概念及其相关理论的理解是进行思想政治教育价值研究的基础。对于这一核心词汇的不同理解，将直接关系到对思想政治教育价值进一步研究的思维取向。

1. 价值的研究现状

迄今为止，学术界对价值的界定大相径庭。仅在哲学范畴，人们对价值的界定大体有以下几类："主观说"或称"情感说"、"实体说"、"属性说"、"效用说"和"关系说"。其中，前两种观点多见于西方学者，后三种观点则在我国比较多见。

第一，价值"主观说"或"情感说"认为，价值是人们的情感、兴趣、意志等主观的感受状态。持这一观点的主要是价值论研究的早期代表人物。譬如，德国新康德主义弗赖堡学派价值哲学奠基人文德尔班，他认为，价值是相对于一个估价的心灵而言，抽开意志与情感，就不会有价值这个东西。绝不能把价值理解为对象本身的特性。[1]奥地利价值学派（迈农）认为，凡是一个有价值的东西，便是使我们喜欢，而且是达到使我们喜欢的程度的东西。[2] 厄尔本认为："一个客体的价值存在于它对愿望的满足之中，或广义地说，存在于它对兴

---

[1]　转引自刘放桐等：《现代西方哲学》上册，人民出版社 1990 年版，第143 页。

[2]　转引自［阿根廷］方迪启：《价值是什么——价值学导论》，黄藿译，联经出版事业公司 1986 年版，第 31 页。

趣的满足中"。①

第二，价值"实体说"认为，价值就是指有价值的事物本身，或者说价值是客体中的某种东西，与主体无关。② 主要代表人物有杜威、摩尔、舍勒等。摩尔认为，一个东西是否具有价值并且在何种程度上具有那种价值，总是只依赖于这个东西的内在性质。严格地说，同一个的东西，不可能在一个时间或在一种环境下具有这种价值，而在另一时间或另一种不同的环境下具有那种价值；也不可能在一个时间或一种环境下具有价值，而在另一时间或环境下则不具有价值。③ 舍勒认为，一切价值都是质料的质性。价值是对象自己的特殊本性的第一"信使"。对象的价值走在对象的前面。当对象本身还含糊不清时，对象的价值就已经是清楚明白的。④

第三，价值"属性说"认为，价值，归根到底就是指有价值的人或事物自身的存在和属性。它只是在人或事物同其他事物的关系中表现出来，而不会随着事物同其他物之间的关系而改变。⑤ 其最有代表性说法是："所谓价值，就是客体主体化后的功能或属性，即客体的那些能够满足作为主体的多数人的一般需要的功能或属性"。⑥

第四，价值"效用说"认为，价值在于物对人的有用性。其代表观点如下：李凯尔特认为，价值是与现实联系着的，但价值绝不是现

----

① 转引自王玉樑：《21 世纪价值哲学：从自发到自觉》，人民出版社 2006 年版，第 66 页。

② 刘泉水：《价值本质研究综述》，《社会科学动态》2000 年第 10 期，第 6 页。

③ ［英］摩尔：《哲学研究》，杨选译，上海人民出版社 2009 年版，第 202—203 页。

④ ［德］舍勒：《伦理学中的形式主义与质料的价值伦理学》上，倪梁康译，生活·读书·新知三联书店 2004 年版，第 18—19 页。

⑤ 王玉樑：《当代中国价值哲学》，人民出版社 2004 年版，第 108 页。

⑥ 王玉樑：《当代中国价值哲学》，人民出版社 2004 年版，第 70 页。

实。它既不是物理现实，也不是心理现实。价值的实质不在于它的实际的事实性（Tatsä chlichkeit），而在于它的有效性（（Geltung）。① 我国的一些学者，譬如高清海认为，价值概念从始源意义上说，就是物对人的有用性。一事物对人而言能够满足某种需要，就是有用的，就有价值；一事物对人而言不能满足某种需要甚至妨碍需要的满足，就是无用的，也就无价值。② 李秀林等认为，价值是指物质的、制度的和精神的事物或现象，是其对个人、群体以及整个社会活动而言的某种有用性。③ 王玉樑认为，价值就是客体对主体的效应，从根本上说就是客体对社会主体发展完善的效应。价值的初级本质是对主体生存的效应。价值的较深层次本质是对主体发展完善的效应。价值的更深层次的本质是对社会主体发展完善的效应。④

　　第五，价值"关系说"认为，价值是主客体之间的关系范畴。主要代表观点如下：马克思认为："'价值'这个普遍的概念是从人们对待满足他们需要的外界物的关系中产生的"，⑤ 是"人在把成为满足他的需要的资料的外界物，作为这种满足需要的资料，而从其他的外界物中区别出来并加以标明时，对这些物进行估价，赋予它们以价值或使它们具有'价值'属性"。⑥ 我国学者李连科认为，价值就是

---

　　① ［德］李凯尔特：《文化科学和自然科学》涂纪亮译，商务印书馆 1986 年版，第 78 页。

　　② 高清海：《马克思主义哲学基础》下册，人民出版社 1987 年版，第 51—52 页。

　　③ 李秀林等编：《辩证唯物主义和历史唯物主义原理》第 5 版，中国人民大学出版社 2004 年版，第 305 页。

　　④ 王玉樑：《21 世纪价值哲学：从自发到自觉》，人民出版社 2006 年版，第 152 页。

　　⑤ 《马克思恩格斯全集》第 19 卷，人民出版社 1963 年版，第 406 页。

　　⑥ 《马克思恩格斯全集》第 19 卷，人民出版社 1963 年版，第 409 页。

一种客体与主体需要之间的肯定与否定的特定关系。① 袁贵仁：认为，价值是主客体之间以实践关系、认识关系为基础的一种特殊关系。价值存在或渗透于实践关系和认识关系之中，但是对实践和认识关系产生巨大的反作用，具有相对的独立性性。② 李德顺认为："所谓价值，就是指客体的存在、属性及其变化同主体的尺度是否相一致或相接近"。③ 张曙光认为，价值是指人通过自身的对象性活动，使对象对人自身生存和发展的肯定。它在本质上指人的对象性活动及其产物对于人自身生存和发展的意义。④

　　综上可见，国内外学者对于价值的认识已取得了斐然的成果，同时也证明正确界定和把握价值的确是件很重要，但也是很困难的事。正如布赖恩·威尔逊斯（Bryan Wilsons）所言："即使就全部概念来说，也几乎没有像价值概念这样难以界定的"。⑤ 正由于此，"当代世界各国居于统治地位或主导地位的价值哲学基本理论特别是关于价值本质的理论长期陷于混乱、停滞而不能自拔的困境"。⑥ 100 多年来，在西方价值哲学中占统治地位的依然是主观价值论，特别是倾向于情感主义。认为价值只是一种情感好恶的表达，反映着个体、群体或人类的喜好、憎恶、欲望、雄心等情感。⑦ 在我国，占主导地位的是价

① 李连科：《价值哲学引论》，商务印书馆 1999 年版，第 70 页。

② 袁贵仁：《价值学引论》，北京师范大学出版社 1991 年版，第 44 页。

③ 李德顺：《价值论》，中国人民大学出版社 2007 年版，第 27 页。

④ 张曙光：《马克思关于"价值"的研究及相关问题》，《河北学刊》2011 年第 1 期，第 2 页。

⑤ 转引自王海明：《价值释义》，《首都师范大学学报》（社会科学版）2003 年第 2 期，第 48 页。

⑥ 王玉樑：《百年价值哲学的反思》，《学术研究》2006 年第 4 期，第 5 页。

⑦ ［芬］冯·赖特：《知识之树》，陈波等译，生活·读书·新知三联书店 2003 年版，第 17—18 页。

值"关系说"。这一主流思想符合马克思对价值一般的基本思想，但并不意味着我国在价值领域的成就已登峰造极，许多关于"价值"的基本理论仍很不完善。价值一词在很大程度上仍处于含混不清，争论不休的状况。因为价值的确有多种多样的用法，我们也可以在不同的场合和语境下使用它。即使我们小心翼翼地使用它们，也会难免混淆和误用，何况，在哲学以及其他学科中，人们并没有严谨地、小心翼翼地使用它们，往往把价值的各种用法和语境混杂在一起。所以，"在使用这些术语时，人们应当选择一个清晰而又系统的方案，并力图前后一致"。①

纵观价值哲学产生发展的整个历史，尤其是在"实践唯物主义"或者"实践本体论"兴起以来，人们逐渐认识到价值问题是一个不同于本体论和认识论所研究的对象。但价值哲学发展聚焦的理论难题就是如何突破传统的本体论和认识论的研究模式和思维方式。直到目前，这个问题依然是横在价值哲学面前的"火焰山"。显然，对于价值哲学来讲，其产生不是哲学研究主题的转换，其发展也不是原有概念组合或废除，也不是新概念的提出，最关键的就是突破传统的本体论或认识论的思维方式。这也是哲学史发展所证明的铁的事实——哲学研究主题的变化，必然要求与之相适应的研究视角、研究理念及思维方式的转换。只有实现了思维方式的转换，才能充分而全面地展示和发挥新主题的真实内涵。

---

① ［美］培里等：《价值和评价——现代英美价值论集粹》，刘继选，中国人民大学出版社1989年版，第7页。

2. 思想政治教育价值研究现状①

在我国，对思想政治教育价值的研究起步较晚。最初，人们常常以思想政治教育的作用、功能、地位以及意义等内容来表述对思想政治教育价值的认识。从本质上讲，这些研究是对思想政治教育"是什么"的事实判断，而非价值判断。但是，这些研究为我们研究思想政治教育的价值积累了非常宝贵的经验，提供了非常重要的材料。从思想政治教育价值研究的逻辑顺序考察，它的探索经历了"生命线论"、"作用论"、"功能论"、"价值论"的发展进程。据有关资料显示，最初涉猎思想政治教育价值论的是国内学者李德顺。1989 年，他在《思想政治工作研究》上发表的五篇系列论文，开创了思想政治教育价值研究的先河。他指出为了提高对思想政治教育的理性判断，要把价值哲学理论运用于思想政治教育领域。此举真可谓是"抛砖引玉"。在此后的研究中，涌现出很多学者研究思想政治教育价值，其中陈秉公、张耀灿、郑永廷等专家学者们在其专著中专门论述了思想政治教育价值。为了推进思想政治教育价值研究的进程，2002 年，中国人民大学复印资料《思想政治教育》专设了"思政价值专栏"。在这种"热潮"的影响下，项久雨编著的第一本专著——《思想政治教育价值论》，于 2003 年由中国社会科学出版社出版了，该书被学界认为是思想政治教育价值研究的里程碑。除此之外，学者们撰写的各级各类的论文也对思想政治教育价值研究做出了很大的贡献。截至 2012 年 5 月，以"思想政治教育价值"为字段精确检索，在 CNKI 上共检索到相关论文 347 篇，其中硕士论文 22 篇。其研究论域主要涉及以下几

---

①　李月玲：《思想政治教育价值历史回顾与展望》，《思想政治教育研究》2012 年第 2 期，第 38—41 页。

个方面:

第一,关于思想政治教育价值的内涵。对其问题的研究,学者们是借用哲学价值论的研究成果展开的,目前在哲学价值论领域对价值的主流思想是价值"关系说"和"效用说"两种。因此在思想政治教育价值领域,也明显地存在这两种倾向。第一种是思想政治教育的价值"关系说"。其中项久雨的观点是最典型、最具有代表性和权威性的观点,也是多年来被学界广泛引用的观点。他认为,思想政治教育价值,是人和社会在思想政治教育实践和认识的活动中建立起来的,以人的思想政治品德形成和发展规律为尺度,思想政治教育的存在及其属性与人的本性、目的以及需要相适合、相接近,与人的发展(尤其是思想品德的形成和发展)和人类社会进步(尤其是精神文明的进步)的目的相一致而呈现出的一种客观的、肯定的、主客体关系。① 还有胡国义提出,思想政治教育的价值应该包括外在价值和内在价值两个方面。其外在价值就是在社会关系中,思想政治教育合乎人类社会进步而呈现出的一种肯定的意义的关系。其内在价值就是指在思想政治教育活动中,思想政治教育合乎受教育者的思想品德发展而呈现出的一种肯定的意义关系。② 第二种就是思想政治教育的价值"效用说"。这种观点认为,思想政治教育价值就是思想政治教育实践对社会的进步和个人的发展的效用和意义。③ 也有的学者把它表述为,思想政治教育价值就是思想政治教育的属性和功能满足人与社会发展

---

① 项久雨:《思想政治教育价值论》,中国社会科学出版社 2003 年版,第 46 页。

② 胡国义:《思想政治教育价值论》,浙江教育出版社 2009 年版,第 22 页。

③ 赖荣珍:《论思想政治教育社会价值和个体价值的统一》,《学术论坛》2003 年第 3 期,第 149 页。

的需要的效益关系。①

第二，关于思想政治教育价值的本质。由于学界对思想政治教育价值内涵的不同认识，建立在内涵认识基础之上的本质认识也就不同。因此，对思想政治教育价值本质理解，同样可以分为两类较为典型的观点：一类是建立在"关系说"认识基础之上，他们认为，思想政治教育价值的本质就是指价值主体的需要与思想政治教育属性之间的对应关系的总和。② 另一类是建立在"效用说"认识基础之上，他们认为，思想政治教育价值的本质就是指它对人的发展的效用和意义。③ 是作为客体的思想政治教育活动对于思想政治教育主体的意义。他们对思想政治教育价值的"效用"本质做了进一步的阐释，认为它就是思想政治教育活动及其效果满足思想政治教育活动的组织者和倡导者的利益和需要的效益，是思想政治教育活动及其效果促进主体所统治的社会发展的积极意义。④

第三，关于思想政治教育价值的生成。在整个思想政治教育价值研究中，对这个问题的研究是最薄弱的内容。仅有个别的研究者研究此问题，而且基本上都认同主体的需要是思想政治教育价值的生成根源或前提。主体的利益是思想致治教育价值的生成动因；实践活动是思想政治教育价值的生成源泉。⑤ 除此之外，极个别的学者对这一基

① 罗洪铁：《思想政治教育学原理》，西南师范大学出版社 2009 年版，第 60—61 页。

② 项久雨：《思想政治教育价值论》，中国社会科学出版社 2003 年版，第 48 页。

③ 卫刘华：《人文关怀视阈下思想政治教育价值探析》，《教育革新》2009 年第 2 期，第 7 页。

④ 李江凌：《论思想政治教育的价值》，《学校党建与思想政治教育》2005 年第 11 期，第 11 页。

⑤ 项久雨：《思想政治教育价值论》，中国社会科学出版社 2003 年版，第 153—168 页。

本观点进行了拓展性的阐述，其实质上大同小异。指出，思想政治教育价值生成的现实根源是社会历史的发展需要，思想政治教育价值生成的主体根源是人的需要；主体的利益是思想政治教育价值生成的社会根源。① 还有学者认为，思想政治教育价值生成的深刻根源是人的社会性。②

第四，关于思想政治教育价值的特征。众多的学者认为，思想政治教育价值的特征包括社会性、客观性、主体性、相对性、时效性③、历史性、阶级性、实践性。④ 但也有的学者对思想政治教育价值的特征进行了分层认识，认为其特征应该分为基本特征、具体特征和主体性特征三个方面。基本特征包括阶级性、社会性、历史性、客观性和实践性；具体特征表现为个体性与群体性、内隐性与外显性、精确性与模糊性；主体性特征表现为多维性、独特性和历时性。其中居于最高层次的是思想政治教育价值的基本特征，规定并影响着思想政治教育价值的具体特征和主体性特征。⑤ 另外还有一些学者认为，思想政治教育价值的特征，在对象范围上表现为个体性与群体性的统一，在存在方式上表现为内隐性和外显性的统一，在作用方式上表现为直接性与间接性的统一，在评价方式上表现为精确性与模糊性的统一，在

① 胡国义：《思想政治教育价值论》，浙江教育出版社 2009 年版，第 61—74 页。

② 闵绪国：《人的社会性：思想政治教育价值生成的根源》，《学校党建与思想教育》2010 年第 12 期中：15 页。

③ 李江凌：《论思想政治教育的价值》，《学校党建与思想政治教育》2005 年第 11 期，第 11 页。

④ 罗洪铁：《思想政治教育学原理》，西南师范大学出版社 2009 年版，第 63—64 页。

⑤ 项久雨：《思想政治教育价值论》，中国社会科学出版社 2003 年版，第 173—192 页。

时序上表现为长期性与近期性的相统一。①

第五，关于思想政治教育价值的形态。在整个思想政治教育价值的研究中，对这个问题的研究是学者们涉猎最多的，其研究成果也是最为杂乱无章的问题。譬如，按性质作用为标准，划分为正面和负面价值；按效果显现为标准，划分为直接价值和间接价值；按评价为标准，划分为绝对价值和相对价值；按价值主体为标准，划分为个体价值和社会价值。② 按价值的实现与否为标准，划分为为理想价值和现实价值；按价值的实现方式为标准，划分为直接价值和间接价值；按价值的持续时间为标准，划分为长期价值和短期价值；按价值的实现效果为标准，划分为继承性价值和发展性价值。按价值的性质为标准，划分为正面价值和负面价值；按价值的真假为标准，划分为真实价值和虚假价值；按价值的取向为标准，划分为目的性价值和工具性价值等。③ 另一种情况是有些学者之间表面看来选择了相同的区分标准，但对该标准所赋予的内涵不一样，所以貌似所选择的标准相同，但划分出的形态类型却是大相径庭的。譬如，按价值的性质为标准，有的学者把它区分为物质价值和精神价值，有的学者却把它区分为正面价值和负面价值。④ 按价值的功能为标准，有的学者把它区分为导向价值、塑造价值、提升价值、调控价值和激励价值，有的学者区分

---

① 陈华洲：《试论思想政治教育价值的特征》，《高等函授学报》（哲学社会科学版）1999 年第 5 期，第 21—24 页。

② 项久雨：《思想政治教育价值论》，中国社会科学出版社 2003 年版，第 195—201 页。

③ 罗洪铁：《思想政治教育学原理》，西南师范大学出版社 2009 年版，第 61—63 页。

④ 陈成文等：《论思想政治教育价值问题的研究进展》，《甘肃社会科学》2006 年第 1 期，第 85 页。

为导向价值、动力价值、服务价值和政治价值,① 还有的学者却区分
为政治价值、经济价值、文化价值、生态价值和社会稳定价值。② 按
价值结构为标准,有的学者把它区分为目的价值、工具价值、理想价
值、实践价值等。③ 有的学者把它区分为内容价值、过程价值和结果
价值。④ 从根本上分析,对思想政治教育价值形态区分的混乱源自对
价值形态划分的混乱。截至目前,价值形态问题是价值理论界分歧最
大、争论较为激烈的一个问题。对这一问题,一方面存在着表述方式
或术语使用上的不一致。譬如:李连科把它称为是"价值范畴的分
类",李德顺称为是"价值的具体形态",阮青称为是"价值分类",
袁贵仁:称为是"价值的存在形态",王玉樑称为是"价值的基本类
型"等。还有在李德顺主编的《价值学大词典》中,出现了"价值的
表现(manifestation of value)"、"价值的形式(forms of value)"、"价值
的类型(kinds of value)"等。另一方面是价值分类的标准上的不一致。
由于选择的分类标准不同,把价值形态划分为了很多不同的形态。

　　综合起来看,在众说纷纭的价值的分类中,其主流的划分方法可
以归结为三种:一种是从主体的需要的角度划分价值类型。譬如,李
德顺在《价值论》中指出,依据主体的需要,把价值划分为"目的
价值和手段价值"、"物质价值和精神价值"、"综合价值"。⑤培里按

　　① 陈成文等:《论思想政治教育价值问题的研究进展》,《甘肃社会科学》2006
年第1期,第85页。

　　② 王威孚等:《思想政治教育价值研究综述》,《重庆广播电视大学学报》2006
年第2期,第22页。

　　③ 陈成文等:《论思想政治教育价值问题的研究进展》,《甘肃社会科学》2006
年第1期,第85页。

　　④ 王威孚等:《思想政治教育价值研究综述》,《重庆广播电视大学学报》2006
年第2期,第22页。

　　⑤ 李德顺:《价值论》,中国人民大学出版社2007年版,第124页。

照人的需要的不同层次，把价值分为道德价值、宗教价值、艺术价值、科学价值、经济价值、政治价值、法律价值、习惯价值。① 另一种是从客体的角度划分价值类型。譬如，王玉樑在《价值哲学新探》中指出，划分价值类型的最基本的一种方法就是按照客体的类型来划分。客体可以分为物质客体、精神客体和人三类。所以，价值类型就包括物质价值、精神价值、人的价值。② 袁贵仁：在《价值学引论》中指出，区分价值的类型就是要从价值客体的角度，从一个侧面说明价值的客观基础。与之相对应，价值可分为物质的价值，精神的价值和人的价值。③ 还有一种是从价值的等级或序列分类。譬如，有的学者把它分为生的价值、精神价值和宗教价值；有的学者把它分为价值快乐价值、健康价值、精神价值、神圣价值；还有的学者把它分为功利性价值、真善美价值和自由价值。④ 除此之外，有些学者划分价值形态的标准混乱不清，在同一种分类中，时而从客体的角度划分，时而从主体的需要的角度划分。

第六，关于个体价值和社会价值的关系。对个体价值和社会价值这两大形态的内容以及二者之间的关系问题，学界却各抒己见，其中学界争论的焦点和热点集中在思想政治教育价值的个体价值和社会价值之间的关系上。对于思想政治教育个体价值，大多数学者认为，它主要表现在思想政治教育对个体思想和行为的导向、对个体思想和行为的规范、对个体的精神动力的激发、对个体人格的塑造⑤等几个方面。对于思想政治教育社会价值，学界最普遍的观点认为，思想政治

① 李德顺：《价值学大词典》，中国人民大学出版社 1995 年版，第 280 页。
② 王玉樑：《价值哲学新探》，陕西人民教育出版社 1993 年版，第 210 页。
③ 袁贵仁：《价值学引论》，北京师范大学出版社 1991 年版，第 79 页。
④ 李德顺：《价值学大词典》，中国人民大学出版社 1995 年版，第 270 页。
⑤ 张耀灿等：《现代思想政治教育学》，人民出版社 2006 年版，第 174 页。

教育的社会价值就是它作用于政治、经济、文化、生态而呈现出的政治价值、经济价值、文化价值和生态价值。① 对于思想政治教育的个体价值和社会价值二者之间的关系，学者们要么把二者割裂开来看待，要么认为二者之间是目的和手段的关系，其中一方的存在必须以另一方的牺牲为代价。有些学者认为，实现思想政治教育的社会价值是目的，个体价值是实现社会价值的手段。大多数学者认为，思想政治教育的个体价值是社会价值的基础，社会价值则是个体价值的延伸和验证。② 离开了思想政治教育的个体价值，其社会价值就变成了与人无关的空洞的东西。③ 思想政治教育的社会价值必须以"现实的个人"为中介实现，而不是直接实现的。④ 思想政治教育的价值是在现实的个人与思想政治教育的关系作为基础产生的，没有个体价值，社会价值只是观念的虚设。思想政治教育的价值始终指向人，首先体现为对于个人的价值。⑤ 思想政治教育的最终价值在于"现实的个人"。⑥ 思想政治教育的社会价值是个体价值的综合表现和整体效应。⑦

第七，关于思想政治教育价值的实现。研究思想政治教育价值的

---

① 张耀灿等：《现代思想政治教育学》，人民出版社 2006 年版，第 173 页。

② 张耀灿等：《现代思想政治教育学》，人民出版社 2006 年版，第 173 页。

③ 刘建军：《论思想政治教育的个人价值》，《教学与研究》2001 年第 8 期，第 49 页。

④ 李绍伟：《马克思主义人学视域中思想政治教育价值的哲学反思》，《中国矿业大学学报》（社会科学版）2009 年第 4 期，第 77 页。

⑤ 褚凤英等：《论思想政治教育的人本价值》，《学校党建与思想教育》2010 年第 7 期（中），第 10 页。

⑥ 马宁：《思想政治教育的价值复归：现实的个人》，《湖北社会科学》2010 年第 3 期，第 178 页。

⑦ 王淑芹：《思想政治教育价值基本问题研究》，《思想教育研究》2010 年第 11 期，第 14 页。

实现问题。学界主要从其实质、规律、途径等方面进行的。对于思想
政治教育价值实现的实质，学界基本认为，其实质是思想政治教育价
值客体的主体化。其表现就是思想政治教育价值由"潜"到"显"。①
对于思想政治教育价值实现的规律，大体上有两种认识，第一种认
为，思想政治教育价值的实现规律是个多侧面、多角度的规律体系，
具体表现为神形统一律、真善美统一律及虚实转化律等几种具体的规
律。② 第二种认为，对立统一律、转化提升律及自我实现律等三大规
律是思想政治教育价值实现的基本规律。③ 对于思想政治教育价值实
现的途径，学界的研究是比较多的一个问题。很多学者认为，思想政
治教育价值实现的根本途径是实践；思想政治教育价值实现的基本途
径是灌输引导的途径和接受选择的途径；思想政治教育价值实现的具
体途径是课堂教育、管理教育、因特网教育和自我完善。④ 此外，还
有学者们认为，思想政治教育价值实现的前提是培育人；思想政治教
育价值实现的基础是提高思想政治教育的知识含量；思想政治教育价
值实现的重点是开发精神资源；思想政治教育价值实现的关键是结合
经济工作和业务工作一道去做思想政治教育工作。⑤ 也有学者把满足
价值主体的需要看做是思想政治教育价值实现的重点。⑥

---

① 项久雨：《思想政治教育价值论》，中国社会科学出版社 2003 年版，第 266 页。

② 张耀灿等：《现代思想政治教育学》，人民出版社 2006 年版，第 193—198 页。

③ 张亚丹：《浅析大学生思想政治教育价值实现的层次和规律》，《思想教育研究》2011 年第 3 期，第 103—106 页。

④ 项久雨：《思想政治教育价值论》，中国社会科学出版社 2003 年版，第 273—282 页。

⑤ 涂刚鹏：《论新时期思想政治教育的价值及其实现》，《湖北社会科学》2004 年第 8 期，第 122 页。

⑥ 李琼：《实现思想政治教育价值的两个因素》，《学校党建与思想教育》2011 年第 2 期，第 64 页。

在国外，虽然没有直接使用"思想政治教育"这一专门的术语，但是类似于我国思想政治教育的这种教育活动不但存在，而且世界各国非常重视。各个国家所进行的道德教育（Moral education）、公民教育（Civic education）、全人教育（Holistic Education）、宗教教育（Religious education）等，其在实质上类同于我国的思想政治教育。这一现象表明思想政治教育具有很大的价值，这已成为不容置疑的事实。概括地说，诸如此类的教育目标和价值最终都体现在两个方面：一方面是为了培养各自的民族意识，履行其社会责任；另一方面是使个体具有各自民族认同的道德规范和道德行为。其实质上就是思想政治教育，只是冠以不同名称而已。但由于在西方，占统治地位的价值论长期以来都是情感主义。此外，近100年来，西方的价值论研究基本处于停滞状态（王玉樑语）。同时，根据本人所能搜集到的资料表明，国外对于道德教育、公民教育、全人教育、宗教教育等特殊的教育活动的具体价值的研究似乎很少，大部分研究主要集中在对一般教育价值的研究。

三、研究方法、重点难点及创新点

（一）研究方法

古人云，授人以鱼，不如授人以渔。方法在很大程度上比知识更重要。著名物理学家、哲学家爱因斯坦说："科学上的重大进步都是由于旧理论遇到了危机，通过尽力寻找解决困难的方法而产生的"。①

---

① ［德］艾·爱因斯坦，［波］利·英费尔德：《物理学的进化》，周肇威译，湖南教育出版社1999年版，第54页。

方法犹如一面能聚集光到燃点的特殊透镜，方法犹如一盏黑暗中照亮前进方向的指路灯。如果没有合适的研究方法，即使再新颖的主题也很难获得学界真正的青睐。正确的方法是进行科学研究的钥匙，正如黑格尔所说："只有（正确的）方法才能够规范思想，指导思想去把握实质，"① 本文的研究方法有：

1. 从后思索法

"从后思索法"是马克思在《资本论》的研究中提出的方法，马克思对这种方法给予了极大的肯定和极高的认可，他把此方法形象地比喻为"人体解剖对于猴体解剖是一把钥匙"。② 后来此方法就成为马克思一贯的研究方法。他认为："从伊壁鸠鲁哲学追溯希腊哲学"③是"理解希腊哲学的真正的历史的钥匙"，④ 目前来看，"从后思索法"是社会科学研究必不可少的方法之一。这种研究方法表明，对社会科学的理论思索，从而对它的科学分析和研究，要遵循一条同实际运动的方向完全相反的道路。要从已经完全确定的材料、发展的结果开始的。⑤

任何事物的产生发展都是前后相继的历史过程，但是如果只按照历史发展的从"前"到"后"的顺序思索，人们的思维就会局限于原先较不发达和不完善的范围内。正如马克思说："把经济范畴按它们在历史上起决定作用的先后次序来排列是不行的，错误的"。⑥ 所

---

① ［德］黑格尔：《小逻辑》，贺麟译，商务印书馆 1980 年版，第 5 页。
② 《马克思恩格斯文集》第 8 卷，人民出版社 2009 年版，第 29 页。
③ 《马克思恩格斯全集》第 40 卷，人民出版社 1982 年版，第 138 页。
④ 《马克思恩格斯全集》第 40 卷，人民出版社 1982 年版，第 189 页。
⑤ 《马克思恩格斯全集》第 49 卷，人民出版社 1982 年版，第 191 页。
⑥ 《马克思恩格斯文集》第 8 卷，人民出版社 2009 年版，第 32 页。

以，"从后思索法"就是以现实的实践和现有的理论研究为出发点，从现实向历史追溯和反思，立足现实反观过去。这种方法表面看来仿佛是面向历史和过去，但它的最终目的和意图却是在相反的方面，即未来。因为现实以浓缩的形式映现着过去，又以胚胎的形式预兆着未来。它既是过去的延伸，又是未来的起点。① 因而，把过去、现实、未来结合起来，立足现实反观过去，不但能准确把握过去，而且能合理地解释和批判现实，同时能够科学地预见未来。由此，本文利用马克思的"从后思索法"，从现实的研究及其实践出发，追溯和反思思想政治教育价值的理论来源，以期对思想政治教育价值做全面而综合的把握。

2. 历史分析法

历史分析法就是运用联系的、发展的、变化的观点分析客观事物及其社会现象的方法。它与"从后思索法"紧密相连，但其思维方式却是不同，其出发点是思想政治教育价值研究的历史。"前世之事，后世之鉴"，在人类历史上，由于某种判断的盲目性或者其他各种原因，人们甚至某些最杰出的人物也会根本看不到眼前的现实情况和事物。后来，到了一定的阶段和时候，人们就会惊奇地发现，从前人们根本没有看到的东西现在到处都露出它的痕迹。② 由此，把握事物的整个发展脉络是把握其全貌的基点。正如爱因斯坦指出"我们必须检查旧的观念和旧的理论，虽然它们是过时了，然而只有先检查他们，才能了解新观念和新理论的重要性，也才能了解新观念和新理论的正

---

① 杨耕：《论马克思的"从后思索法"》，《学术月刊》1992 年第 5 期，第15 页。

② 《马克思恩格斯文集》第 10 卷，人民出版社 2009 年版，第 284 页。

确程度"。① 但是，"任何一个理论都有它的逐渐发展和成功的时期，经过这个时期以后，它就很快地衰落"。② 若对已经衰落的理论不加批判地接纳，此后果是可想而知的。本文运用历史分析法，通过历时性考察和共时性比较，对思想政治教育价值客体进行具体的历史的分析，也把思想政治教育价值主体置于具体的时代背景和历史条件下，对思想政治教育实践本身进行具体的历史地看待。同时，以科学实践观为视域，寻找已有理论的逻辑缺口及其体系的不完全性，以期通过对原有理论体系的审视和分析，找到新的支撑点和出发点，从而对思想政治教育价值地做出符合时代、符合历史的判断。

3. 抽象分析法

马克思曾经指出："直到现在，还没有一个化学家在珍珠或金刚石中发现交换价值"。③ 所以，分析社会经济形式，既不可能用化学试剂进行试验，也不可能用显微镜进行观察。二者都必须用抽象力来代替。④ 由此可见，在社会科学中，抽象分析法具有普遍的意义。

按照马克思的观点，抽象分析法沿着两条道路进行——第一条道路，具体的表象上升为抽象的规定；第二条道路，在思维行程中，抽象的规定再现为具体的规定。即具体——抽象——具体的过程。从抽象上升到具体的方法，绝不是具体本身再现的过程，而是用思维来分析和掌握具体，使其在思维中表现为综合的过程。它之所以是具体，

---

① ［德］艾·爱因斯坦，［波］利·英费尔德：《物理学的进化》，周肇威译，湖南教育出版社 1999 年版，第 54 页。

② ［德］艾·爱因斯坦，［波］利·英费尔德：《物理学的进化》，周肇威译，湖南教育出版社 1999 年版，第 54 页。

③ 《马克思恩格斯文集》第 5 卷，人民出版社 2009 年版，第 101 页。

④ 《马克思恩格斯文集》第 5 卷，人民出版社 2009 年版，第 8 页。

因为通过抽象它已经是许多规定的综合，是多样性的统一。因此，它表现为结果，而不是表现为起点。①

表面看来，从抽象——具体的过程是一种纯概念的运动过程。实质上，它是实践活动的反映。归根到底，是实践结构、社会发展的实际决定着概念结构演化、逻辑结构变化的顺序。当实践活动及其结构产生新的变化时，整个概念及其理论又要在新的基础上进行调整，进而展开新一轮的从抽象——具体的运动过程。② 任何概念及其理论体系的形成，都遵循从感性具体到抽象再到理性具体的过程。由此，本文力图把思考的触角伸向四面八方，从社会实践、历史资料及同代人的思考中捕捉和寻找有关价值及思想政治教育价值的各种具体资料，总体上掌握已有学者对于思想政治教育价值研究的现状，然后在科学实践观的视域下，再从已获得的、具有代表意义的思想政治教育价值的抽象规定出发，结合思想政治教育实践活动的实际，使其回到具有"许多规定的综合"和"多样性统一"（马克思语）的总体。力争建构科学实践观范式下的思想政治教育价值理论体系。

4. 理论与实践结合法

提起理论与实践相结合的方法，很多人觉得这一提法是已经过时的、没有新意的官话、套话，没有再需要强调的意义和必要性了。的确，过去很长的一段时间，人们把这一原则庸俗化、标签化、教条化，把它当做一种口号贯穿在政治生活和理论研究中，从而造成了对这一方法的实质和重要性的遮蔽甚至曲解。所以，再次提起这一方

---

① 《马克思恩格斯文集》第 8 卷，人民出版社 2009 年版，第 25 页。

② 杨耕：《马克思的科学抽象法：一个再思考》，《中国人民大学学报》1993 年第 3 期，第 70 页。

法，也许很多人会轻视它甚至质疑和反感它。实质上，理论与实践相结合"是我们共产党人区别于任何政党的显著标志之一"；① 理论与实践相结合也是马克思主义哲学区别于以往其他哲学的重要标志，它集中体现的是科学实践观的立场和态度，也是解决看似无法解决的理论问题的根本途径。马克思曾经说过："德国理论的彻底性的明证，亦即它的实践能力的明证"。② 这段话深刻地表明：理论虽然不能代替实践，但真正的理论从来都要以理论和实践两种形态出场，它从根本上来说，承载着"批判的武器"和"武器的批判"的双重力量。

价值问题本身就是一个在人类实践中才能出现的基本问题。然而，在理论家那里，由于脱离了实践，经过他们反复地抽象再抽象，最终导致价值理论的神秘化，似乎价值是一个不解之谜。例如，现代西方价值理论中，"把价值看做是仅仅局限于人的隐秘情感世界的现象，或是把它设定为某种超自然的现象，或是把它当做某种先验的自足的独立王国"，③ 这些都是价值神秘化的表现。马克思主义价值论正是因为坚持和贯彻了理论和实践相统一的原则，从现实的人及其现实的活动出发，依据价值产生的真实情况和本来面目，解决了一些非马克思主义价值论所不能解决的难题，破解了价值之谜。

思想政治教育价值是在思想政治教育实践活动中产生的。所以，研究思想政治教育价值，理论与实践相结合的方法显得尤为必要且重要。

---

① 《毛泽东选集》第三卷，人民出版社 1991 年版，第 1094 页。
② 《马克思恩格斯文集》第 1 卷，人民出版社 2009 年版，第 11 页。
③ 李德顺，马俊峰：《价值论原理》，陕西人民出版社 2002 版，第 21 页。

（二）　重点和难点

　　总体上来讲，以科学实践观所蕴含的思维方式为视域研究思想政治教育价值，这项研究本身是很富有挑战性的，因为它首先涉及转换思维方式的问题。它不但要求很强的哲学思维，而且具有很强的理论功底。就像爱因斯坦所说，转换思维方式就像分娩一样的困难，但一旦实现转换，一切危机将宣告结束。

　　同时，"实践"和"价值"本身既是哲学界的重点内容，也是哲学界具有争议的难点内容。而且"价值"本身还是个极易混淆且难度很大的哲学范畴。那么，在科学实践观范式下研究价值，这个难度更是可想而知。文章相当于用一种理论（实践的理论）审视另一种理论（价值的理论），然后使二者在新的领域（思想政治教育领域）延伸。然而，犹如马克思所言：在科学研究的入口处，正像在地狱的入口处一样，这里任何怯懦都无济于事，必须根绝一切犹豫。① 这好似是"明知山有虎，偏向虎山行"。但是作为一名热爱思想政治教育的工作者，若怕虎而止步，若怕难而停歇，那么思想政治教育理论就不可能推进。

　　具体来讲，论文的难点之一，就是准确把握科学实践观并使其与思想政治教育结合。难点之二，就是科学实践观范式下思想政治教育价值的实现。此外，重点必然是难点，但难点不一定是重点，所以本文重点就是其中的难点之二，即科学实践观范式下思想政治教育价值的实现。

_____

① 《马克思恩格斯文集》第 2 卷，人民出版社 2009 年版，第 594 页。

（三）创新点

1. 转换思维方式——关系性思维方式为主线

思维方式是人们在思维活动中，用以分析、理解和评价客观对象的基本模式和基本依据。① 对一个人而言，建立一种新的思维方式是件非常困难的事。但是，一旦新的思维方式被建立起来，许多理论难题就会得到解决，许多旧的问题也会消失。②

个人和社会的关系问题是思想政治教育中各种观念的聚焦点，也是关涉到思想政治教育中一系列重大理论问题的逻辑前提。自从思想政治教育学科建立以来，大多数学者把个人和社会看做是彼此孤立、甚至对立的双方，都是以其中一方为基点去说明另一方。依据学者们对待个人和社会关系问题的思维方式，可以把它归纳为两种类型：一种是把社会看做是实体。这种观点不是从实践的动态活动中展现出社会历史性，相反，它们用一种既定的社会历史性来规定和规约实践。另一种虽然没有把社会看做实体，却运用实体性的思维方式，把个人看做是孤立的实体。这两种看似互相排斥的思想进路，其实都体现了两极分立的实体性思维方式或单向度的思维方式。

囿于实体性思维方式的局限，从而形成了思想政治教育价值的"社会本位说"和"个人本位说"两种对立的理论。从本质讲，后一种理论是为了克服与之对立的前一种理论的困境而建立的，然而，其

---

① 高清海：《论实践观点作为思维方式的意义——哲学探进断想之二》，《社会科学战线》1988 年第 1 期，第 63 页。

② ［奥］维特根斯坦：《思想札记》，吉林大学出版社 2005 年版，第 155 页。

本身却又陷入新的困境而受到了批判。① 其根本原因是所采用的实体性思维方法和研究方法。黑格尔称之为"形而上学的"方法，它的主要缺陷是把事物当做一成不变的东西去研究，这种方法必须先研究事物，然后才能研究其过程。② 科学实践观表明，人的本质是一切社会关系的总和。③ 社会是表示这些个人彼此发生的那些联系和关系的总和。④ 可见，个人和社会是一对关系性的对象。用非关系性思维来思考关系性的对象，其非准确性是显而易见的。

关系性思维方式就是承认个人和社会彼此同构，相互生成，相互映照，辩证发展。本文以关系性思维方式，突破实体性思维方式或单向度思维方式中把个人和社会彼此孤立的盲区和禁区。全文始终秉承——个人和社会都不是抽象的实体，而是彼此联系、变化发展、生生不息的过程和过程的集合体。所以，思想政治教育并不仅仅是规范和约束人们的思想行为符合一定社会的要求，而且更重要的是促使人们的思想超越现有的社会观念，用更先进的观念引领社会的发展，从而达到个人和社会在意识形态领域的螺旋式上升及其良性互动。这样既符合时代提出的创新要求（创新不仅体现在技术上，而且也体现在思想理念上），也符合人的超越性的本性，这也才能真正体现科学实践观的超越性、前进性。

---

① 陈晏清等：《个人和社会的关系问题是社会观念的核心问题》，《天津大学学报》（社会科学版）1999 年第 1 期，第 38 页。

② 《马克思恩格斯文集》第 4 卷，人民出版社 2009 年版，第 299 页。

③ 《马克思恩格斯文集》第 1 卷，人民出版社 2009 年版，第 501 页。

④ 《马克思恩格斯全集》第 30 卷，人民出版社 1995 年版，第 221 页。

2. 立足新观点——思想政治教育对社会的价值与对个人的价值
　同构共生

　　目前很多学者，包括一些较有权威的学者都认为，思想政治教育价值包括社会价值和个人价值。其中，思想政治教育的个人价值是思想政治教育社会价值的基础，思想政治教育的社会价值则是思想政治教育个人价值的延伸和验证。离开了思想政治教育的个人价值，其社会价值也就变成了空洞的与人无关的东西。科学实践观告诉我们，个人与社会之间不是孰先孰后的关系，二者是在实践的基础上同构共生。因此，思想政治教育对社会的价值和对个人的价值是同构共生，而不是先有个人价值再有社会价值，也不是先有社会价值再有个人价值。正如鲍桑葵曾经所言，个人和社会之间的区别与人在社会中的"目的"何在这个问题无关。个人和社会这两个概念之间是彻底地互相关联的。个人和社会关系这个问题根本不涉及两种相互对立的含义，而是只有一种含义，就其整体而言是社会，就其差别而言是个人。所以，无论按什么标准看待其中的一方，也必须按同一标准去看待另一方；因此，要把个人和社会区别开来，认为其中一个高，另一个低；或者说其中一个是手段，另一个是目的，就变成在说法上有矛盾的了。因为使部分成为整体的手段或使整体成为部分的手段，就好比使一出戏成为剧中人的手段或使剧中人成为这出戏的手段一样。①所以，思想政治教育对社会和对个人的价值紧密相连，最终表现为社会意识形态个体化和个体意识形态社会化。

――――――――――

　　① ［英］鲍桑葵：《关于国家的哲学理论》，汪淑钧译，商务印书馆 2009 年版，第 190 页。

四、相关概念的界定

"真正的思想和科学的洞见，只有通过概念所作的劳动才能获得。"① 所以，界定研究对象的基本概念是该研究的前提和基础。就本文而言，对"价值"的内涵做出哲学意义上的界定是整个研究的基点和出发点。为了使价值的内涵更加的清晰并便于理解，必须对价值及其相关的概念进行分析。

（一）功能

功能（function），在《辞海》中解释为三种含义：①事功和能力；②功效、作用。多指器官和机件而言；③同"结构"相对，指有特定结构的事物或系统在内部和外部的联系和关系中表现出来的特性和能力。② 在《现代汉语大词典》中解释为：效能，功效。③ 在《现代汉语辞海》中把功能解释为，事物或方法所发挥的有利作用和效能。④ 可见，功能也是一个极易混淆和含混不清的概念。总体上讲，功能具有以下几方面的特点：第一，它是事物自身所具有的功效与能力；第二，它主要指某个事物有无某种功能的问题，而不是指大小、程度问题；第三，它是个中性词，不存在好与坏之分，而是指某事物存在的某种属性；第四，它是由构成事物的要素和结构决定。从根本

---

① 〔德〕黑格尔：《精神现象学》上，贺麟等译，商务印书馆 1979 年版，第48 页。

② 夏征农等编：《辞海》，上海辞书出版社 1999 年版，第 1464 页。

③ 《现代汉语大词典》，汉语大词典出版社 2000 年版，第 636 页。

④ 倪文杰等编：《现代汉语辞海》，人民中国出版社 1994 年版，第 303 页。

上讲，功能是指由特定要素组成的、具有特定结构的事物在内部和外部的联系或者关系中表现出来的特质和能力。它与事物的构成要素和结构紧密相连，事物的要素和结构决定着事物的功能。一方面，组成事物的要素和结构不同，它的功能就不同。另一方面，组成事物的要素不同但结构相同，它的功能也不同。此外，组成事物的要素相同但结构不同，它的功能也不同。譬如，金刚石和石墨，木炭和焦炭，它们的构成要素一样，但结构不一样，因此它们的功能也就不一样。由此可见，功能不但与要素直接相关，而且与结构直接相关。换句话说，并不是说事物的构成要素相同其功能就相同；也并不是说事物的结构相同其功能一定相同。结构和功能之间的关系也是很复杂的，存在同构同功（即相同的结构表现出相同的功能）、同构异功（即相同的结构实现着多种不同的功能）、异构同功（即不同的结构表现着相同的或者相似的功能）等情况。①

（二）作用

作用（affect or affection），在《辞海》中解释为，人和事物在一定的环境或条件下产生的影响或变化的功能。② 在《现代汉语大词典》中解释为，对事物产生影响。也指产生的影响、效果。③ 在《现代汉语辞海》中解释为三种情况：①作为动词，指对事物产生影响；②作为名词，对事物产生某种影响的活动；③作为名词，指对事物产生的影响、效果、效用。④ 通常地讲，它是事物与事物发生关系时所

① 金炳华编：《马克思主义哲学大辞典》，上海辞书出版社 2003 年版，第 373 页。
② 夏征农等编：《辞海》，上海辞书出版社 1999 年版，第 654 页。
③ 《现代汉语大词典》，汉语大词典出版社 2000 年版，第 330 页。
④ 倪文杰等编：《现代汉语辞海》，人民中国出版社 1994 年版，第 1705—1706 页。

产生的外部效应，是指一事物对另一事物产生的影响。可见，作用是一个很好理解的词语。作用有积极和消极、大和小、强和弱以及方向之分。正是由于作用有强弱、大小、方向之分，故人们通常用"作用力"与"反作用力"来理解和把握它。质言之，作用具有以下特点：第一，它是对外物而言的，而不是对自身而言；第二，它是关系范畴，即一事物与他事物相互影响关系；第三，它存在程度、大小、方向性之分。

（三）价值

在相当长的时间内，价值一直是经济学范畴的概念。在哲学史上，虽然有不少哲学家对好坏、得失、善恶、美丑、利害等价值问题进行过许多探讨，甚至有的哲学家还使用过价值这个概念，但并没有真正指明哲学意义上的价值的内在本质。18 世纪，休谟和康德提出事实判断和价值判断之后，作为哲学意义上的价值概念才得以确立和推广。在西方哲学史上，长期占据统治地位的是唯心主义价值论。哲学家们主要从主体自身的需要、兴趣、情感等角度来理解和规定价值，譬如迈农等哲学家认为，价值就是产生快乐的感情；萨特等哲学家则认为，价值就是自由、自由意志。在我国，古代哲学家一直是以义、利、欲等伦理话语谈论所谓的价值。哲学意义上开始使用"价值"的标志是杜汝楫发表的题为《马克思主义论事实的认识和价值的认识及其联系》一文［《学术月刊》年第 1980 年第 10 期］。

时至今日，价值及其同源词、复合词，以一种广为流行的方式，应用于经济学、哲学以及其他的一切人文社会科学之中。但关于价值的内涵依然是处于一种被混淆或者令人混淆的状态之中。可见，价值的确是一个很难准确界定的概念，正如路易斯·P·波吉曼（Louis P.

Pojma）说："'价值'是一个极为含糊、暧昧、模棱两可的概念"。①
所以，对于价值内涵的界定一直是理论界和学术界争论的核心和
焦点。

　　《维基百科全书》中列举，"价值（value）仅作为名词就有六种
解释：The quality（positive or negative）/The degree of importance/The
amount（of money or goods or services）/（music）The relative duration
of a musical note/（art）The relative darkness or lightness of a color/Nu-
merical quantity measured or assigned or computed"。②《辞海》中，价值
被解释为两种含义，一种是从经济学的角度，把价值定义为是反映商
品生产者之间因交换产品而产生的社会联系，是指凝结在商品中的一
般的、无差别的人类劳动。另一种把价值直接引申为意义。③《现代
汉语大词典》中，价值同样被解释为两种含义，一种指体现在商品之
中的社会劳动，另一种指积极的作用。④《价值学大词典》中，对价
值的解释最为详尽，它指出——从理论层次上来说，人们对价值一词
的使用大体上有三种类型：第一种是在政治经济学中所特有的概念，
特指劳动产品和商品的内在社会本质特征。这与哲学以及其他社会科
学中所研究的价值问题没有直接关系。第二种是在日常生活和社会科
学中的概念，特指有用或功利效用。第三种是在哲学中，是对包括功
利、道德等在内的所有具体价值的共同概括，在最高抽象意义上考察
它们的共性，即"价值一般"。后两种类型本质上都是在主客体关系

---

　　①　Louis P. Pojma：*Ethical Theory*：*Classical and Contemporary Readings*，Wad-
sworth Publishing Company USA 1998，p145.

　　②　http：//en. wiktionary. org/wiki/value

　　③　夏征农等编：《辞海》，上海辞书出版社 1999 年版，第 623 页。

　　④　阮智富等编：《现代汉语大词典》，汉语大词典出版社 2000 年版，第 310 页。

中理解价值，把价值看做是是客体对主体的某种意义。①

马克思主义对价值的理解，可以概括为如下要点②：

首先，价值与人的实践活动紧密相连。脱离人的实践活动，就没有价值可言。没有价值内容的实践活动，也不能称其为人的实践活动。价值的本质取决于实践的本质，实践的本质决定着价值的本质。对价值问题及其价值本质的理解和阐释，有赖于对人的实践活动及其实践本质的正确把握。实践是人的存在方式，主体的人作为一种实践的存在，其实践所具有的超越性本质决定了主体永远不会满足于利用现成的物质来维持自身的生存，而是通过实践活动追求更为理想和美好的未来世界，不断地通过"使现存世界革命化，实际地反对并改变现存的事物"，③ 从而创造出新的事物来满足新的需要。但是"在社会历史领域内进行活动的，是具有意识的、经过思虑或凭激情行动的、追求某种目的的人；任何事情的发生都不是没有自觉的意图，没有预期的目的的"。④ 所以，人的实践活动不是盲目地、漫无目的的，相反，却是有目的、有意识的主体活动。这便是实践所具有的生成性、超越性和主体性的本质，它决定了价值在本质上是一个不断生成的、超越性、主体性的问题。这表明价值并不是客体对主体的某种单向的、既成的意义，而是主体和客体之间以实践为基础的过程中不断生成的。价值的生成包含着价值的实现和创造两个部分，即它既包含着把已有客体的能满足主体需要的属性通过主客体关系表现出来的部分，也包含着主体按照自身的需要、改变客体的原有属性而创造出来

---

① 李德顺编：《价值学大词典》，中国人民大学出版社 1995 年版，第 261 页。

② 李月玲、张莉编：《科学实践观范式下价值的本质意蕴探究》，集美大学学报（哲社版）2014 年第 3 期，第 7—12 页。

③ 《马克思恩格斯文集》第 1 卷，人民出版社 2009 年版，第 527 页。

④ 《马克思恩格斯文集》第 4 卷，人民出版社 2009 年版，第 302 页。

的部分。

其次，价值的生成以一定的客体作为客观的物质基础。价值客体（满足主体需要）的属性是价值产生的前提，是价值的承担者，它在很大程度上决定着价值的类别。价值客体并不是所有的物质世界，而是必须具有能够满足主体需要的属性。当客体具有一定的属性，但其属性不是主体所需要的属性，也不能产生价值。因为"当物按人的方式同人发生关系时，我才能在实践上按人的方式同物发生关系"，①这并不是说物具有主动性而与人建立关系，而是说物具有人所需要的属性。强调价值的主体性和超越性，并不排除价值意味着客体属性对主体需要的满足，也不排除价值的客观性。因为人的实践活动"是在一定的物质的、不受他们任意支配的界限、前提和条件下"② 进行的。虽然"人们自己创造自己的历史，但是他们并不是随心所欲地创造，并不是在他们自己选定的条件下创造，而是在直接碰到的、既定的、从过去承继下来的条件下创造"，③ 这体现了实践是一种客观的受动性的活动。其中，"一定的物质的、不受人们任意支配的前提"直接制约着主体的实践活动，从而影响着价值的类型和性质。同时，人们在实践的过程中，各自都有不同的价值追求。但是，这种价值追求并不是没有前提的。它必须从现实的前提出发，而且一刻也离不开这个前提。其中这个前提就是——价值追求总是建立在一定的客体所具有的属性的基础上。客体的属性是客体固有的，而不是在主客体的关系中产生，正如马克思所言："一物的属性不是由该物同他物的关系产生，而只是在这种关系中表现出来"，④ 譬如面包具有充饥的属

① 《马克思恩格斯文集》第 1 卷，人民出版社 2009 年版，第 190 页。
② 《马克思恩格斯文集》第 1 卷，人民出版社 2009 年版，第 524 页。
③ 《马克思恩格斯文集》第 2 卷，人民出版社 2009 年版，第 470—471 页。
④ 《马克思恩格斯文集》第 5 卷，人民出版社 2009 年版，第 72—73 页。

性，衣服具有保暖的属性，这些属性不是同人发生关系时才产生，而是它们自身具有这些属性，只是饥饿的人、寒冷的人同它们发生关系时才能表现出它们的属性。

再次，价值生成于作为价值主体的人。虽然价值的产生离不开价值客体，但价值在本质上却不在于价值客体本身，它在本质上源于价值主体的人自身。从价值基本性质来看，价值尽管表现为价值客体属性满足价值主体需要后而产生的程度、性质和积极意义，但这种程度、性质和积极意义实际上并不取决于作为对象的价值客体本身，而是取决于作为价值主体的人本身；从价值标准来看，马克思指出："人在把成为满足他的需要的资料的外界物，作为这种满足需要的资料，而从其他的外界物中区别出来并加以标明时，对这些物进行估价，赋予它们以价值或使它们具有'价值'属性"。① 这一思想表明，衡量客体是否具有价值的标准和尺度，并不在于价值客体本身，而在于价值主体。（这里使用"主体和客体"，而不使用"人们和外界物"，一方面为了突出需要及其需要的满足都是一个实践过程，因为主体和客体是只有在实践的基础上才存在的概念范畴；另一方面是为了与经济学上"使用价值"相区别。哲学意义上的价值接近于经济学意义上的使用价值，但很多学者认为哲学意义上的价值就是经济学意义上的使用价值，这种说法很容易使人们对价值进行狭隘的、片面的理解，容易使价值局限于功利范围）。离开了价值主体这个标准和尺度，既无所谓价值客体，也无所谓价值。同时，价值随着价值主体的变化而变化。对于不同的价值主体，同一价值客体所产生的价值是不一样，而且，同一价值客体，对不同时代、不同环境下的价值主体所产生的价值也不一样；从价值表现形式来看，价值表现的是价值主体

---

① 《马克思恩格斯全集》第 19 卷，人民出版社 1963 年版，第 409 页。

与价值客体构成的对象性关系的物质世界、精神世界，当价值客体不与价值主体构成对象性关系的物质或精神世界时，虽然价值客体也是一种客观的存在，但它不是现实的价值客体，至多只是潜在的价值客体。譬如轮椅对于需要它的残疾人才有价值，对于不需要它的健康人就没有任何的价值。正如马克思指出："'价值'这个普遍的概念是从人们对待满足他们需要的外界物的关系中产生的"。① 也就是说，只有人们把客观存在的外界物当做满足自己需要的对象，"只有当对象对人说来成为人的对象或者说成为对象性的人的时候"，② 才具有价值产生的可能。这里的人"不是处在某种虚幻的离群索居和固定不变状态中的人，而是处在现实的、可以通过经验观察到的、在一定条件下进行的发展过程中的人"。③ 这里的人，一方面是离不开社会，是处在一定社会关系中的，与社会统一的人，那种幻想离开社会的人，好比是鲁迅笔下的那种妄想拎起自己的头发跳离地球的人。另一方面这里的人不是固定不变，而是处在过程中的人。

　　总之，价值是在主体同一定的客体（能满足主体需要的客体）之间的关系的意义上被使用的，它是一个关系范畴，而不是实体范畴。价值既不是客体的属性，也不是主体需要本身；既不存在于单独的客体中，也不存在于单独的主体中，而是存在于主客体的关系中。但价值不是指主客体之间的需要和满足需要之间的关系本身，它是对主客体之间相互关系的一种主体性描述，是这种关系之间所特有的质态，它代表着客体属性满足主体需要的程度、性质和积极意义。

　　综上可见，功能、作用、价值这几个常常被人们混淆使用的相近

---

① 《马克思恩格斯全集》第 19 卷，人民出版社 1963 年版，第 406 页。
② 《马克思恩格斯文集》第 1 卷，人民出版社 2009 年版，第 190 页。
③ 《马克思恩格斯文集》第 1 卷，人民出版社 2009 年版，第 525 页。

的概念。它们之间既相互联系又相互区别。就它们相互之间的联系而言，功能作为事物内部固有的属性，它是作用产生的基础和内部根据，也是价值生成的前提和基础。但是，具有相同功能的事物对外界的作用，既可能是正面的、积极的，又可能是负面的、消极的。同样，具有相同功能的客体对主体所产生的价值也不一定相同；就它们相互之间的区别而言，第一，功能是对事物自身而言，而不是关系范畴，作用、价值则是关系范畴。第二，作用作为一事物对另一事物产生的影响，可以发生在人和物、人和人、物和人以及物和物之间。价值则只能发生在主体（人）和客体（人或物）之间。可见，价值的范围远远小于作用的范围。用简单的图示来表示：作用表示为 A→B 或者是 B→A，前者指的是 A 对 B 的作用。这里 A 代表作用物，它既可以是人，也可以是物；B 代表被作用物，同样既可以是物，也可以是人。后者指的是 B 对 A 的作用，B 代表作用物，A 被作用物。它们所强调的侧重点在于方向性、受动性。价值则表示为 $\dfrac{(A \leftrightarrow B)}{\downarrow \ \ C}$，这里 A 代表主体，它只能是特定的人，即处在主客体关系中的人；B 代表客体，它是特定的人或物，即处在主客体关系中的人或物；C 代表主客体相互作用后产生的价值。价值 C 有明确的指向性，它是相对于主体 A 才有意义。它所强调的侧重点是主客体之间的双向性、互动性。实质上，价值 C 也是一种存在，但它是不同于实体性存在的一种存在，是在主客体相互作用中，客体的属性满足主体的需要和目的而产生的一种存在。

第 一 章
科学实践观概述

穿梭历史的长河，展现在眼前的是一部部晦涩难懂的哲学书，而隐藏其后的却是哲学家们在思维的最高层次，对自然、对社会、对人类自身以及它们之间的关系的持之以恒地探索。众所周知，在漫长的岁月中，传统哲学的思维方式是一种典型的对绝对本体的理论诉求，在对自然、社会和人类自身的本体论把握过程中，哲学家以及平常的人都认为，自然、人自身以及人生活于其中的社会都是一个既定的、现成的事实。由此，人们力图寻求"终极真理"。然而，一切自诩为"终极真理"的，无不遭受被抛弃或被超越的命运。犹如马克思恩格斯所说，费尔巴哈和其他的理论家一样，只希望确立对现存的事实的正确理解，然而，一个真正的共产主义者的任务并不是对现存事物的解释，却在于推翻这种现存的东西。① 一次次地挫败使哲学家们在社会实践中终于明白：人自身以及人生活于其中的社会，并非是既定的、现成的事实，而是一个不断变化、生生不息的过程以及过程的集合体。那种以既定的事实出发去寻求真理的哲学已是明日黄花。于是，哲学家们开始另谋出路，"实践"便成为哲学的聚焦点。

---

① 《马克思恩格斯文集》第 1 卷，人民出版社 2009 年版，第 549 页。

实践的概念并不是马克思首先提出来的，但实践的思维方式是马克思首先创立的。以往哲学家都是以本体论的思维方式建构自己的理论，而马克思的实践观点则是超出传统哲学的本体论思维方式的一种崭新的理解方式和思维逻辑。所以，马克思的实践观被国内学界公认为科学实践观。马克思以前的哲学家们在不同的意义上、以各自不同的方式对实践做了不同程度的阐释，尽管这些思想由于哲学家自身难以克服的局限而未能达到合理形态，但实践思想的历史更迭及其不断建构的过程是科学实践观产生的必经阶段和理论来源，为科学实践观的产生提供了宝贵的资源和丰富的资料。

一、科学实践观之直接理论来源

"每一科学领域中都有一定的材料，这些材料是从以前的各代人的思维中独立形成的，并且在这些世代相继的人们的头脑中经过了自己的独立的发展道路。"① 考证这些思想的发展历程，将更加有助于理解科学实践观的内在逻辑和本质。

（一）黑格尔的实践观

在西方实践哲学传统中，"实践"有其特殊的含义，它最原始的意义着重在于"为人"，而非"行事"。② 西方实践哲学的奠基人亚里士多德首先将实践和理论及生产相区别。事实上，亚里士多德把实践仅仅限定为具有一定价值和道德意义的人际关系及其行为，即伦理道

---

① 《马克思恩格斯文集》第 10 卷，人民出版社 2009 年版，第 658 页。
② 张汝伦：《历史与实践》，上海人民出版社 1995 年版，第 215 页。

德行为。① 黑格尔以客观唯心主义为立场，但他的丰富、深刻的哲学体系中包含着很多合理的内容。黑格尔批判地吸收了亚里士多德、康德等人的实践思想，突破了西方实践哲学的传统，他也突破了亚里士多德提出的"实践—生产—工艺"的三分模式，指出实践包括生产劳动，第一次把人类劳动引入到实践活动的概念中，强调了劳动在人的形成中的积极作用。马克思对此评价道，黑格尔的伟大之处首先在于，他抓住了劳动的本质，把对象性的人、现实的因而是真正的人理解为人自己的劳动的结果。把人的自我产生看做一个过程，把对象化看做非对象化，看做外化和这种外化的扬弃。② 但是，黑格尔所理解的劳动仅仅是抽象的、精神的劳动，他并"不知道现实的、感性的活动本身"。③ 由这种劳动所形成的人只是一个"非对象性的、唯灵论的存在物"。④

黑格尔哲学是德国古典唯心主义哲学的巅峰，也与他的实践观直接相关。黑格尔运用唯心辩证法，认识到了人的实践的目的性、对象性。他找到了主体与客体、思维与存在，意志自由与历史必然等相统一的中介。从而使这些基本问题在哲学中实现了一个空前的飞跃，其最根本的突破点并不在于传统认识论哲学的知识学说中，而在于有关良心、自由意志以及善的伦理学说中，也就是在于人类现实的实践活动及其社会生活中。⑤ 黑格尔区分了认识与实践的不同，他指出，一方面，认识的过程使存在着的世界进入自身内，从而扬弃了理念的片

---

① 叶汝贤等：《马克思主义实践哲学的现代解读》，社会科学文献出版社 2006 年版，第 39 页。

② 《马克思恩格斯文集》第 1 卷，人民出版社 2009 年版，第 205 页。

③ 《马克思恩格斯文集》第 1 卷，人民出版社 2009 年版，第 499 页。

④ 《马克思恩格斯文集》第 1 卷，人民出版社 2009 年版，第 206 页。

⑤ 杨祖陶：《德国古典哲学逻辑进程》，武汉大学出版社 1993 年版，第281 页。

面的主观性。这就是认知真理的冲力，亦即认识活动本身—理念的理论活动。另一方面，认识过程又将客观世界仅仅当做一堆形态的虚幻的聚集。它凭借主观的内在本性，以规定并改造这聚集体。这就是实现善的冲力——亦即意志或理念的实践活动。① 另外，黑格尔论述了理论与实践的区别和联系。他指出理论的出发点是意志，意志是自由的；"实践的态度从思维即从自我自身开始。"② 实践内在地包含着理论，"理论的东西本质上包含于实践的东西之中。这与另一种看法，认为两者是分离的，完全相反。其实，我们如果没有理智就不可能具有意志。反之，意志在自身中包含着理论的东西"。③ 马克思批判地继承并发展了黑格尔的很多思想，包括黑格尔的实践观。列宁曾明确地指出：精彩：黑格尔通过人的实践的、合目的性的活动，接近于作为概念和客体相一致的"观念"，接近于作为真理的观念。紧紧接近于下述这点：人以自己的实践证明自己的观念、概念、知识、科学的客观正确性。④ 可见，黑格尔的实践观是科学实践观最重要、最直接的理论来源之一。

（二）费尔巴哈的实践观

费尔巴哈早年深受黑格尔哲学的影响，但是，他把黑格尔的唯心主义颠倒过来，恢复了唯物主义的权威。他说："以前对我说来生活

---

① ［德］黑格尔：《小逻辑》，贺麟译，商务印书馆1980年版，第410—411页。

② ［德］黑格尔：《法哲学原理》，范扬等译，商务印书馆2009年版，第15页。

③ ［德］黑格尔：《法哲学原理》，范扬等译，商务印书馆2009年版，第15页。

④ 《列宁全集》第55卷，人民出版社1995年版，第161页。

的目的是思维，而现在生活对我则是思维的目的"。① 以其重申的唯物主义的原则为基础，费尔巴哈对人及其实践活动进行了较为系统的探讨。

费尔巴哈把人作为其思想发展的出发点和归宿，也把人看做是哲学的核心，他指出："我的第一个愿望是使哲学成为全人类的事。但谁若一旦走上这个道路，谁就必然会得出这样的结论：哲学应该把人看成自己的事情，而哲学本身，却应该被否弃。因为只有当它不再是哲学时，它才成为全人类的事。"② 但他所说的不是思维着的人，而是感性的、抽象的、欲望着的人。他指出："人的最内秘的本质不表现在'我思故我在'的命题中，而表现在'我欲故我在'的命题中。"③ 他明确肯定了人的感性欲望的合理性，并把追求幸福的欲望看做是人的一切行为的基础，指出："你的第一个责任便是使自己幸福。你自己幸福，你也就能使别人幸福。"④ 费尔巴哈"没有从人们现有的社会联系，从那些使人们成为现在这种样子的周围生活条件来观察人们……，他还从来没有看到现实存在着的、活动的人，而是停留在抽象的'人'上，并且仅仅限于在感情范围内承认'现实的、单个的、肉体的人'，也就是说，除了爱与友情，而且是理想化了的爱与友情以外，他不知道'人与人之间'还有什么其他的'人的关

---

① ［德］费尔巴哈：《费尔巴哈哲学著作选集》上卷，荣震华等译，商务印书馆1984版，第250页。

② ［德］费尔巴哈：《费尔巴哈哲学著作选集》上卷，荣震华等译，商务印书馆1984版，第250页。

③ ［德］费尔巴哈：《费尔巴哈哲学著作选集》上卷，荣震华等译，商务印书馆1984版，第591页。

④ ［德］费尔巴哈：《费尔巴哈哲学著作选集》上卷，荣震华等译，商务印书馆1984版，第249页。

系'"。①

在实践的涵义上，费尔巴哈把"实践"和"生活"紧密联系起来，并把生活、实践看做是理论的根源，他说："理论所不能解决那些疑难，实践会给你解决"。② 但是，由于费尔巴哈把人只看做是"感性对象"，而不是"感性活动"，即没有看到人作为主体改造世界并不断改造自身的能动性，这就限制了他对实践活动的全面而准确的认识，他把实践仅理解为一种直观的、自私自利的活动。他认为："站在实践观点上，人只是为了自己，为了自己的利益和用场，去同一切事物打交道；而站在理论观点上，则是为了事物本身去同事物打交道"。③ 他把实践理解为"卑污的犹太人"④ 的活动，当他认识属于真正人的活动时又回到了理论的活动。他所理解的感性活动不过是指单纯满足情欲的活动，是"纯粹利己主义"的行为，他"完全不了解实践活动的超越本性及崇高的道德、精神价值，不懂得实践的人类学和历史学意义，不知道没有实践活动就没有人的产生和人类历史的形成，不了解革命实践的伟大意义，只能对实践作庸俗化、片面化的理解"。⑤ 他强调："实践的直观，是不洁的、为利己主义所玷污的直观，因为，在这样的直观中，我完全以自私的态度来对待事物"。⑥

---

① 《马克思恩格斯文集》第 1 卷，人民出版社 2009 年版，第 530 页。
② ［德］费尔巴哈：《费尔巴哈哲学著作选集》上卷，荣震华等译，商务印书馆 1984 版，第 248 页。
③ ［德］费尔巴哈：《费尔巴哈哲学著作选集》下卷，荣震华等译，商务印书馆 1984 版，第 511 页。
④ 《马克思恩格斯文集》第 1 卷，人民出版社 2009 年版，第 499 页。
⑤ 穆艳杰：《马克思实践观变革——三种实践观比较研究》，吉林人民出版社 2006 年版，第 48 页。
⑥ ［德］费尔巴哈：《费尔巴哈哲学著作选集》下卷，荣震华等译，商务印书馆 1984 版，第 235 页。

费尔巴哈的直观的实践观反过来也制约了他对人的科学地、合理地理解，但他的"人本学"思想是马克思实践观的重要思想来源。

二、科学实践观之实质①

马克思批判地继承了前人的成就，运用科学的思维方法，吸收了黑格尔的"劳动"的观点和费尔巴哈的"感性对象"的观点，通过系统考察人类社会的发展历程，实现了对"现实的人"的科学理解，形成了科学实践观，以此解开了自然之谜、人类社会之谜以及人自身生存发展之谜。在整个哲学史上，马克思主义哲学之所以发动了一场震撼全部人类思想史的革命，实现了唯物论和辩证法、唯物主义自然观和历史观的统一，其关键就在于，它以科学实践观为基础，正确地解决了困惑人类已久的人与自然、人与社会即人与整个世界的关系。②马克思在哲学发展中的最大贡献，就是确立了科学实践的视角和观点。科学实践观是马克思主义哲学区别于以往哲学的标志，是马克思主义理论体系的核心。以往哲学家不是没有认识到实践的作用，但他们只是抓住了实践活动中的某一方面，肢解了贯穿于实践活动中的完整的因素。科学实践观作为一种思维方式，它不仅反映了马克思主义的质的规定性，也表现了马克思主义与时俱进的理论品质。它内含着以下几点：

---

① 李月玲、王秀阁：《科学实践观的本质意蕴》，《湖北社会科学》2012年第12期，第12—15页。

② 李秀林等编：《辩证唯物主义和历史唯物主义原理》第5版，中国人民大学出版社2004年版，第19页。

（一）实践是人与动物的异质点

遥远而古老的希腊神话——"斯芬克斯之谜"，永恒地吸引并考验了无数仁人志士的智慧。人对于人自身的反躬自问始终是哲学的真实主题和核心内容。人来源于动物界，这一客观事实已经决定了人永远不可能彻底摆脱兽性，① 在人的身上不仅集中了动物所具有的基本属性，同时还具有其他一切动物所不具有的本质和特性。然而，人究竟是怎样区别于动物的，同样是哲学家们面临的一个谜。于是，古今中外的一切哲人智士们对人的存在及其与动物的区别进行了深刻的探索和体悟。诸如"理念人"、"知识人"、"政治人"、"经济人"等各种观念，反映了哲学家在不同的立场上对人的本质及其人与动物的区别做出的各种解说和阐释。

考察哲学家们玄思苦想的历程可以看出，他们几乎接触到了人的二重性中的各种矛盾，揭示了人是自然性与超自然性、生命性与超生命性、肉体与灵魂的双重性、悖论性的存在，却惟独没有找到形成这一矛盾的根源，也没有找到把二者结合于人的基础、中介和桥梁。他们对人的本质的认识始终局限在某一向度或停留在某一方面。譬如，"人的本质，人，在黑格尔看来＝自我意识"。② 费尔巴哈仅仅停留于抽象的"人"，并且仅仅局限于感情范围内承认"现实的、单个的、肉体的人"，而从来没有看到现实的、活动的人。③ 他始终没有找到人的二重性的根源，在他看来，承认人的二重性必然会陷入"二律背

---

① 《马克思恩格斯文集》第 9 卷，人民出版社 2009 年版，第 106 页。
② 《马克思恩格斯文集》第 1 卷，人民出版社 2009 年版，第 207 页。
③ 《马克思恩格斯文集》第 1 卷，人民出版社 2009 年版，第 530 页。

反"的困境。他强调人是有生命、有血肉的感性存在，但他又承认
"人之所以为人和所以被称为人，并不是按照他的肉体而是按照他的
精神"。① 由于费尔巴哈把人局限在生物学意义上的具体人，在社会
现实中却是抽象的人。所以，在费尔巴哈那里，人仍然不过是"一般
禽兽，一半天使"。

　　显然，马克思以前的哲学家们一方面论证了人的自然性，另一方
面论证了人的超自然性（精神性、能动性、社会性等）。他们只是以
相互孤立的、片面的形式研究了人的两个不同的方面。最终汇聚的矛
盾的焦点是——从自然性说明不了超自然性，超自然性却缺乏客观的
物质基础。这种"二律背反"的矛盾体根源于本体论的思维方式，根
源于把现实中的人的客观存在看做是一种无条件的自在体，其"基本
的理论样式可以概括为：我之所在'论证'我之所是，……片面强调
了人的存在问题上的理性、必然性和受动性，忽略了人的实践超越
性、自主创造性"。② 由此，以往哲学家在寻找和论证人与动物的区
别时，同样只看到了人与动物的直观意义上的区别，却没有找到真正
能把人和动物区分开来的支点和根基。从思维方式上看，他们认为只
要在人身上找到了与动物不同的特征，就意味着抓住了人的本质。岂
不知，这种方法没有突破物种的限制，不论怎样区分人与动物的不
同，却始终把人当做"一物"来看待，看不到人之为人的生成属性。
从具体论证上看，他们强调了人区别于动物、并为人所特有的精神、
意识、理性及其能动性等。但他们没有追问人具有的精神、意识、理
性及其能动性的根源，对自己所肯定的内容缺少理论前提的反思和论

_____

　　① ［德］费尔巴哈：《费尔巴哈哲学著作选集》下卷，荣震华等译，商务印书
馆 1984 版，第 120 页。

　　② 钟明华等：《马克思主义人学视域中的现代人生问题》，人民出版社 2006 年
版，第 2 页（序言）。

证。可见，他们从根本上忽略了一点，就是人之为人不但在于人与动物的区别性，也在于人与动物的联系性。① 因为人不仅仅是精神的存在物，人首先是自然的存在物。正如马克思所言："人直接地是自然存在物。人作为自然存在物，而且作为有生命的自然存在物，一方面具有自然力、生命力，是能动的自然存在物；这些力量作为天赋和才能、作为欲望存在于人身上；另一方面，人作为自然的、肉体的、感性的、对象性的存在物，同动植物一样，是受动的、受制约的和受限制的存在物。"②

然而，"一个种的整体特性、种的类特性就在于生命活动的性质，而自由的有意识的活动恰恰就是人的类特性。……有意识的生命活动把人同动物的生命活动直接区别开来"。③ 很明显，人区别于动物的本质属性就是"自由的有意识的活动"。亦是说，"自由的有意识的活动"是人与动物的最本源的异质点，因而也是人成为人的根据和奥秘所在。这种"自由的有意识的活动"指的就是人的实践。"自由"指的就是人在生成过程中不断自我超越、自我发展、自我否定，从而不断面向新的自我的可能性。④ 它意味着人能够摆脱外在的束缚，是一种超自然的存在。"有意识的活动"指的就是一种自觉活动，它是相对于无意识的自发活动而言，它意味着"人能区分自我和他我、主体和客体，人自觉到非我存在和自我存在的相异和对立，这就使人既能'按照它所属的那个种的尺度和需要'进行生产，还能'懂得按

---

① 高清海：《转变认识"人"的通常观念和方法》，《人文杂志》1996年第5期，第1页。

② 《马克思恩格斯文集》第1卷，人民出版社2009年版，第209页。

③ 《马克思恩格斯文集》第1卷，人民出版社2009年版，第162页。

④ 钟明华等：《马克思主义人学视域中的现代人生问题》，人民出版社2006年版，第9页。

照任何一个种的尺度来进行生产'"，① 正是在这种活动的基础上才表现出了人的精神、意识、理性、能动性等方面的特征。这里，"生命活动"是一个种概念，"自由的有意识的活动"是一个属概念。"自由的有意识的活动"离不开人之为人的自然属性。亦是说，马克思在区别人与动物时并没有排除人与动物的生命活动的共性，而是在共性的基础上追加了人所特有的"自由的有意识的活动"。并且指出："正是由于这一点（有意识的生命活动——笔者注），人才是类存在物。"②

可见，实践的内在逻辑蕴含着人是自然属性和超自然的社会属性两个层面的统一。马克思通过揭露和把握实践的完整本性，克服了以往哲学聚焦的矛盾，最终得出："实践是人之为人的初始本源"。③ 在此，实践的本源性既不是指时间的前后，也不是指逻辑顺序的先后，而是特指存在论意义上的基础性。诚如马克思所讲的"这种活动、这种连续不断的感性劳动和创造、这种生产，正是整个现存的感性世界的基础"。④ 马克思着眼于现存的感性世界，从"现实的人及其活动"出发，即从实践出发"找回了具有双重生命本性的现实的人"。⑤ 也就是说，马克思通过考察"对象性的活动"，最后得出了"人不仅仅是自然存在物，而且……是类存在物"⑥ 的结论。这一结论与其说是

---

① 钟明华等：《马克思主义人学视域中的现代人生问题》，人民出版社 2006 年版，第 9 页。

② 《马克思恩格斯文集》第 1 卷，人民出版社 2009 年版，第 162 页。

③ 高清海：《转变认识"人"的通常观念和方法》，《人文杂志》1996 年第 5 期，第 3 页。

④ 《马克思恩格斯文集》第 1 卷，人民出版社 2009 年版，第 529 页。

⑤ 钟明华等：《马克思主义人学视域中的现代人生问题》，人民出版社 2006 年版，第 3 页。

⑥ 《马克思恩格斯文集》第 1 卷，人民出版社 2009 年版，第 211 页。

揭示了人的存在的二重化，还不如说揭示了人不仅是自然存在物，而且也是进行着对象性活动的类存在物。马克思所说的人的本质是一切社会关系的总和，也并不是说把人的自然性排除在人的本质之外。而是强调人是具有社会性质的自然存在。通常情况下，人们把"人的本质是一切社会关系的总和"理解为人的本质只与人的社会性有关，而与人的自然性无关。这种理解是不恰当的。如果排除自然性，把人仅仅理解为抽象的社会关系的总和，那就陷入了与黑格尔、费尔巴哈同样抽象的观点之中。这里强调的社会性也是自然基础之上的社会性，而不是自然之外的社会性。正如马克思指出："社会是人同自然界的完成了的本质的统一，是自然界的真正复活，是人的实现了的自然主义和自然界的实现了的人道主义。"① 可见，人的社会性必须以自然性为基础，人的自然性也只能存在于人的社会性中。决不能把人的这种二重性本质拆解开来理解。如果只承认人的社会性（或称为超自然性），人也不再是人，而是神了。相反，如果只承认人的自然性，则只能看到人同其他自然物相同的性质，看不到人的生成性。这两种方式就是哲学史上存在的把"人的自我异化神圣化"或者把"人的自我异化非神圣化"现象，即要么把人抽象为纯粹的精神性的存在，要么把人看成是纯粹的经验的存在。他们很难把自然性和社会性统一于人，这是马克思步入理论活动时面临的最大的问题，也是马克思推进哲学发展必须解决的根本性的难题。

总之，按照马克思的观点，"实践是解决以往哲学家揭露出来而驾驭不了的那些矛盾的现实基础"。② 它既是人的二重性的结合点，也是人与动物的异质点；既是造成人和动物相分离的基础，也是把人

---

① 《马克思恩格斯文集》第 1 卷，人民出版社 2009 年版，第 187 页。

② 高清海：《哲学思维方式变革》，吉林人民出版社 1997 年版，第 180 页。

的自然属性与社会属性统一起来的基础。以往哲学家们要么从脱离人的自然存在出发，要么从脱离自然的人的能动性出发。马克思找到了摆脱这一困境的出路，把以往哲学家肢解了的实践统一起来。马克思指出："全部人类历史的第一个前提无疑是有生命的个人的存在"。①但"我们开始要谈的前提不是任意提出的，不是教条，而是一些只有在想象中才能撇开的现实前提。这是一些现实的个人，是他们的活动和他们的物质生活条件，包括他们已有的和由他们自己活动创造出来的物质生活条件"，"因此，第一个需要确认的事实就是这些个人的肉体组织以及由此产生的个人对其他自然的关系"。②"人们用以生产自己的生活资料的方式，首先取决于他们已有的和需要再生产的生活资料本身的特性。这种生产方式不应当只从它是个人肉体存在的再生产这方面加以考察。更确切地说，它是这些个人的一定的活动方式，是他们表现自己生命的一定方式、他们的一定的生活方式。"③他（马克思）指出："可以根据意识、宗教或随便别的什么来区别人和动物。一当人开始生产自己的生活资料，即迈出由他们的肉体组织所决定的这一步的时候，人本身就开始把自己和动物区别开来。人们生产自己的生活资料，同时间接地生产着自己的物质生活本身。"④"个人怎样表现自己的生命，他们自己就是怎样。因此，他们是什么样的，这同他们的生产是一致的——既和他们生产什么一致，又和他们怎样生产一致。"⑤ 所有这些精辟的论述，始终表达着马克思的一个相同的基本内涵：人区别于动物的支点不在于人具有意识或能动性等，也不在

① 《马克思恩格斯文集》第 1 卷，人民出版社 2009 年版，第 519 页。
② 《马克思恩格斯文集》第 1 卷，人民出版社 2009 年版，第 519 页。
③ 《马克思恩格斯文集》第 1 卷，人民出版社 2009 年版，第 519 页。
④ 《马克思恩格斯文集》第 1 卷，人民出版社 2009 年版，第 519 页。
⑤ 《马克思恩格斯文集》第 1 卷，人民出版社 2009 年版，第 520 页。

于人是具有理性的主体，而在于人的"自由的有意识的活动"，即实践，在于人是一个通过实践活动改变和创造周围世界并在此过程中创造自身。马克思既不是单纯从人的自然性出发，也不是单纯从脱离自然性的社会性出发，既不是单纯以人的本原存在为依据，也不是单纯以人的超越本原存在的意识为依据，而是马克思始终把人之为人的自然性和社会性结合起来，并不是把人和动物相联系的自然性排除在人之外。概言之，人与动物区别的根源在于人的实践，实践内含着自然性和社会性的统一。这种从人的"自由的有意识的活动"即实践中所体现出来的关系把握人和动物的区别，进而掌握人的本质的方法，显然是突破了以往哲学家通过寻找人与动物不相同的表现和特征来区分二者的方法。

（二）实践是个人与社会的契合点

个人与社会之间的关系问题是一切社会问题的根源。[①]　而且，个人与社会二者之间的关系问题是有史以来就存在的问题，是历代哲学家争论的焦点，也是社会观念产生分歧的聚焦点，更是解决所有社会理论问题的逻辑前提。在马克思主义哲学产生之前，对人的存在的理解基本有两个向度：一个是自然主义的存在观，它把人的生存简单地还原为自在状态，在很大的程度上蔑视了人的存在的神圣性。一个是超验存在观，它把人的存在抽象为一种纯粹的精神实体。这两个向度都不是从实践出发去思考和把握人的存在问题。在本质上，都只是把人看做是一种现成的、既定的、静态的存在物，看做是一种摆在眼前

---

①　［英］鲍桑葵：《关于国家的哲学理论》，汪淑钧译，商务印书馆 2009 年版，第 79 页。

的、可以用理性予以静观的对象，看做是一种可以用概念、定义的方式被解释的、被认识的客体。而根本没有从属人的、活动的以及人本身的社会生产条件及其历史条件等客观的方面去理解人的存在和生存。① 所以，囿于他们对人的存在及其生存的理解，他们也就没有真正把握个人与社会二者之间的关系。

　　在古代哲学家那里，他们对个人和社会的关系的认识极为简单，一般认为社会高于个人，个人的生存必须依赖于社会群体的现实所决定的。到了近代及其以后，随着生产力的不断提高，个人自主生产能力也逐渐提高，逐步摆脱社会群体对个人的束缚，这种个人和社会由不可分离到逐渐分离的现实使人们意识到了个人的地位和作用。然而，在这一时期，人们不但认识到个人可以自由活动，也认识到了个人活动的结果不是或不完全是个人的意愿和预计的结果，而是个人之外存在的某种异己的力量支配人的行为。这种情况使得个人和社会的关系问题进一步凸显，最终形成了个体原子主义和社会整体主义两种相互对立的观点。个体原子主义从个人的自然本性出发，把具有相对独立性的个人看做是孤立的个人。他们认为："只有个体是真实存在的……，只有通过分析个体的行为，才能解释社会现象"。② 社会整体主义认为："只有社会才是真实的存在，社会对个人具有优先性，个人只是实现社会目的的手段，个人的需要、利益必须服从于社会整体"。③ 这两种观点的根本缺陷就在于把个人和社会看做是两种相互

――――――――――

　　①　钟明华等：《马克思主义人学视域中的现代人生问题》，人民出版社2006年版，第34页。

　　②　［英］安东尼·吉登斯：《社会的构成》，李康等译，生活·读书·新知三联书店1998年版，第327页。

　　③　陈晏清等：《个人和社会的关系问题是社会观念的核心问题》，《天津大学学报》（社会科学版）1999年第1期，第40页。

对立的、既成的实体，没有把社会的问题作为个人的问题，也没有把个人的问题作为社会的问题，而是把二者割裂开来，把个人置于与社会的差异、对立和冲突中，找不到个人和社会统一的现实基础。

马克思通过一步步地追问个人和社会的关系问题的逻辑起点，指出："首先应当避免重新把'社会'当做抽象的东西同个体对立起来。个体是社会存在物。因此，他的生命表现，即使不采取共同的、同他人一起完成的生命表现这种直接形式，也是社会生活的表现和确证。人的个体生活和类生活不是各不相同的，尽管个体生活的存在方式是——必然是——类生活的较为特殊的或者较为普遍的方式，而类生活是较为特殊的或者较为普遍的个体生活"。① 那么到底什么是人？什么是社会？马克思指出："人的本质不是单个人所固有的抽象物，……它是一切社会关系的总和"，②"社会不是由个人构成，而是表示这些个人彼此发生的那些联系和关系的总和"。③ 在这里，马克思把人和社会最终都界定为"社会关系"。而"社会关系的含义在这里是指许多个人的共同活动"。④ 马克思进一步解释道："人们在生产中不仅仅影响自然界，而且也互相影响。他们只有以一定的方式共同活动和互相交换其活动，才能进行生产。为了进行生产，人们相互之间便发生一定的联系和关系；只有在这些社会联系和社会关系的范围内，才会有他们对自然界的影响，才会有生产。……各个人借以进行生产的社会关系，即社会生产关系，是随着物质生产资料、生产力的变化和发展而变化和改变的。生产关系总合起来就构成所谓社会关系，构

① 《马克思恩格斯文集》第 1 卷，人民出版社 2009 年版，第 188 页。

② 《马克思恩格斯文集》第 1 卷，人民出版社 2009 年版，第 505 页。

③ 《马克思恩格斯全集》第 30 卷，人民出版社 1995 年版，第 221 页。

④ 《马克思恩格斯文集》第 1 卷，人民出版社 2009 年版，第 532 页。

成所谓社会"。① 在明白人和社会各自的本质的基础上，我们还要追问个人和社会之间的关系如何呢？马克思指出："人不是抽象的蛰居于世界之外的存在物。人就是人的世界，就是国家，社会"。② "社会本身，即处于社会关系中的人本身。"③ 正如"社会本身生产作为人的人……，社会也是由人生产的"。④ 在这里，马克思把人理解为社会，把社会理解为人，而且个人和社会是互相生产。由此可见，个人和社会始终是统一的、而且二者同构共生、彼此映照。但马克思的这种界定并不是同义反复，他的这种界定是建立在实践的基础上，他指出："全部社会生活在本质上是实践的"。⑤ 如果脱离马克思的实践的观点，就很难理解马克思解释个人与社会关系的内在实质；如果脱离马克思的实践的观点，那些把马克思一方面用社会解释人（人就是人的世界，就是国家，社会。），另一方面用人解释社会（社会本身，即处于社会关系中的人本身。）的解释方法理解为只不过是同义反复的情况也不足为奇。

总之，实践既是把握人和社会各自本质的基础，也是理解人和社会之间关系的桥梁和纽带。只有在实践中，个人和社会才具有真实的意义和内涵；也只有在实践中，个人和社会之间才是统一的。因为决定个人和社会本质的"社会关系"只有在实践活动中才能产生和形成，而不是存在于实践之外的独立的、先验的东西。"整个所谓世界历史不外是人通过人的劳动而诞生的过程，是自然界对人来说的生成

---

① 《马克思恩格斯文集》第 1 卷，人民出版社 2009 年版，第 724 页。

② 《马克思恩格斯文集》第 1 卷，人民出版社 2009 年版，第 3 页。

③ 《马克思恩格斯文集》第 8 卷，人民出版社 2009 年版，第 204 页。

④ 《马克思恩格斯文集》第 1 卷，人民出版社 2009 年版，第 187 页。

⑤ 《马克思恩格斯文集》第 1 卷，人民出版社 2009 年版，第 505 页。

过程。"① 同样，实践活动又只能在一定的社会关系中才能进行，而不是脱离一定的社会关系而凭空进行着的活动。"人既是实践活动的发起者又是社会关系的承担者。"② 实践是"生产和再生产着这个过程的承担者、他们的物质生存条件和他们的互相关系即他们的一定的经济的社会形式的过程"。③ 所以，实践是个人和社会的关联点。

（三）实践是主体与客体的分合点

在《关于费尔巴哈的提纲》中，马克思开宗明义地批判了从前的一切唯物主义和唯心主义的主要缺陷。他指出："从前的一切唯物主义（包括费尔巴哈的唯物主义）的主要缺点是：对对象、现实、感性，只是从客体的或者直观的形式去理解，而不是把它们当做感性的人的活动，当做实践去理解，不是从主体方面去理解。……唯心主义却把能动的方面抽象地发展了，当然，唯心主义是不知道现实的、感性的活动本身的"。言外之意，一切旧唯物主义不理解客体是主体的感性的、对象性的活动的产物，唯心主义却把主体的感性活动抽象为纯粹的精神活动。正确的做法应该是把对象、现实、感性看成是主体在感性活动中所创造的客体。他从主体和客体的关系出发，对实践做出了科学的规定。其中隐含着至少三个方面的含义：第一，实践是主体创造客体的对象性活动；第二，主体是实践的主宰者；第三，客体是主体的对象性活动（即实践）的对象和产物。简言之，主体和客体是一对关系范畴，它不仅产生于一定的实践关系中，而且也只能存在

---

① 《马克思恩格斯文集》第 1 卷，人民出版社 2009 年版，第 196 页。
② 钟明华等：《马克思主义人学视域中的现代人生问题》，人民出版社 2006 年版，第 12 页。
③ 《马克思恩格斯文集》第 7 卷，人民出版社 2009 年版，第 927 页。

于一定的实践关系中。由此，没有人的实践活动，没有在实践活动中形成的对象性的关系，也就无所谓主体与客体之分。其中"人始终是主体"，① 因为动物和外部世界之间只存在联系，而不存在关系。"凡是有某种关系存在的地方，这种关系都是为我而存在的；动物不对什么东西发生"关系"，而且根本没有"关系"；对于动物来说，它对他物的关系不是作为关系存在的。"② 人在对象性的实践活动中，通过把自己的本质力量不断地对象化，自我生成为主体，从而把一切在自己对象性活动范围内的人自身连同其他存在物都变成了客体。主体和客体的"相合线和相离线：彼此相交的圆圈，交错点＝人的和人类历史的实践"。③ 在实践的基础上，主体创造客体，客体使主体对象化的本质力量不断提高。犹如马克思所言："不仅在客体方面，而且在主体方面，都是生产所生产的，……生产不仅为主体生产对象，而且也为对象生产主体"。④ 所以，实践是主体与客体的分合点。

（四）实践是现实性与超越性的关联点

恩格斯在《路德维希·费尔巴哈和德国古典哲学的终结》中，对旧唯物主义的特有的局限性进行了详尽的归纳和总结。他指出："这种唯物主义的第二个特有的局限性在于：它不能把世界理解为一种过程，理解为一种处在不断的历史发展中的物质。这是同当时的自然科学状况以及与此相联系的形而上学的即反辩证法的哲学思维方法相适应的。人们已经知道，自然界处在永恒的运动中。但是根据当时的想

---

① 《马克思恩格斯文集》第 1 卷，人民出版社 2009 年版，第 195—196 页。

② 《马克思恩格斯文集》第 1 卷，人民出版社 2009 年版，第 533 页。

③ 《列宁全集》第 55 卷，人民出版社 1990 年版，第 239 页。

④ 《马克思恩格斯文集》第 8 卷，人民出版社 2009 年版，第 16 页。

法，这种运动是永远绕着一个圆圈旋转，因而始终不会前进；它总是产生同一结果。"① 这种观点从根本上抹杀了人及其世界所具有的超越性。辩证唯物主义和历史唯物主义的"实践"观点，恰好突破了这一局限。

马克思指出："无论是在人那里还是在动物那里，类生活从肉体方面来说就在于人（和动物一样）靠无机界生活，而人和动物相比越有普遍性，人赖以生活的无机界的范围就越广阔"。② 但是，人对"无机界"的依靠不同于动物对"无机界"的依靠。人不再是单纯地依赖于自然的现成的恩赐，而是通过实践活动来满足自身对"无机界"的需要。正是"这种活动、这种连续不断的感性劳动和创造、这种生产，正是整个现存的感性世界的基础"；③ 也正是在这种实践活动中，人把"作为人的生命活动的对象（材料）和工具"的整个自然界不断地"变成人的无机的身体"，原来属于人的现实环境的组成部分，通过人的改造，反而成了人的生命的组成部分（人的无机身体）。并且，在这种实践活动中，人把"自己的生命活动本身变成自己意志的和自己意识的对象"。④ 把"他自身的类以及其他物的类——当做自己的对象，而且……把自身当做现有的、有生命的类来对待"。⑤ 也就是说，实践是建立在一定的对象的现实性基础上并受一定的对象的现实性的限定。同时，人也是通过实践不断地改造现实的对象，不断地打破对象的现实性的限定，从而在改造客观世界和主观世界的具体的、动态的过程中提升自身的认识水平、能力素质及精神

① 《马克思恩格斯文集》第 4 卷，人民出版社 2009 年版，第 282 页。
② 《马克思恩格斯文集》第 1 卷，人民出版社 2009 年版，第 161 页。
③ 《马克思恩格斯文集》第 1 卷，人民出版社 2009 年版，第 529 页。
④ 《马克思恩格斯文集》第 1 卷，人民出版社 2009 年版，第 162 页。
⑤ 《马克思恩格斯文集》第 1 卷，人民出版社 2009 年版，第 161 页。

境界。正是这样，马克思断言："环境的改变和人的活动或自我改变的一致，只能被看做是并合理地理解为革命的实践"。① 质言之，人"周围的感性世界绝不是某种开天辟地以来就直接存在的、始终如一的东西，而……是世世代代活动的结果"。② "其中每一代都立足于前一代所奠定的基础上，继续发展前一代的工业和交往，并随着需要的改变而改变他们的社会制度"。③ 但人不是随心所欲地超越各种界限，只能在既有的各种现实的基础上活动。同时，人也永远不会满足于已变成现实的东西，永远不会满足于动物般的复制式的生活。正是在这个意义上，马克思指出："人不是在某一种规定性上再生产自己，而是生产出他的全面性；不是力求停留在某种已经变成的东西上，而是处在变易的绝对运动之中。"④ 由此，实践作为人的"自由自觉的活动"总是在一定的现实的基础上展开，并不断地否定客观事物的现存状况，使现存物质世界不断超越固有的限制。正是通过实践活动，人才不断地改变了自己的生存状况和本质规定性，也不断地推进了历史的发展和进步，这也体现了人特有的超越本性及超越性的存在方式。

综上可见，科学实践观作为一种思维方式，突破了以往哲学孤立的、片面的、抽象的、形而上学的思维方式。上述四个"基本点"是它科学实践观的基本意蕴。它内涵着个人与社会是同构共生、动态创生、紧密联系的关系型范畴，表明个人和社会都不是固定的、不变的、先在的实体，二者都不具有先前预设的、固定不变的本性，其本质都是在社会关系中形成、变化和发展的。它内涵着实践是人之为人的本源性活动，也是人所特有的生存活动。但并不是人所有的行为都

① 《马克思恩格斯文集》第 1 卷，人民出版社 2009 年版，第 500 页。
② 《马克思恩格斯文集》第 1 卷，人民出版社 2009 年版，第 528 页。
③ 《马克思恩格斯文集》第 1 卷，人民出版社 2009 年版，第 528 页。
④ 《马克思恩格斯文集》第 8 卷，人民出版社 2009 年版，第 137 页。

是实践，不能把实践概念庸俗化、经验化。实践是主体改造客体的对象性的活动。对象性活动意味着人通过把自身本质力量的对象化，在改变和创造客体的过程中提升和改变自身。它具有现实性、目的性、动态性、超越性等特性。

科学实践观"提供的不是现成的教条，而是进一步研究的出发点和供这种研究使用的方法"。① 科学实践观作为一种思维方式，作为一种解决问题的方法论，它是各项具体的、科学的实践活动的灵魂，它的基本精神体现在各种具体的、科学的实践活动中。思想政治教育是一项特殊的实践活动，要使它成为科学的实践活动，必须以科学实践观为灵魂，内在地体现科学实践观的本质。人类成功的实践活动都是真理性和价值性的统一。只有思想政治教育是一项科学的实践活动，它才会具有一定的价值性。因此，为了使思想政治教育价值充分发挥，前提是要以科学实践观为视域，审视思想政治教育的科学性或真理性。

三、科学实践观对现代思想政治教育的启示

（一）再度审视思想政治教育的本质②

本质是事物的根本属性，是使一事物成为该事物并与其他事物相区别的决定性因素，是事物固有的、稳定的、根本的性质。它说明的是该事物是什么的问题。其"实质上即是根据"，③ 据此，对于思想

---

① 《马克思恩格斯选集》第 4 卷，人民出版社 1995 年版，第 742 页。

② 李月玲、王秀阁：《科学实践观范式下思想政治教育本质论析》，学校党建与思想教育 2012 年第 11 期，第 13—16 页。

③ ［德］黑格尔：《小逻辑》，贺麟译，商务印书馆 1980 年版，第 259 页。

政治教育而言，思想政治教育的本质，就是思想政治教育的根本属性，是思想政治教育固有的、稳定的、根本的性质，它是决定思想政治教育成为一种特殊的实践活动并与其他实践活动相区别的决定性因素。它回答的是思想政治教育是什么的问题。所以，思想政治教育本质问题是思想政治教育理论中牵一发而动全身的根本性问题。它是研究思想政治教育价值问题的前提和基础。对思想政治教育本质的清楚认识，则有利于思想政治教育实践活动的方向明确；对思想政治教育本质的正确认识，则有利于思想政治教育实践活动的方向正确；对思想政治教育本质的有效坚持，则有利于思想政治教育实践活动的生气勃勃。① 然而，这一切的顺利进行，最终有利于思想政治教育价值的充分实现。

既然本质是一事物区别于它事物的根据，是一事物固有的、稳定的、根本的性质，而不是一事物的某一现象或某一特点。所以，人们对事物本质的认识应该具有共识。然而，从已有的思想政治教育研究状况可以看出，目前学界对思想政治教育本质问题的认识仍然处于"仁者见仁智者见智"的状态。由于人们对思想政治教育中这个最为根本的问题——思想政治教育本质的认识偏差，造成了人们对思想政治教育定位的混乱，引起了对思想政治教育的各种不同甚至是分歧的观点。长期形成的这种模式和理念使得原本应该充满生机和活力的思想政治教育活动面目皆非，导致人们反感和抵触思想政治教育，扭曲和贬低了思想政治教育的价值，使得思想政治教育的发展在理论和实践中都受到了前所未有的挑战。各行各业认为"思想政治教育无用"的大有人在，而且这种思想以非凡的速度滋生并蔓延。然而，在科学

---

① 孙其昂：《关于思想政治教育本质的探讨》，《南京师大学报》（社会科学版）2002 年第 5 期，第 18 页。

技术迅猛发展的今天，开展思想政治教育的必要性不是削弱了，而是更加紧迫和必要。因为"科学这种既是观念的财富同时又是实际的财富的发展，只不过是人的生产力的发展即财富的发展所表现的一个方面，一种形式。如果从观念上来考察，那么一定的意识形式的解体足以使整个时代覆灭"。① 由此可见，现代社会不但不能削弱思想政治教育，反而要更加重视思想政治教育。所以，突破思想政治教育面临的困境、走出思想政治教育所处的困境，已是迫在眉睫的任务。这一切都必须从审视思想政治教育的"元"问题——思想政治教育本质开始。

回顾思想政治教育的历史，思想政治教育自阶级社会以来就已经存在，思想政治教育学科成立也快三十多年的历史了，期间对思想政治教育本质的讨论也始终没有间断过。自从思想政治教育学科成立以来，学者们主要以两种方式表达了对思想政治教育本质的认识：一种方式是通过思想政治教育概念的形式间接揭示思想政治教育的本质。因为"对象通过概念才回到自己的非偶然的本质性"，② 所以，人们对思想政治教育的概念总结，反映了人们对思想政治教育本质的认识。另一种方式就是通过分析思想政治教育活动，画龙点睛地指明了思想政治教育的本质。

就第一种表达方式而言，截止目前，学界对思想政治教育的概念大体上有如下十多种：第一种观点认为，思想政治教育是围绕中国共产党的路线、方针、政策的贯彻和执行所进行的有针对性的教育活动，是党的政治工作的一部分。第二种观点认为，思想政治教育是社会或群体用一定的思想观念、政治观点、道德规范，对其成员施加有组织、有目的、有计划的影响，使其成员形成符合一定社会或群体所

---

① 《马克思恩格斯文集》，第 8 卷，人民出版社 2009 年版，第 170 页。

② 《列宁全集》第 55 卷，人民出版社 1995 年版，第 144 页。

要求的思想品德的实践活动。第三种观点认为，思想政治教育就是在一定社会的思想政治的统治下进行的、旨在影响社会成员心理和行为、达成社会成员的政治拥护和政治认同的社会实践活动的总和。第四种观点认为，思想政治教育是社会有组织地、定向地引导人们，使他们形成符合特定社会和时代、符合人类自身发展所需要的思想政治观念、行为品格的教育过程。第五种观点认为，思想政治教育是一定的阶级或政治集团，为了实现一定的政治目标，有计划、有目的、有组织地对人们施加意识形态的影响，以指导人们的行动，转变人们的思想的社会行为。第六种观点认为，思想政治教育是一个阶级或集团，为了建立和巩固其政治统治而开展的符合本阶级或本集团的根本利益，包括一定的政治、法律、道德、哲学、艺术和宗教思想的意识形态理论教育。第七种观点认为，思想政治教育就是某个国家、某个政党、某个社会团体或社会组织为了实现其政治上的理想和奋斗目标，或者是为了完成其与政治相关联的工作任务，动员其成员以及社会公众共同参与，而对其成员和社会公众所进行的政治、思想、道德的教育，或者施加相应影响而进行的实践活动。第八种观点认为，思想政治教育就是统治阶级为乐巩固其政权，维护社会的稳定以及促进社会的发展，培养合格的阶级接班人和合格的社会成员而开展的社会教化活动的一个重要组成部分。第九种观点认为，思想政治教育就是以马克思主义理论为基础，研究人们的社会主义、共产主义的思想意识形成、发展的规律以及实施思想政治教育的规律的科学。[1] 第十种观点认为，思想政治教育就是占统治地位的阶级或社会集团，为了培养和塑造符合该社会发展所需要的社会成员，有目的地对人们施加思想政治方面的影响，通过内化和外化，通过遵循教育规律，所开展的

---

[1]　赵兴宏：《思想政治教育应用论》，东北大学出版社 2008 年版，第 1—2 页。

一系列与思想政治形成有关的社会实践活动。① 第十一种观点，思想政治教育就是一定阶级或一定集团为了实现或巩固统治，保障社会的有序发展，由人的发展需要出发，采用思想教育的柔性手段，满足人的政治化需要，有目的地向社会成员施加意识形态的影响，实现对人的精神引导和塑造，以形成全体社会成员共同的政治意识水平和政治觉悟程度，"规约"并促进人的发展的社会教育活动。② 第十二种观点，思想政治教育是一定社会的政治组织机构或政治集团，为了实现特定的政治任务和政治目标，通过一定的精神方式和相应的物质载体，向社会成员施加有组织、有计划的意识形态影响，从而满足人的政治社会化需要，提高社会成员的思想政治觉悟，使他们具备较高思想政治素养的社会实践活动。③

就第二种表达方式而言，在学者们直接点明思想政治教育的本质的种种见解中，大体可以分为五类，第一类认为，灌输就是思想政治教育的本质。④ 第二类认为，意识形态性、⑤ 政治性或阶级性⑥就是思想政治教育的本质。第三类认为，思想政治教育的本质就是培养人、

---

① 褚詹玄：《思想政治教育内涵的扩展和质的界定》，《思想教育研究》2004年第8期，第19页。

② 李合亮：《思想政治教育探本》，人民出版社2007年版，第236—237页。

③ 秦在东，方爱清：《思想政治教育本质特征刍议》，《学校党建与思想教育》2011年第13期，第7页。

④ 刘书林，陈立思：《青年思想政治教育学原理》，中国青年出版社1999年版，第17页。

⑤ 石书臣：《思想政治教育的本质规定及其把握》，《马克思主义与现实》2009年第1期，第175页。

⑥ 孙其昂：《思想政治教育本质的唯物史观解读》，《学校党建与思想教育》2010年第14期，第11页。

塑造人、转化人或改变人的活动,① 按照一定阶级或集团的意识形态影响和改变人们的思想与行为,② 使一个不适应或者不完全适应社会发展的人,培养成为能够适应社会发展需要的合格的社会成员。③ 第四大类观点,总体上认为思想政治教育本质不是单一的,而应该从多为的角度理解思想政治教育本质。认为,思想政治教育的工具性本质就是政治工具性与社会服务性。思想政治教育的政治工具性就是实施意识形态控制力。思想政治教育的社会服务性就是社会发展的思想保证与精神引导。思想政治教育的目的性本质就是从政治化的角度建设人自身。④ 还可以从政治维度、伦理维度、社会维度和个体维度等进行综合考察思想政治教育本质。政治维度,它是为了一定阶级、政党、集团等的利益服务的。伦理维度就是指思想政治教育的服务性,指它具有为教育对象服务的特性。这是思想政治教育得以存在的社会心理基础。社会维度就是思想政治教育是社会治理的工具之一,是社会整合的一种软权力。个体维度:思想政治教育的启蒙性,也就是思想政治教育的本质在于促进人的自由全面发展。⑤ 此外,郑永廷把思想政治教育的本质概括为目的性、实践性、超越性。思想政治教育的目的性就是指思想政治教育的价值取向性或目标指向性。思想政治教育的实践性就是指思想政治教育的现实性及其价值实现的有效性。思想政治教育的超越性就是指思想政治教育对社会实践活动和人的行为

---

① 王勤:《思想政治教育学新论》,浙江大学出版社 2004 年版,第 6 页。

② 教育部思想政治工作司:《思想政治教育原理与方法》,高等教育出版社 2010 年版,第 39 页。

③ 陈秉公:《思想政治教育学》,吉林大学出版社 1992 年版,第 112 页。

④ 李合亮:《解析与建构:当代中国思想政治教育的哲学反思》,人民出版社 2010 年版,第 136 页。

⑤ 李辽宁:《解读思想政治教育本质的多重维度》,《思想理论教育》2007 年第 21 期,第 12—16 页。

的先导性及其面向未来的发展性。它是思想政治教育的本质属性。[①]
第五大类认为，政治性和科学性是思想政治教育的本质属性。政治性
是思想政治教育的阶级属性，是贯穿思想政治教育始终的特有属性。
没有政治性，思想政治教育就不可能存在更不可能发展。科学性是思
想政治教育的实践属性，是思想政治教育本身得以发展的内在规定
性。没有科学性，思想政治教育就绝不能得到发展更不能长久地
存在。[②]

诚然，上述各种观点是学者们从各自的视角出发对思想政治教育
的本质所做出的解读和判断。每一种解读都想力图真实地表达思想政
治教育的本质，都在不断地吸收和采纳其他观点的精华，企图弥补和
超越前人们对思想政治教育本质认识的不足之处。这一切都有力地证
明了学界对思想政治教育本质研究所做出的努力，而且所取得的斐然
的成就理所当然是值得肯定的，这里无需赘述。立足于思想政治教育
面临的理论难题和现实困境，紧要的是转换认识思想政治教育本质的
思维方式，调整研究思想政治教育本质的思路，以真正符合思想政治
教育本质的方式来研究和发展思想政治教育。虽然转换思维方式绝不
是一件容易的事，也不可能一蹴而就。但是，当理论遇到困难时，唯
一的出路就是转换思维方式。

历史表明，各种理论观点的背后隐藏的是学者们对待一种事物的
思维方式。凡是理论上的重大变革，都伴随着思维方式的变革。马克
思主义哲学之所以在哲学史上具有划时代的意义，就是因为马克思在
批判传统哲学的过程中突破了传统哲学的思维方式，确立了实践的思

---

① 郑永廷：《论思想政治教育的本质及其发展》，《教学与研究》2001 年第 3
期，第 49—51 页。

② 陈志华：《坚持思想政治教育的本质属性——政治性与科学性的有机统一》，
《理论与改革》2005 年第 5 期，第 152 页。

维方式。也就是说，马克思主义哲学独特于其他一切哲学的并不是某些哲学范畴或命题，而是实践的思维方式，即科学实践观。实践的思维方式是区别于传统哲学的实体性思维方式而言的。传统哲学的实体性思维方式是指把事物看做是一个静止的、孤立的实体看待的思维模式。实践的思维方式所蕴含的实质是过程型、关系型的思维方式，它把事物看做是一个过程的关系体。然而，随着市场经济体制的改革，不可否认的是，我们在社会实践方面转变得比较快，也取得了较为显著的成绩。而在理论思想方面就很难说已经摆脱了传统原则的影响。传统哲学的观念特别是它的实体性思维模式支配我们的头脑已长达数千年，可以说，它已经变成了我们的思维本能。把任何事物当做一个实体看待，已经成为人们理所当然、习以为常的惯例。在理论研究和理论宣传中，很多人也已经习惯照本宣科、照章办事。思想一旦解放出来，要发挥自主的能动性、创造性，反而会束手无策、不知所措，感觉极不习惯。① 到目前，绝大多数人所理解的马克思主义哲学依然是教科书式的哲学体系。而且，他们认为坚持马克思主义原理，就是坚持马克思主义理论的语句。事实上，马克思主义理论是与时俱进的，坚持马克思主义原理，根本上是要坚持其理论的思维逻辑，而不是坚持其理论的某些断章取义的个别语句。思想政治教育以马克思主义理论为指导。所以，科学认识思想政治教育的本质，首先要确立马克思主义理论的思维逻辑，即科学实践观的思维方式。正如常言道："有思路才有出路"。只有选择正确的思维方式，才有可能获得正确的认识结论，反之，就不可能获得正确的结论。那么，依据马克思的实践思维方式（或称科学实践观）所蕴含的内在本质和价值理念，剖析

---

① 胡福明等：《马克思主义实践论与邓小平理论的哲学基础》，南京大学出版社 1998 年版，第 50—51 页。

现有的关于思想政治教育本质的种种解读，总体上存在以下几方面的不足：①

第一，把社会所要求的思想观念静态化、理想化

实践是人的存在方式，人的实践活动是目的性的行为活动，它不仅是由过去支配现在，而且必须是从未来规范现在。分析以上种种关于思想政治教育本质的解读，不难看出，学者们惯用的语言表述是"社会把一定的思想观念、政治观点、道德规范施加给社会成员"或"社会用一定的思想观念、政治观点、道德规范引导人们形成符合社会所要求的观念"。也就是说，学者们认为，思想政治教育的过程中，首先是有一种支配和约束人们如何作为的理论和思想观念。这点是没有例外的，也是毫无疑问的。问题的关键在于他们把思想政治教育看做是复制和重复一定的思想观念、政治观点、道德规范，把他们当做现成的概念、原理灌输给社会成员。当然，这些现成的概念、原理作为思想政治教育的教育资料是很有价值的，但是把这些概念、原理当做不变的教条灌输给社会成员，并且把这些概念、原理作为一种特殊的经验、以纯客观的形式强加于人们，这些资料不但不会产生应有的价值，反而有可能制约人们的思维。马克思恩格斯再三强调，我们的理论不是亘古不变的教条，包治百病的药方，不能把它背得烂熟并机械地加以重复。马克思恩格斯指出，以科学社会主义作为党的指导思想是无需再讨论的问题。但是，我们的理论不是教条，而是行动指南。恩格斯也说，马克思主义的各个原理，包括主要的原理，都只是错综复杂、千变万化、相互作用、相互制约的客观伟大过程的一部分、一个环节、一个因素的反映，因此，都是在一定条件和一定范围

---

① 以下部分观点参见李月玲、王秀阁：《思想政治教育本质述评》，《学校党建与思想教育》2011 年第 11 期，第 16 页。

内才是正确的。为了论战的需要而强调某一主要原理是允许的，但是不应超出它的特定时间、地点和条件，把它绝对化。任何时代占统治地位的思想都是由统治阶级生产出来的，而不是继承的、固守的、教条的、不变的思想。统治阶级在其统治过程中，不断地通过精神生产及其调节，一方面要为自己的统治培养统治者和接班人，另一方面要对被统治阶级进行思想控制，从而达到其阶级统治的目的。简言之，统治阶级是通过精神生产及其调节，来对人们进行思想政治教育，并不是在其统治时期用某一种固定的思想观念、政治观点、道德规范要求其社会成员。这种把社会的思想观念、政治观点、道德规范看成是既成的、不变的做法，是一种形而上学的做法。正如马克思所言："旧的研究方法和思维方法，黑格尔称之为'形而上学的'方法，主要是把事物当做一成不变的东西去研究，它的残余还牢牢地盘踞在人们的头脑中"。① 这种做法不是从实践的动态活动中展现出社会历史性，相反，它是用社会历史性来规定实践。它从根本上忽视了实践的超越性。

胡锦涛在庆祝中国共产党成立 90 周年大会上的讲话中指出："理论源泉是实践，发展依据是实践，检验标准也是实践。任何固守本本、漠视实践、超越或落后于实际生活的做法都不会得到成功。实践发展永无止境，认识真理永无止境，理论创新永无止境。党和人民的实践是不断前进的，指导这种实践的理论也要不断前进"。② 因为，社会存在决定社会意识，社会意识是对社会存在的反映。虽然在一定时期内，社会所要求的思想观念、政治观点、道德规范具有相对的稳

① 《马克思恩格斯文集》第 4 卷，人民出版社 2009 年版，第 299 页。

② 胡锦涛：《在庆祝中国共产党成立 90 周年大会上的讲话》，《人民日报》2011 年 7 月 2 日。

定性，但它不是静止的、不变的、理想的，而是随着现实和时代的变化而变化。正如马克思所言："思想、观念、意识的生产最初是直接与人们的物质活动，与人们的物质交往，与现实生活的语言交织在一起的"，① 而且，"人们的观念、观点和概念，一句话，人们的意识，随着人们的生活条件、人们的社会关系、人们的社会存在的改变而改变"。② 人们的生活条件、社会关系以及社会存在的不断改变是历史的必然。正如恩格斯所言："一切依次更替的历史状态都只是人类社会由低级到高级的无穷发展进程中的暂时阶段。每一个阶段都是必然的，因此，对它发生的那个时代和那些条件说来，都有它存在的理由；但是对它自己内部逐渐发展起来的新的、更高的条件来说，它就变成过时的和没有存在的理由了；它不得不让位于更高的阶段，而这个更高的阶段也要走向衰落和灭亡。"③ 所以，思想政治教育"不是在每个时代中寻找某种范畴，而是始终站在现实历史的基础上，不是从观念出发来解释实践，而是从物质实践出发来解释各种观念形态"。④

同时，每个人的行为不但受统治阶级思想观念（也就是历史、社会、时代的观念）的重大影响，更重要的是受自己思想观念的支配和左右。所以，思想政治教育"既为受教育者'认同'历史、社会和时代，形成具有文明史内涵的世界观、人生观、价值观奠定基础，又为历史、社会和时代'认可'受教育者，形成具有时代内涵的世界图景、思维方式和价值规范创造条件"。⑤ 它在人类文明史上的重要作

---

① 《马克思恩格斯文集》第 1 卷，人民出版社 2009 年版，第 524 页。
② 《马克思恩格斯文集》第 2 卷，人民出版社 2009 年版，第 50—51 页。
③ 《马克思恩格斯文集》第 4 卷，人民出版社 2009 年版，第 270 页。
④ 《马克思恩格斯文集》第 1 卷，人民出版社 2009 年版，第 544 页。
⑤ 孙正聿：《践行"育人为本"》，《光明日报》2011 年 8 月 11 日。

用，不仅在于传承历史、社会时代的思想观念、政治观点、道德规范，还在于通过认可个人的思想观念、创新社会的思想观念、政治观点、道德规范。"它既是历史文化的传递活动，又是历史文化的创新活动，它既执行文化的社会遗传功能，又执行文化的时代变革功能"。①

第二，把个人和社会之间的关系实体化、手段化

再次剖析已有的关于思想政治教育本质的种种观点，学者们要么把思想政治教育本质界定成为了一定阶级或集团的利益，使其社会成员形成符合一定社会所要求的思想品德的社会实践活动。或者虽然其表述不尽相同，但实质内涵与其相同；要么把思想政治教育本质界定为是培养人、塑造人、转化人的社会活动；要么是从工具性和目的性的角度理解思想政治教育的本质，认为通过社会这个工具性的手段达到个人这个目的，或者通过个人这个手段达到社会这个目的。这一系列相似的以及相反的表述，其根源在于没有摆脱传统哲学的实体性思维方式，把社会和个人理解为独立的实体，把人和社会之间的关系理解为"手段"和"目的"的关系，违背了马克思提出的科学实践观的思维方式。

第三，混淆了思想政治教育的属性与思想政治教育本质的区别

任何事物既具有属性，也具有其相应的本质。本质本身属于属性之中，但属性不一定是本质。一事物同时具备多方面的属性，但本质只有一个。本质变化了，事物也就不是原来的事物了。属性是对本质的反映。然而，人们在认识事物时常常把属性和本质混淆或等同。学者们把科学性、政治性、工具性或阶级性等看做是思想政治教育的本质，就是其中的典型之一。实际上，意识形态性、政治性或阶级性都

_____

① 孙正聿：《践行"育人为本"》，《光明日报》2011 年 8 月 11 日。

是思想政治教育的特性或称为是一般属性，它反映的是思想政治教育任务。

第四，混淆了思想政治教育的教育方式、方法与思想政治教育本质的区别

有学者们认为，灌输是思想政治教育的本质。事实上，灌输只是思想政治教育所采取的一种教育方式，何况灌输作为一种传授知识的方式，并非只是思想政治教育所独用的。所以，不能把一种教育方式，而且一种并非思想政治教育所独有的教育方式作为思想政治教育的本质。

那么，思想政治教育本质到底是什么？究竟该怎样认识思想政治教育本质？

"根据唯物辩证法关于事物本质的理论，把握事物的本质规定，必须同时满足三个基本条件：第一，它是类的本质，是同类事物共同具有的最一般、最普遍、最稳定的属性；第二，它是该事物不同于其他事物的特有属性；第三，它是由事物的根本矛盾所决定的根本属性。"① 由此，思想政治教育的本质必须同时满足上述关于事物本质规定性的三个条件，也就是说，关于思想政治教育本质的认识当且仅当具备上述三个条件，它才是思想政治教育的真正的本质。那么，让我们按照事物本质规定性应该同时具备的三个条件来剖析思想政治教育的本质。②

首先，从思想政治教育的类本质看，思想政治教育作为与教育同类的事物，它的类本质就是教育所具有的最一般、最普遍、最稳定的

---

① 石书臣：《思想政治教育的本质规定及其把握》，《马克思主义与现实》2009年第1期，第175页。

② 李月玲、王秀阁：《科学实践观范式下思想政治教育本质论析》，《学校党建与思想教育》2012年第11期，第13—16页。

属性。时至今日，对教育的本质的认识，依然是各抒己见、观点林立。"自改革开放以来，出现了'上层建筑说'、'生产力说'、'双重属性说'（即教育是生产力和上层建筑的统一）、'多重属性说'（即教育的本质是社会性、阶级性、生产性、科学性、艺术性等多重属性的统一）、'相对说'（即教育本质是随社会经济发展而变化的）、'生产实践说'（即教育是社会劳动能力的生产实践活动）、'精神生产说'（即教育的本质是一种精神生产，教育的一切活动都是属于精神范畴的。教育是精神的社会人的生产）、'培养人说'（即教育是培养人的社会活动）、'传递说'（即教育是传授知识和传递人类的选择能力的）、'和谐统一说'（即教育影响教育对象，教育对象影响社会，这两种影响是和谐统一的，二者共存于教育本质之中，共同构成教育本质的两个方面。教育本质概括为：教育者凭借教育中介影响教育对象——受教育者，并通过教育对象影响社会的活动）、'人的意义存在说'（即教育是人的教育，需要从人的存在角度阐释教育本质，世界观不仅仅是'如何观'与'观什么'的问题，而且阐明人的生存是一种建构性的活动，人是在与世界互动中，领悟人的生存意义。因此，使人成为意义的存在者是教育本质的明确规定）、'文化说'（教育是社会文化精神的体现。教育具有了"生成人"与文化传递的双重使命，而教育的文化传递功能又更多地体现为文化的主体化过程。因此，我们可以建立这样一种基本论断：教育即是培养文化人的活动，教育的过程即是促使文化人的生成过程）"。① 可见，上述各派观点充分体现了学者们基于不同视角，对教育本质的深刻探讨。但不难看出，学者们在竭力证明自己观点的正确性和科学性时，采取了非此即

---

① 转引自李合亮：《解析与建构：当代中国思想政治教育的哲学反思》，人民出版社 2010 年版，第 114—117 页。

彼的做法和策略，在批判其他观点的过程中抛弃了它所包含的合理的成分。正如费尔巴哈在批判黑格尔的唯心主义时，连同黑格尔的辩证法一起否定。他们同样"在泼洗澡水时把孩子连同澡盆里的洗澡水都泼掉了"。那么，我们如何泼掉"污水"而保留"孩子"？这里重要的且必需的同样是选择正确的方法。任何一项研究，都需要研究方法和叙述方法的有机结合。"研究方法是对社会本身以及社会资料进行分析和综合的方法，是从社会现象深入到社会本质中的方法；叙述方法则是理论和理论结构如何表述出来的方法，或者说是科学的理论体系如何展现的方法。……只有在研究方法完成其任务之后，'现实运动才能适当地叙述出来'。叙述方法并不是再现研究方法以及如何研究的过程，而是一种使材料的生命'观念地反映出来'的方法。……叙述方法并不仅仅是一个语言、文字表述的问题，它本质上是研究方法的结果。"① 简言之，研究方法是叙述方法的前提，叙述方法是研究方法的体现。研究方法是能否真实把握事物本质的决定性因素。叙述方法是能否把研究成果正确表述出来的关键性因素。斟酌已有的关于教育本质的各种表述，总体上讲，在教育本质的认识中，依然存在混淆属性与本质等各种弊端，其中，"和谐统一说"与"文化说"是最接近教育的本质。二者的区别在于叙述方法或者说是表述上的差异，但它们在研究方法或者说是在思维方式上是完全一致的，并且符合科学实践观的思维方式，二者都认识到教育的本质是"社会"和"个人"之间的"双向性"。所以，这里认为，把研究方法相同且科学的"和谐统一说"与"文化说"进行整合，进一步改进二者的叙述方法，使其更能体现出它们内在的研究方法是认识教育本质的迫切

——————————

① 杨耕：《马克思的科学抽象法：一个再思考》，《中国人民大学学报》1993年第3期，第72页。

任务。为了更准确地表述，有必要借鉴著名哲学家雅斯贝尔斯的思想。雅斯贝尔斯指出："所谓教育，不过是人对人的主体间灵肉交流活动（尤其是老一代对年轻一代），包括知识内容的传授、生命内涵的领悟、意志行为的规范、并通过文化传递功能，将文化遗产教给年轻一代，使他们自由地生成，并启迪其自由天性。"① 由此，我们可以说，教育的本质是为了社会和个人在文化上（这里的文化是指广义的文化）的和谐统一、双向互动。这也就是思想政治教育的类本质。

其次，从思想政治教育不同于同类其他事物的特有属性看，认识思想政治教育的特有属性，虽然离不开思想政治教育现实的实然状态，更重要的在于探讨它产生的根源，后者是思想政治教育具备一定特性的根本。因为任何任务的提出都是为了解决特定的问题，任何问题都是在特定的条件下才能提出，因此，任务就是为了应对特定问题的特定条件。所以任务和问题产生的特定的条件决定着它们的特有属性。正如马克思所言："任务本身，只有在解决它的物质条件已经存在或者至少是在生成过程中的时候，才会产生"。② "思想政治教育并非人类社会先天具有，而是伴随着阶级、国家的产生而产生。"③ 在阶级社会中，"一个阶级是社会上占统治地位的物质力量，同时也是社会上占统治地位的精神力量。支配着物质生产资料的阶级，同时也支配着精神生产资料，"④ 所以，"构成统治阶级的各个个人也都具有意识，因而他们也会思维；既然他们作为一个阶级进行统治，并且决定着某一历史时代的整个面貌，那么，不言而喻，他们在这个历史时

① ［德］雅斯贝尔斯：《什么是教育》，邹进译，生活·读书·新知三联书店1991年版，第3页。

② 《马克思恩格斯文集》第2卷，人民出版社2009年版，第592页。

③ 李合亮：《思想政治教育探本》，人民出版社2007年版，第57页。

④ 《马克思恩格斯文集》第1卷，人民出版社2009年版，第550页。

代的一切领域中也会这样做，就是说，他们还作为思维着的人，作为思想的生产者进行统治，他们调节着自己时代的思想的生产和分配"。① 思想政治教育就是统治阶级用来"调节自己时代的思想生产和分配"的手段和工具。思想政治教育并不是一种普通的知识教育，也不是一种没有任何差别的技能教育，而是一定的阶级思想、阶级意识、道德规范的教育。所以，阶级性、意识形态性是思想政治教育的特有属性。统治阶级在"调节自己时代的思想的生产和分配"（即思想政治教育）的过程中，从统治阶级的角度看，统治阶级一方面为了实现自己的统治，要求社会成员接受其思想。于是统治阶级将本阶级的思想政治观念，通过有意识的教育灌输给本阶级的成员及其社会成员，使他们按照统治阶级的思想观点、政治规范行事。另一方面统治阶级为了维护自己的统治，在要求社会成员认同并遵从其思想政治观念的要求的同时，还需要尊重和认可社会成员的、符合时代发展的思想观念。从社会成员的角度看，一方面社会成员为了适应统治阶级的要求，为了符合自己所处的时代的要求，接受并获取特定阶级的思想观念、政治观点，按照统治阶级的要求生存和发展，以实现自身政治社会化的需要。另一方面社会成员在接受和认同统治阶级的思想政治观念要求的同时，同样期待社会认可其思想观念，满足其思想政治需要。所以，思想政治教育是阶级统治之必需，也是人的政治社会化之必要。其中，社会成员"满足政治社会化需要的同时，也从一定意义上成为实现统治阶级的工具"，② 统治阶级维护自己统治的同时，也从一定程度上满足了社会成员期待被认可的需要。这两个不同角度的不同方面，其实质上就是思想政治教育。

---

① 《马克思恩格斯文集》第 1 卷，人民出版社 2009 年版，第 551 页。

② 李合亮：《思想政治教育探本》，人民出版社 2007 年版，第 47 页。

　　再次，从思想政治教育的根本矛盾所决定的根本属性看，毛泽东明确指出："任何运动形式，其内部都包含着本身特殊的矛盾。这种特殊的矛盾，就构成一事物区别于他事物的特殊的本质。这就是世界上诸种事物所以有千差万别的内在的原因，或者叫做根据"。[①] 思想政治教育"并不是研究人的社会属性的所有方面，只是研究人的一个特定领域，也就是人的思想观念、政治观点、品德表现。……在实际生活中，人们的思想品德表现总是与一定的社会发展的要求有矛盾的，很难完全一致。这就产生了思想政治教育领域的特殊矛盾，即一定的社会发展的要求同人们的思想品德水准之间的矛盾。这一矛盾是思想政治教育存在的根据"。[②] 所以，揭示思想政治教育的根本属性，实质上就是揭示"一定社会发展所要求的思想观念、政治观点、道德规范"与"人们的思想观念、政治观点、道德品质"之间的矛盾。通俗地讲，这里所说的矛盾，指的就是"一定社会发展所要求的思想观念、政治观点、道德规范"与"人们的思想观念、政治观点、道德品质"之间的差距。那么，二者之间的差距到底是如何的呢？界定它们之间的差距是区分已有思想政治教育和科学实践观范式下思想政治教育的关键。

　　从已有的思想政治教育的观点来看，人们理所当然地认为，思想政治教育领域的特殊矛盾就是"人们的思想观念、政治观点、道德品质"总是落后于"一定社会发展所要求的思想观念、政治观点、道德规范"。思想政治教育就是把社会所要求的思想观念、政治观点、道德规范灌输给社会成员，使社会成员的思想符合社会的要求，思想政

----

① 《毛泽东选集》第一卷，人民出版社1991年版，第308—309页。

② 张耀灿、陈万柏：《思想政治教育学原理》，高等教育出版社2001年版，第7页。

治教育的特殊矛盾就解决了。唯物史观告诉我们："一定社会发展所要求的思想观念、政治观点、道德规范"等社会意识是由社会存在决定的，它会随着社会存在的变化而变化。不难看出，这种观点把"一定社会发展所要求的思想观念、政治观点、道德规范"理解为是脱离社会成员而已有的、固定的、理想的、孤立地存在着的观念，人们必须无条件地服从和接受。也就是前面分析的，他们把"一定社会发展所要求的思想观念、政治观点、道德规范"静态化、理想化。辩证法认为："凡有限之物莫不扬弃其自身。"① "辩证法在对现存事物的肯定的理解中同时包含对现存事物的否定的理解，即对现存事物的必然灭亡的理解；辩证法对每一种既成的形式都是从不断的运动中，因而也是从它的暂时性方面去理解；辩证法不崇拜任何东西，按其本质来说，它是批判的和革命的。"② 由此，只有辩证地对待"一定社会发展所要求的思想观念、政治观点、道德规范"与"人们的思想观念、政治观点、道德品质"之间关系，才能准确揭示其根本属性。

依据辩证法理论，这种视"一定社会发展所要求的思想观念、政治观点、道德规范"为已存的当然合理的做法有两个方面的不足：一方面，它是诡辩的、机械论的做法。"诡辩的本质在于孤立起来看事物，把本身片面的、抽象的规定，认为是可靠的。"③ 事实上，已经存在的"一定社会发展所要求的思想观念、政治观点、道德规范"是社会历史发展的合理性的实现，但未实现的也可能是更合理的存在。因为历史不是纯逻辑推理的结果，而是各种社会历史因素的结合，社会的发展只是多种可能性中的一种，任何时代都无法把握社会历史的

---

① ［德］黑格尔：《小逻辑》，贺麟译，商务印书馆1980年版，第176页。

② 《马克思恩格斯文集》第5卷，人民出版社2009年版，第22页。

③ ［德］黑格尔：《小逻辑》，贺麟译，商务印书馆1980年版，第177页。

全部真实性，也就无法全部把握真实的社会历史，也不可能一览无余地把握这个全过程。在此过程中，个人和社会任何一方都不具有绝对的优先地位。因为任何一种思想观念，"总是在客观上受到历史状况的限制，在主观上受到得出该思想映像的人的肉体状况和精神状况的限制"。① 所以，一切思想观念都具有某种局限性，"今天被认为是合乎真理的认识都有它隐蔽着的、以后也会显露出来的错误的方面"。② 由此，无论是个人思想观念抑或是社会所要求的思想观念，都不是不言而喻、不证自明的东西，而是在实践中相互追问而最终确定的、具有全面性、彻底性的东西。由此可见，"一定社会发展所要求的思想观念、政治观点、道德规范"也只是相对的可靠；另一方面，它是传统哲学的实体性思维方式的又一次透射。传统哲学的实体性思维方式把"一切存在都已被预先规定于永恒本体的本质之中，人类社会的历史发展不过是这些已有规定的展现和实现而已。所以他们在设计未来的社会图景时，首先考虑的便不是现实社会的发展状况，而是永恒的正义原则、不变的抽象人性和普遍的道德规定之类的东西"。③

　　客观上讲，就"一定社会发展所要求的思想观念、政治观点、道德规范"与"人们的思想观念、政治观点、道德品质"之间的关系来说，④ 二者之间存在着三种情况：第一，"一定社会发展所要求的思想观念、政治观点、道德规范"先进于"人们的思想观念、政治观点、道德品质"；第二，"一定社会发展所要求的思想观念、政治观

---

① 《马克思恩格斯文集》第 9 卷，人民出版社 2009 年版，第 40 页。

② 《马克思恩格斯文集》第 4 卷，人民出版社 2009 年版，第 299 页。

③ 胡福明等：《马克思主义实践论与邓小平理论的哲学基础》，南京大学出版社 1998 年版，第 47 页。

④ 以下部分观点参见李月玲、王秀阁：《思想政治教育本质述评》，《学校党建与思想教育》2011 年第 11 期，第 16 页。

点、道德规范"接近于"人们的思想观念、政治观点、道德品质";第三,"一定社会发展所要求思想政治观念"落后于"人们的思想观念、政治观点、道德品质"。但就总体上来说,一定社会发展所要求的思想观念、政治观点、道德规范等凝结了无数人的经验和智慧,它从来不是某个人或某些人的思想观念或主观愿望,是各个社会成员的思想观念通过博弈和较量后,最终形成的具有相对普遍性的、符合个人和社会发展方向的那部分思想观念。相反,个人作为感性的存在物,生而具有欲望的冲动性、利益的为我性、行动的任意性以及生命的自保性等生物特性。同时,由于个人认识的局限性以及个人活动范围的有限性,不可避免地会导致个人思想观念的片面性、狭窄性,所以,一般情况下,"一定社会发展所要求的思想观念、政治观点、道德规范"先进于"人们的思想观念、政治观点、道德品质",但也不外乎"人们的思想观念、政治观点、道德品质"在某种程度上先进于"一定社会发展所要求的思想观念、政治观点、道德规范"的情况以及"一定社会发展所要求的思想观念、政治观点、道德规范"接近于"人们的思想观念、政治观点、道德品质"的情况。[①] 因为,从社会历史发展的具体进程来看,"历史是这样创造的:最终的结果总是从许多单个的意志的相互冲突中产生出来的,而其中每一个意志,又是由于许多特殊的生活条件,才成为它所成为的那样。这样就有无数互相交错的力量,有无数个力的平行四边形,由此就产生出一个合力,即历史结果,而这个结果又可以看做一个作为整体的、不自觉地和不自主地起着作用的力量的产物。因为任何一个人的愿望都会受到任何另一个人的妨碍,而最后出现的结果就是谁都没有希望过的事物。但

---

① 李月玲、王秀阁:《思想政治教育价值新解》,《长白学刊》2011 年第 5 期,第 49 页。

是，各个人的意志——其中的每一个都希望得到他的体质和外部的、归根到底是经济的情况（或是他个人的，或是一般社会性的）使他向往的东西——虽然都达不到自己的愿望，而是融合为一个总的平均数，一个总的合力，然而从这一事实中决不应作出结论说，这些意志等于零。相反，每个意志都对合力有所贡献，因而是包括在这个合力里面的"。① 其中平行四边形的合力代表"一定社会发展所要求的思想观念、政治观点、道德规范"，各个分力代表"人们的思想观念、政治观点、道德品质"。依据平行四边形的常识可知，其中有合力大于分力的情况，也有一些分力大于合力、一些分力小于合力的情况。从意识形态发生、发展的逻辑看，无论是集体的、组织的群体意识形态，还是阶级的、社会的整体意识形态，从根本上绝对都离不开个体的思想意识。如果没有个体的思想意识及其思想意识活动，不仅不可能形成作为理论体系的意识形态，就连感性的群体意识形态也无法形成。譬如，马克思主义理论，它是无产阶级及其政党的意识形态，是具有完成理论体系的意识形态。但是它的一系列思想观点并不是一蹴而就的、现成的思想观念，首先是马克思、恩格斯在不断的革命实践的基础上提出和阐述，然后经过考茨基、列宁、普列汉诺夫、毛泽东、邓小平等一代又一代的革命工作者吸收、检验、创新等努力才逐步形成了如此丰富的理论体系。所以，理论化、科学化的意识形态无论其抽象程度有多高、覆盖领域有多广，都是个体意识形态及其意识形态活动的结果。它们首先是个体思想家头脑中的个体意识形态，然后逐步传播为社会成员认同的社会意识形态。② 所以，思想政治教育

① 《马克思恩格斯文集》第 10 卷，人民出版社 2009 年版，第 592—593 页。

② 刘少杰：《意识形态层次类型的生成及其变迁》，《学术月刊》2011 年第 2 期，第 11 页。

绝不能只是灌输或传递一定社会所要求的社会思想观念、政治观点、道德规范，必须是为了个体意识形态和社会意识形态的良性互动。

所以，科学实践观范式下的思想政治教育的根本矛盾是"一定社会发展所要求的思想观念、政治观点、道德规范"与"人们的思想观念、政治观点、道德品质"之间的差距，这种差距不是已有思想政治教育所主张的"人们的思想观念、政治观点、道德品质"落后于"一定社会发展所要求的思想观念、政治观点、道德规范"这一种情况，而是落后、先进和接近三种情况均有可能。也就是说，"一定社会发展所要求的思想观念、政治观点、道德规范"与"人们的思想观念、政治观点、道德品质"都是在实践中不断生成和变化的。无论是"一定社会发展所要求的思想观念、政治观点、道德规范"还是"人们的思想观念、政治观点、道德品质"，没有哪一个是先前预定的或固定不变的，也没有哪一个是不言而喻、不证自明的东西，而是在实践中相互追问而最终确定的、具有全面性、彻底性的东西。这种东西确立以后，不仅是为了解释现存社会的合理性，而且是为了改变未来社会。同时，就在解释现存社会的合理性的时候，它同样肩负着双重的任务：一是面向既成的事实，出于论证和辩护其必然性和合理性，二是面向未来的发展，通过解释现实而为未来选择更合理的东西。而已有的思想政治教育仅仅是把"一定社会发展所要求的思想观念、政治观点、道德规范"施加或灌输给社会成员，向社会成员解释和说明"一定社会发展所要求的思想观念、政治观点、道德规范"的合理性，使他们接受并不断重复和再现"一定社会发展所要求的思想观念、政治观点、道德规范"。此外，已有的思想政治教育不仅是停留在解释世界，而且在解释世界的同时，所选择的立足点仅仅是为了宣传现有的"一定社会发展所要求的思想观念、政治观点、道德规范"，并为其辩护，而忽视了其发展和变化的本性。

　　总之，科学实践观范式下的思想政治教育所传递的"一定社会发展所要求的思想观念、政治观点、道德规范"不是固定不变的、自发的、自在的存在，而是不断变化、不断发展的，自觉、自为的存在。它是一种无限接近其"合理形态"的过程集合体。其合理形态既包含着对现存的"一定社会发展所要求的思想观念、政治观点、道德规范"的肯定理解，也包含着对现存的"一定社会发展所要求的思想观念、政治观点、道德规范"的否定理解，还包含着对未来社会所要求的思想观念、政治观点、道德规范的肯定理解。所以，科学实践观视域中的思想政治教育既传递"一定社会发展所要求的思想观念、政治观点、道德规范"，使其社会成员认同"一定社会发展所要求的思想观念、政治观点、道德规范"，又分析和吸收"人们的思想观念、政治观点、道德品质"，使人们的先进的、合理的"思想观念、政治观点、道德品质"得到社会的认可，以实现个人和社会在思想观念、政治观点、道德规范等意识形态领域的双向互动。其本质上讲就是实现个人和社会在意识形态领域的良性互动、有机统一。简言之，科学实践观范式下的思想政治教育区别于已有思想政治教育的显著特点是：把个人和社会看成是相互统一的有机体，而不是相互割裂甚至相互矛盾的实体。同时，把社会所要求的思想观念看做是不断更新的，而不是稳定的、静止的，肯定个体思想品德在社会发展中的作用。还有认识到思想政治教育并不是对社会成员"施加"社会所要求的思想观念，看到了人的选择性、主动性和超越性。科学实践观范式下的思想政治教育作为一种实践活动，它不仅在于解释世界，还在于改变世界。它担负着"解释世界"和"改变世界"的双重任务，即，一方面要面向现实社会和既成的事实，对现有社会观念和道德品质进行合理性解释；另一方面要面向社会和个人的未来发展，推动社会观念和道德品质向更高阶段发展。

（二）克服"社会本位"和"个人本位"两种片面倾向

截至目前，学界普遍承认思想政治教育具有个人价值和社会价值，但是到底思想政治教育的个人价值和社会价值是何种关系，却是人们依然争论的焦点。从历时态考察，思想政治教育价值经历了"从经验总结向理论建构、从强调政治需要到人的发展需要、从工具化到人本化"[①] 的转向。这种转向"克服了传统认识中仅仅强调思想政治教育的社会价值，仅仅将思想政治教育价值局限于物化领域，对人的价值和意义不被重视"[②] 的弊端。这与思想政治教育的研究范式紧密相连。将"范式"理论引入思想政治教育中，既是在哲学高度反思思想政治教育学科的需要，也是有效推进思想政治教育学科科学化的必然选择。"思想政治教育研究范式的形成是对思想政治教育规律认识的结果，也是对思想政治教育学科深入发展的基点"。[③] 依据"范式"理论，思想政治教育研究范式就是指思想政治教育工作者对思想政治教育学科所公认的问题和理论本质的研究所持的基本观点、基本方法、共同信念和思维方式，这一切为他们提供共同的理论模型和解决问题的框架。思想政治教育范式转换既是思想政治教育内在矛盾运动的必然要求，也是外部环境变迁的必然要求，确切地讲，它是二者共同作用的逻辑进程。在思想政治教育的研究历程中，思想政治教育的

---

① 侯勇、孙其昂：《论思想政治教育价值的历史转型与现代发展——基于社会、历史、系统视野的考察》，《理论与改革》2011 年第 2 期，第 115 页。

② 褚凤英、孔超：《论思想政治教育的人本价值》，《学校党建与思想教育》2010 年第 7 期中，第 8 页。

③ 吴琼：《论思想政治教育范式的转换》，《学校党建与思想教育》2010 年第 8 期中，第 8 页。

研究范式经历了"社会哲学范式"向"人学范式"的转换。在"社会哲学范式"下，人们着眼于思想政治教育与社会大系统的关系，侧重强调思想政治教育满足社会的、政治的需要，重视宣传和灌输党的理论方针。从而把思想政治教育视为单纯的社会政治统治的工具。通常人们把这种范式下的思想政治教育称为"社会本位"。客观上讲，这种研究范式有其合理性的一面，因为思想政治教育的确在社会大系统中担负着重要的角色，其地位和作用是其他各种教育不可替代的。因此，我们党把思想政治教育视为经济工作和其他一切工作的生命线。但是，如果把思想政治教育仅集中在"社会本位"下，则是有失偏颇的。长期以来，由于受计划经济体制以及"左"倾思想的制约和影响，人们对思想政治教育的认识长期滞留在社会政治需要、工具价值的层面，使人们产生了对思想政治教育的反感甚至抵触情绪，这一尴尬局面要求思想政治教育必须进行思维方式及话语规则的调整和转换。同时，随着社会主义市场经济体制改革目标的确立、社会主义民主政治的建设和发展，同样呼唤着思想政治教育研究范式的转换。

党的十六届三中全会提出了以人为本的科学发展观，有力地推动了中国特色社会主义各项事业的顺利发展。伴随着这一进程，我国思想政治教育转向了人学研究范式。最初是张耀灿等人在《思想政治教育学前沿》中提出了思想政治教育要实现人学范式的转向。于是，从现实的个人的视角审视思想政治教育就成为一个重要的理论问题。可是在现实研究中，很多人并没有真正领会"以人为本"的真实内涵，把这里的"人"理解为脱离社会的、单独的个人，人们把现实的个人看做是思想政治教育的出发点和归宿。这种范式下的思想政治教育逐步倾向于"个人本位"。

可见，学界对思想政治教育的研究存在从一个极端转向另一个极端的倾向，即从原来的"重视和强调社会及政治的需要"转向了

"重视和强调个体需要及发展"。这种转向围绕的主题就是思想政治教育是为了社会还是为了个人。"社会本位"论者把社会看做是神圣的、凌驾于个人之上的实体。他们认为社会是目的，人是手段，人是因为社会而存在的。所以，他们视思想政治教育为政治统治的工具，认为思想政治教育是凌驾于人之上，促使人的思想品德服从和符合社会所要求的思想观念和道德规范。"个人本位"论者则把人理解为现成存在的、看得见摸得着的、肉体的人。认为人是先于社会存在的实体，是社会存在的基础和前提，没有个人就没有社会。社会是由许多个人自然地联系起来的组合体。他们认为思想政治教育的出发点和归宿点都是现实的个人，思想政治教育的价值旨归也在于个人，没有个人价值，思想政治教育的社会价值形同虚设，这种倾向反过来把社会看做是为个人服务的工具。

在这两种研究范式下，尽管每一种理论都是为了克服与之对立的理论的困境而建立的，然而其本身却又陷入了新的理论困境之中。这两种研究范式下的思想政治教育理论都没有真正把握思想政治教育的价值，其观点在理论和现实中都遇到了不同程度的挑战。细究起来，问题的症结就在于现实中个人和社会之间的关系以及人们对个人与社会关系的认识。这种认识的形成既有社会历史发展的客观原因，也有人们自身的主观原因，其中后者是导致这种片面倾向的直接原因。同样，克服思想政治教育的"社会本位"和"个人本位"两种片面倾向，既是人类社会历史发展的必然要求，也是人们主观认识不断改变和提高的要求和结果。

客观上来说，从"社会本位"到"个体本位"的转变是社会历史发展的必经过程，"个体本位"是对"社会本位"的超越，但"个体本位"并不是其最佳的状态和目标，必然会被新的形态所代替。马克思通过分析人与自然、人与社会的双重关系，揭示了人与社会发展状况，把人与社会的发展划分为"三大社会形态"，即"人的依赖关系（起初完全是自然发生的），是最初的社会形式，在这种形式下，人的生产能力只是在狭小的范围内和孤立的地点上发展着。以物的依赖性为基础的人的独立性，是第二大形式，在这种形式下，才形成普遍的社会物质变换、全面的关系、多方面的需求以及全面的能力的体系。建立在个人全面发展和他们共同的、社会的生产能力成为从属于他们的社会财富这一基础上的自由个性，是第三个阶段"，① 这三大社会形态可以简称为"人的依赖"阶段、"以物的依赖性为基础的人的独立性"阶段、"每个人的自由个性"阶段。在"人的依赖关系"为基础的第一大形态中，它的最主要的特性就是人的依附性。"在市场经济以前的各个历史时期，人类社会都处于人的依赖关系阶段，都属于原生的社会形态。如果说，人的依赖关系起初完全是自然发生的，那么，在进入阶级社会之后，这种依赖性则成为少数人用来压迫、剥削广大劳动群众的手段"。② 此时，"人只不过是各种要素凑合而成的集合体"，③ 人只能依靠社会群体的力量才能求取生存。诚如马克思所言："在这里，个人绝不可能像单纯的自由工人那样表现为单个的点。如果说，个人劳动的客观条件是作为属于他所有的东西而成为前提，那么，在主观方面，个人本身作为某一公社的成员就成为前提，因为他对土地的关系是以公社为中介的。他对劳动的客观条件的关系是以他作为公社成员的身份为中介的；另一方面，公社的现实存在，又由个人对劳动的客观条件的所有制的一定形式来决定"。④

----

① 《马克思恩格斯文集》第 8 卷，人民出版社 2009 年版，第 52 页。

② 李淑梅：《社会转型与人的现代重塑》，山西教育出版社 1998 年版，第 93 页。

③ 张立文：《新人学导论》，广东人民出版社 2000 年版，第 155 页。

④ 《马克思恩格斯文集》第 8 卷，人民出版社 2009 年版，第 135 页。

所以，在"人的依赖"阶段，不管是自然发生的原生态的依赖关系，还是人为建立的依赖关系，个人必须依赖于一定的群体，个人只能以群体的状态才能存在和繁衍。而且人们也习惯于依附。"人成为了社会系统中的一个功能要素，他的一切均要服从社会体系的需要，而不是人自身的需要"，① 正如马克思曾经指出："我们越往前追溯历史，个人，从而也是进行生产的个人，就越表现为不独立，从属于一个较大的整体：最初还是十分自然地在家庭和扩大成为氏族的家庭中；后来是在由氏族间的冲突和融合而产生的各种形式的公社中"。② 因此，在这一阶段，人实质上还没有成为现实的个人，个人是处在各种宗法等级的人伦规范下的个人，是完全依附于自身所属的群体，不可能表达和实现自己的真实需要和真实的个性，他只是像一种附庸分子式的存在。正如科恩所说"对于一个人来说，社会身份就像他的肉身一样有机和自然，每一个阶层都有自己相应的美德体系，每一个个体都必须知道自己的位置"，③ 从而形成了各种秩序和制度。"从人类历史来看，秩序和制度往往被视为群体和整体之代表或象征，并常常被神秘化和绝对化，……而个体和群体的关系则同时也就被归结为个体与秩序、规范（它们往往被神秘化为'天理'等等超验的实体）的关系。换言之，群体实质上被视为一种与个体相对峙的强制性力量。"④ 可见，在这一历史阶段，个人完全服从群体并消融于群体之中，由此形成的个人和社会的关系理所当然是以社会为本位的，在这种状态下，

①　车玉玲：《总体性与人的存在》，黑龙江人民出版社 2001 年版，第 113 页。

②　《马克思恩格斯文集》第 8 卷，人民出版社 2009 年版，第 6 页。

③　[苏] 伊·谢·科恩：《自我论》，佟景韩等译，生活·读书·新知三联书店1986 年版，第 127 页。

④　刘晓虹：《中国近代群己观变革探析》，复旦大学出版社 2001 年版，第21 页。

只强调个人对社会的义务，而忽略个人的主体性及其权利。所以，顺其所示，思想政治教育自然而然也是以社会为本位。然而，在这个阶段，"无论个人还是社会，都不能想象会有自由而充分的发展，因为这样的发展是同（个人和社会之间的——笔者注）原始关系相矛盾的"。①

在"以物的依赖性为基础的人的独立性"的第二大形态中，随着个体生产能力的增强，个人在社会群体中的地位逐渐凸显。于是，人对社会群体的依赖性减弱，个人的独立性得到发展和张扬，个人的自我意识不断增强。这个阶段相对于"人的依赖"阶段，无疑是人类历史发展的巨大进步。然而，伴随着个人独立性的提高，个人的欲望不断扩大甚至膨胀，由此"个体本位"的倾向随之呈现。在这一阶段，虽然人相对于群体或社会的独立性增强了，但人对物的依赖性也增强了。对"物的依赖性"决定了人的个性不可避免地受到物质和金钱的压制和吞噬，滋生和助长了人的"物化意识"，颠倒了物与人的关系，不是物为人服务，而使人成了物的奴仆，使得个人变成了附属于物质却脱离社会的抽象的个体。把个人与社会彼此对立起来，把"联结人与人的感情和友好的伴侣关系，变为赤裸裸的相互利用的、活机器之间的物物关系"。② 马克思把它精辟地概括为人的"异化"阶段。不但人与物的关系异化、人与社会的关系异化，而且人与自身的关系同样被异化。人们把有限的物质需要穷极化，使得个人与他人处在恶性竞争的敌对关系中，每个人只强调个体的利益而无视他人的利益，"每个人都指望使别人产生某种新的需要，以便迫使他作出新的牺牲，以便使他处于一种新的依赖地位并且诱使他追求一种新的享受，从而

---

① 《马克思恩格斯文集》第 8 卷，人民出版社 2009 年版，第 136 页。

② 车玉玲：《总体性与人的存在》，黑龙江人民出版社 2001 年版，第 88 页。

陷入一种新的经济破产。"① 它僭越和违背了人与社会发展的内在要求。从这个意义上说，"以物的依赖性为基础的人的独立性"阶段，它既是发展的一个必经阶段，诚如马克思所言"第二个阶段为第三个阶段创造条件"。② 同时，它也是个人和社会发展过程中的一个畸形和异化的阶段，因为人受物的支配和制约，人处于被"异化"的状态。由此，这种状况依然是人类社会历史发展中必须抛弃和超越的阶段。

"每个人的自由个性"阶段，这一阶段的典型特征是"他们共同的、社会的生产能力成为从属于他们的社会财富这一基础上的自由个性"。③ 所以，在这个阶段，个人所依赖的东西不再是外在于人的血缘、地缘、权利、物质等等，而是内在于人类自身的共同的能力。在这种环境下，个人和他者是平等的主体的关系，这种关系表明和印证了个人和社会同构共生的事实。由此，这一阶段是个人发展和社会发展的应然状态，也是个人发展和社会发展的本真状态。可见，在人类社会历史的发展过程中，由于社会生产力等不同的因素而造成了对社会群体和个人的依赖性不同，依次出现了从"人的依赖"阶段—→"以物的依赖性为基础的人的独立性"阶段—→"每个人的自由个性"阶段的更迭状况。这三大社会形态彼此更迭，只是意味着在不同的发展阶段，对个人和社会群体的依赖性存在差异，它既不意味着先有社会后有个人，或者先由个人后有社会，也不意味着个人和社会是相互分离的。个人和社会自始至终是统一的。然而，由于人们主观认识的偏差，把人类社会历史发展过程中客观经历过的、对个人和社会

---

① 《马克思恩格斯文集》第 1 卷，人民出版社 2009 年版，第 223 页。
② 《马克思恩格斯文集》第 8 卷，人民出版社 2009 年版，第 52 页。
③ 《马克思恩格斯文集》第 8 卷，人民出版社 2009 年版，第 52 页。

的"不同的依赖程度",误以为是个人和社会的分离或对立。

主观上来讲,人类的认识水平也是个渐进的过程。随着认识水平的提高,人们的认识会无限地接近认识对象的真实面目。考察现实中人们关于个人和社会以及关于二者的关系的认识历程,不难看出,"现有的像'个体'以及'社会'这些常见的概念,前者乃指涉单个的个人,仿佛这个个人是一个全然自为、独自存在的生物,而后者则通常摇摆于两种截然相反、但都是易造成误解的表象之间。在此意义上,社会要么被理解为众多个人的一种单纯集合,一种累加式的因而无结构的序列;要么被当做一个客体,这个客体以某种不能再明究的方式远在单个个人的彼岸。在后一种情况下,那些预先向单个的言说者给定了的话语,那些决定并一同规定了在他们的概念领域里成长起来的人的思想方式和行为的概念本身,都使得作为个体来认定的单个个人和被作为社会来表象的人类群体仿佛在本体上是各个不同的东西"。① 所以,在认识个人和社会的关系时,要么把二者割裂开来,认为二者是各个不同的东西;要么认为社会是高于个人的实体,只有在社会中,个人才能存在,个人是社会的工具;要么认为个人是高于社会的实体,只有先存在个人这个现实的个体,社会才有意义,社会是个人实现自身利益的手段。

"在漫长的人类历史中,人不被当做人来看待,凌驾于个人之上的'社会实体'压制、泯灭了个人。"② 后来,随着个人的独立性大大提高,个人的地位却悬置在社会之上,个人利益掩盖了社会集体的利益,很多人认为先有个人后有社会。这种认识的根源在于人们的思

---

① [德]诺贝特·埃利亚斯:《个体的社会》,翟三江等译,译林出版社 2003年版,第 1 页(前言)。

② 高清海:《社会国家化与国家社会化——从人的本性看国家与社会的关系》,《社会科学战线》2003 年第 1 期,第 1 页。

维停留在传统哲学思维模式上，一方面，把社会看做是神圣化的、凌驾于个人之上、先验存在的实体；另一方面，把人理解为现成存在的、摆在那里的、看得见摸得着的、表面的、肉体的人，把"人的本质……理解为一种内在的、无声的、把许多个人纯粹自然地联系起来的普遍性"。① 马克思扬弃和废黜了传统哲学的实体性思维方式，从人的生存和人的实践出发审视人及其人类社会，他指出："一切人类生存的第一个前提，也就是一切历史的第一个前提，这个前提是：人们为了能够'创造历史'，必须能够生活。但是为了生活，首先就需要吃喝住穿以及其他一些东西。因此第一个历史活动就是生产满足这些需要的资料，即生产物质生活本身"。② 由此，人和社会都是一种生存性的、实践性的存在，而不是实存性的、现实的存在。马克思通过实践把外部世界看做是属人的世界，指出："人对人来说作为自然界的存在以及自然界对人来说作为人的存在，已经成为实际的、可以通过感觉直观的，所以关于某种异己的存在物、关于凌驾于自然界和人之上的存在物的问题，即包含着对自然界的和人的非实在性的承认的问题，实际上已经成为不可能的了"。③ 个人和社会是在人类实践中同构共生的，"正像社会本身生产作为人的人一样，社会也是由人生产的。"④ 二者在本质上都是社会关系的总和，而不是先前预定的、既成的实体。"只是在……一定阶段上，人才成为人。但是一旦人已经存在，人，作为人类历史的经常前提，也是人类历史的经常的产物和结果，而人只有作为自己本身的产物和结果才成为前提。"⑤ 同时，

---

① 《马克思恩格斯文集》第 1 卷，人民出版社 2009 年版，第 505 页。
② 《马克思恩格斯文集》第 1 卷，人民出版社 2009 年版，第 505 页。
③ 《马克思恩格斯文集》第 1 卷，人民出版社 2009 年版，第 196 页。
④ 《马克思恩格斯文集》第 1 卷，人民出版社 2009 年版，第 187 页。
⑤ 《马克思恩格斯全集》第 26 卷Ⅲ．人民出版社 1974 版，第 545 页。

个人也不是为社会服务的工具，社会不是为个人服务的工具。他指出："并不是'历史'把人当做手段来达到自己——仿佛历史是一个独具魅力的人——的目的。历史不过是追求着自己目的的人的活动而已"。① 质言之，个人和社会之间实质上"只有一种含义，就其整体而言是社会，就其差别而言是个人。使整体成为部分的手段或使部分成为整体的手段，就好比使一出戏成为剧中人的手段或使剧中人成为这出戏的手段一样"。② 这就是科学实践观的意蕴。它有力地回答了个人和社会的关系，也为人们认识个人和社会的关系提供了正确的思维方式。它所蕴含最基本的价值观就是个人和社会自始至终是统一的。因此，这种研究范式是克服"社会本位"和"个人本位"两种片面倾向的金钥匙，也是扬弃"社会本位"和"个人本位"，两种片面倾向的最佳思维方式。由此，在思想政治教育的研究中，不能"只见社会不见人"，也不能"只见人不见社会"，"研究每个世纪中人们的现实的、世俗的历史，就是把这些人既当成他们本身的历史剧的剧作者又当成剧中人物"。③（注：笔者把反问句变成了肯定句）那种幻想离开社会的人，好比是鲁迅笔下的那种妄想拎起自己的头发跳离地球的人。科学实践观所蕴涵的这一思维方式，不仅是应对现有思想政治教育困境之必须，而且符合思想政治教育本质要求。既有利于实现思想政治教育的个人价值和社会价值的有机统一，也有利于提高思想政治教育的理论性和实践性。④

---

① 《马克思恩格斯文集》第1卷，人民出版社2009年版，第295页。

② 鲍桑葵：《关于国家的哲学理论》，汪淑钧译，商务印书馆2009年版，第190页。

③ 《马克思恩格斯文集》第1卷，人民出版社2009年版，第608页。

④ 李月玲、张莉：《从马克思"三大社会形态"的视角解析"个人与社会"的关系》，《太原理工大学学报（社会科学版）》2014年第3期，第55—57页。

第 二 章
科学实践观范式下思想政治
教育价值思想之考略

马克思主义的产生和发展与马克思主义的传播教育始终是同步的。马克思主义传播的主阵地就是思想政治教育。因此，一部马克思主义的发展史实际就是一部马克思主义思想政治教育史。马克思主义的思想政治教育，就是运用马克思主义的世界观、政治观、历史观、价值观、人生观等，解决社会和个人的思想和立场问题，通过教育和启发的方式，使社会和个人摆脱各种偏见和谬误的束缚，从而实现个人和社会在思想和立场等意识形态问题上的和谐统一、前进互动。马克思主义思想政治教育价值思想在马克思主义思想政治教育思想，甚至在整个马克思主义思想中占据重要的地位。梳理马克思主义思想政治教育价值思想，将为本书的研究提供深刻的理论基础。

一、马克思恩格斯的思想政治教育价值思想

马克思恩格斯之所以从事艰苦的理论研究活动，绝不是把新的科学成就写成厚厚的书，只向"学术"界吐露。恰好相反，他们一方面是为了给无产阶级革命提供科学的理论武器，培养无产阶级的意识，

另一方面是为了清除无产阶级和人民群众中的错误思想。为此，马克思恩格斯抓住时机，在布鲁塞尔成立了德意志工人协会，从而开始了实际的鼓动工作。马克思恩格斯深入到政治运动中，在知识分子中间，特别是在德国西部的知识分子中间获得一些人的拥护，并且同有组织的无产阶级建立了广泛联系。加入"共产主义者同盟"后，实际的鼓动工作对于马克思就具有更重要的意义了。① 他们认为，科学地论证他们的观点是他们的义务，但是，对他们来说同样重要的就是争取欧洲无产阶级，首先就是争取德国无产阶级拥护他们的信念。在明确了这一点以后，他们就立即着手工作了。② 通过口头、书信和报刊，影响着最杰出的盟员的理论观点。在问题涉及当时正在形成的共产党内部事务的特殊场合，向世界各处的通讯员和朋友分发各种通告，也正是为了这个目的。③ 可见，马克思恩格斯既是思想政治教育的奠基者，也是思想政治教育理论的宣传者和践行者。虽然没有使用"思想政治教育"这个词汇，但已经提出了"宣传工作"、"鼓动工作"的概念。从马克思恩格斯所倡导的宣传工作、鼓动工作的实际内容和精神实质来看，无疑是属于思想政治教育的内涵。马克思恩格斯始终把辩证唯物主义原理和历史唯物主义原理运用到思想政治教育领域。马克思恩格斯创立的各种科学理论，尤其是社会存在与社会意识、人的本质、人的全面发展等唯物史观的一系列基本原理，为无产阶级思想政治教育提供了坚实的理论指导和正确的实践方法。马克思恩格斯虽然没有明确地阐述思想政治教育的价值，但是，马克思恩格斯在探索、研究、宣传科学理论并在指导国际共产主义运动的过程中，直接

---

① 《马克思恩格斯文集》第 3 卷，人民出版社 2009 年版，第 452 页。

② 《马克思恩格斯文集》第 4 卷，人民出版社 2009 年版，第 233 页。

③ 《马克思恩格斯文集》第 4 卷，人民出版社 2009 年版，第 234 页。

提出了一系列关于思想政治教育的重要论断。这些论断深刻地蕴含着关于思想政治教育价值的思想。因此，马克思恩格斯无论是在思想政治教育的理论方面，还是在思想政治教育的实践方面，都给后人留下了巨大的精神财富。

（一）关于思想政治教育社会价值的思想

马克思恩格斯对社会存在决定社会意识，社会意识反作用于社会存在这一基本原理在思想政治教育中的运用，从根本上阐释了社会存在与人们的思想意识之间的相互关系，充分揭示和肯定了思想政治教育对社会的价值。马克思恩格斯指出，任何新的社会制度都不可能在原有社会内部自发地产生和建立起来。无产阶级革命的目的就是推翻资产阶级及其制度，建立社会主义制度。社会主义制度的建立，要靠无产阶级的自觉斗争才能建立起来。而且不同于以往社会制度更迭的是，社会主义制度并不是在资本主义衰落后而出现的。它是在分析资本主义制度所固有的矛盾及其规律的基础上，首先形成了科学社会主义理论，然后在理论的指导下，必须通过不断地与资产阶级互相抗衡、相互斗争，推翻现存的社会制度，才能建立新的世界，才能一步步地建立和壮大起来。马克思通过考察资本主义社会的基本矛盾，揭示了无产阶级"承担社会的一切重负，而不能享受社会的福利，它被排斥于社会之外"，① 所以，无产阶级处于资本主义社会的最底层，也揭示了无产阶级所具有的阶级特性和优秀品质。马克思指出，无产阶级是资本主义社会的掘墓人，无产阶级是实现社会主义革命的决定力量。但无产阶级的这些优秀品质并不能自发地产生，必须通过宣传

① 《马克思恩格斯文集》第1卷，人民出版社2009年版，第542页。

和鼓动工作。因此，马克思恩格斯认为，宣传鼓动工作的首要任务是激发无产阶级的阶级意识和斗争意识，只有激发无产阶级的阶级意识，使得无产阶级意识到本阶级的历史地位和历史使命，才能具有旺盛的斗志和理想，才能激发无产阶级为实现自己的历史使命必须同资产阶级展开各种形式的斗争的意志和行动。

无产阶级与资产阶级斗争的形式主要集中在理论、政治和经济等三个方面。正如恩格斯所言："自从有工人运动以来，斗争是第一次在其所有三个方面——理论方面、政治方面和实践经济方面（反抗资本家）互相配合，互相联系，有计划地推进。德国工人运动之所以强大有力和不可战胜，也正是由于这种集中的攻击"。① 马克思恩格斯根据社会存在决定社会意识，社会意识反作用于社会存在的基本原理，提出"一定时代的革命思想的存在是以革命阶级的存在为前提的"。② 他们指出："共产主义革命就是同传统的所有制关系实行最彻底的决裂；毫不奇怪，它在自己的发展进程中要同传统的观念实行最彻底的决裂。"③ 马克思恩格斯把理论教育或称宣传工作看做是无产阶级与资产阶级斗争最有力的武器。德国工人是处于无产阶级斗争的最前列。但是，只要他们长久地占据着这个地位，就必须要在斗争和鼓动的各个方面加倍的努力。特别是领袖们要越来越透彻地理解各种理论问题，越来越彻底地摆脱旧世界观的传统言辞的影响，并且要时刻注意到：社会主义自从成为科学以来，就要求人们把它当做科学去研究，并且必须要以高度的热情，把通过研究而获得的日益明确的意识传播到工人群众中去，必须不断增强党组织和工会组织的团结。因

---

① 《马克思恩格斯文集》第 2 卷，人民出版社 2009 年版，第 218 页。
② 《马克思恩格斯文集》第 1 卷，人民出版社 2009 年版，第 551 页。
③ 《马克思恩格斯文集》第 2 卷，人民出版社 2009 年版，第 52 页。

此，不能在斗争中懈怠下来，在社会党人和农村居民中的宣传工作上仍有无数的事情要做。如果德国工人能继续这样发展下去，虽然不能说他们一定会走在运动的最前列，但是毕竟会在战斗行列中占据一个光荣的地位；如果将来有出乎意料的重大事变或者严峻考验，他们一定会有充分的准备表现出更大的勇气、更大的毅力和决心。① "无产阶级和资产阶级之间的对抗仍然是阶级反对阶级的斗争，这个斗争的最高表现就是全面革命。可见，建筑在阶级对立上面的社会最终将导致剧烈的矛盾、人们的肉搏。不能说社会运动排斥政治运动。从来没有哪一种政治运动不同时又是社会运动的。"② 可见，马克思恩格斯非常重视思想政治教育对社会的价值，但是，马克思恩格斯并没有忽视思想政治教育对个人的价值。

（二）关于思想政治教育个人价值的思想

马克思恩格斯对人的本质和人的全面发展等这些基本原理在思想政治教育领域的运用，明确了思想政治教育对于个人的价值，提出了思想政治教育的根本目的就是培养全面发展的人，提高人们改造客观世界和主观世界的能力和素质。马克思恩格斯历来重视教育、尤其是思想政治教育对人的全面发展的价值。实现人的自由而全面的发展，是马克思倾其一生而努力奋斗的目标。人的全面发展是相对于人的片面发展而言的。马克思恩格斯从人类社会发展的全部历史出发，总结了人类社会发展的历史规律，深刻剖析和揭示资本主义的社会现实，批判了资本主义的异化劳动，分析了资本主义生产方式下导致的人的

---

① 《马克思恩格斯文集》第 2 卷，人民出版社 2009 年版，第 218—219 页。

② 《马克思恩格斯文集》第 1 卷，人民出版社 2009 年版，第 655 页。

片面发展的原因，科学预测了人类社会发展的未来前景，把人的全面发展确立为未来理想社会的终极价值目标。表明突破人的片面发展的方法就是教育。恩格斯在《共产主义原理》中指出：在资本主义生产方式下，每一个人都只能发展自己某一方面的才能而偏废了其他各方面，因为每个人只能隶属于某个生产部门，只熟悉整个生产中的一部分。教育将使他们摆脱所造成的片面性。① "未来教育，不仅是提高社会生产的一种方法，而且是造就全面发展的人的唯一方法。"② 可见，马克思恩格斯非常重视思想政治教育的个人价值。马克思恩格斯非常关注培养革命接班人。他们深知实现共产主义社会的理想不可能短时期内完成，革命的大业要代代相传，必须要有接班人。他们明确提出了团结造就知识分子，把青年一代"培养成共产主义者"的著名论断。直到晚年，马克思常常对他们诉说道："我应该训练好在我死后继续共产主义宣传的人。"③ 恩格斯在逝世前不久，依然在不断地教育德国党的领导人要纠正错误的思想。

综上可见，马克思恩格斯一生既重视思想政治教育对社会的价值，也重视思想政治教育对个人的价值。并且，他们认为，思想政治教育对社会的价值和对个人的价值，二者之间是相辅相成的，只有在提高人们的思想觉悟的基础上，才能逐步地由社会主义过渡到共产主义，也只有通过社会的进步，最终才能使人类得到彻底地解放。

---

① 《马克思恩格斯文集》第 1 卷，人民出版社 2009 年版，第 688—689 页。
② 《马克思恩格斯文集》第 5 卷，人民出版社 2009 年版，第 556—557 页。
③ ［法］保尔·拉法格：《回忆马克思恩格斯》，马集译，人民出版社 1973 年版，第 1 页。

（三）关于思想政治教育社会价值和个人价值关系的思想

马克思恩格斯关于个人和社会的关系认识，为思想政治教育对于社会和对于个人的价值提供了理论基础。马克思恩格斯始终认为个人和社会是统一的。所以，马克思恩格斯几十年间一贯的思想就是把共产主义社会理想和人的全面发展紧密结合起来。它像一道"普照的光"，始终贯穿在马克思恩格斯的所有思想之中。由此，在思想政治教育的价值思想中。马克思恩格斯始终把思想政治教育的社会价值和个人价值结合起来。马克思指出："实际上，国家的真正的'公共教育'就在于国家的合乎理性的公共的存在。国家本身教育自己成员的办法是：使他们成为国家的成员；把个人的目的变成普遍的目的，把粗野的本能变成合乎道德的意向，把天然的独立性变成精神的自由；使个人以整体的生活为乐事，整体则以个人的信念为乐事。"[①] 一方面，他们认为社会价值是个人价值的保障。犹如恩格斯强调："只有维护公共秩序、公共安全、公共利益，才能有自己的利益。"[②] 他们指出："被剥削被压迫的无产阶级，如果不同时使整个社会永远摆脱剥削、压迫和阶级斗争，就不再能使自己从剥削它压迫它的那个资产阶级统治下解放出来。"[③] 无产阶级能够而且必须自己解放自己。他们指出："最先进的工人完全了解，他们阶级的未来，从而也是人类的未来，完全取决于正在成长的工人一代的教育。"[④]（备注：这里引用旧版译文，是因为更符合笔者表述的需要）所以，马克思恩格斯再

① 《马克思恩格斯全集》第 1 卷，人民出版社 1995 年版，第 217 页。
② 《马克思恩格斯全集》第 2 卷，人民出版社 1957 年版，第 609 页。
③ 《马克思恩格斯文集》第 2 卷，人民出版社 2009 年版，第 9 页。
④ 《马克思恩格斯全集》（第 16 卷），人民出版社 1964 年版，第 217 页。

三强调：共产党人一分钟也不能忽略教育工人，让他们尽可能明确地意识到资产阶级与无产阶级的敌对对立，以便使德国工人能够把资产阶级统治所带来的社会政治条件，作为反对资产阶级的武器，以便在推翻德国的反动阶级之后，立即开始反对资产阶级本身的斗争。① 另一方面，他们认为思想政治教育个人价值促进思想政治教育的社会价值。他们指出："每个人的自由发展是一切人的自由发展的条件。"② 共产主义者的目的就是"把社会组织成这样，使社会的每一个成员都能完全自由地发展和发挥他的全部才能和力量，并且不会因此而危及这个社会的基本条件"。③ 他们认为，每一个人，每一个群体，每一个阶层，只要能成为无产阶级的同盟军，都会促进无产阶级完成使命。恩格斯在《法德农民问题》一书中特别指出对农民进行教育的价值是巨大的，他说："在还是农民时就能被我们争取过来的农民人数越多，社会改造的实现也就会越迅速和越容易。"④ 随着小块土地所有制的日益解体和农民幻想的破产，农民就把负有推翻资产阶级的城市无产阶级看做自己的天然同盟军和领导者。有了农民的联合行动，无产阶级革命就会得到一种合唱，若没有这种合唱，它在一切农民国度中的独唱是不免要变成孤鸿哀鸣的。⑤ 马克思强烈呼吁："德国人的解放就是人的解放。这个解放的头脑是哲学，它的心脏是无产阶级。"⑥ 综上可见，马克思恩格斯把社会的解放和人的解放紧密联系在一起，思想政治教育是实现这一目标的头脑。

---

① 《马克思恩格斯文集》第 2 卷，人民出版社 2009 年版，第 66 页。

② 《马克思恩格斯文集》第 2 卷，人民出版社 2009 年版，第 53 页。

③ 《马克思恩格斯全集》（第 42 卷）．人民出版社 1979 年版，第 373 页。

④ 《马克思恩格斯文集》第 4 卷，人民出版社 2009 年版，第 526 页。

⑤ 童志科等：《思想政治工作的创立和发展》，新华出版社 1994 年版，第 25 页。

⑥ 《马克思恩格斯文集》第 1 卷，人民出版社 2009 年版，第 18 页。

二、列宁的思想政治教育价值思想

（一）关于思想政治教育社会价值的思想

列宁是马克思恩格斯事业和理论的继承人，也是无产阶级的伟大领袖和导师。列宁的思想政治教育理论的形成，不但秉承了马克思恩格斯的思想政治教育的思想，而且与俄国革命的历程紧密相连，同时与列宁自身的思想演进的历程交织在一起。19 世纪末 20 世纪初，列宁处在错综复杂的国内环境，面对反对帝国主义和领导俄国无产阶级夺取政权的紧迫任务，列宁成为了马克思主义者，建立了布尔什维克党，创立了世界上第一个社会主义国家。在整个过程中，列宁十分重视思想政治教育。他先后与俄国的自由主义民粹派、孟什维主义以及经验批判主义等错误思潮展开论战。通过批判这些错误思潮，列宁捍卫了马克思主义，进而丰富和发展了马克思主义理论，形成了一套较为完整的思想政治教育理论，从而极大地丰富了马克思恩格斯的思想政治教育理论。

列宁没有直接论述思想政治教育，但他切实地体验了思想理论武器对于革命事业的重要作用。1895 年，列宁联合了彼得堡的马克思主义工人小组，主张成立专门的机构进行宣传工作。期间，列宁反复强调要加强国民教育和政治教育，并为此提出了一系列精辟的论断。他指出："没有革命的理论，就不会有革命的运动，……只有以先进的理论为指南的党，才能实现先进战士的作用。"[①] 俄国是一个小资产阶级盛行的国家，深受小资产阶级思想的影响。在苏维埃政权建立初

[①]　《列宁专题文集——论无产阶级政党》，人民出版社 2009 年版，第 70—71 页。

期，小资产阶级的思想并没有消除，反而成为一股威胁苏维埃政权稳
定的政治力量。从资产阶级政治转向无产阶级政治是一个相当艰难的
过程，何况资产阶级运用了全套的宣传鼓动机器诬蔑无产阶级。资产
阶级竭力抹杀无产阶级的教育任务。这个任务在无产阶级人口占少数
的俄国应当提到首位，其作用在俄国尤其重要。① 由此，为了巩固苏
维埃国家的政权，列宁对国民教育和政治教育给予了特别的重视。列
宁指出："国民教育事业是我们目前正在进行的斗争的一个组成部分。
资产阶级国家愈文明，它就愈会骗人，说学校可以脱离政治而为社会
服务。事实上，学校完全变成了资产阶级统治的工具，它浸透了资产
阶级的等级观念，它的目的是为资本家培养恭顺的奴才和能干的工
人。"② 于是，在国民教育方面，俄共给自己提出的任务就是把十月
革命时开始的事业进行到底，这个任务就是把学校由资产阶级进行阶
级统治的工具，变为摧毁资产阶级统治以及完全消灭阶级划分的工
具。为了彻底镇压剥削者的反抗和实现共产主义制度，学校不仅传播
一般的共产主义原则，而且对劳动群众中的半无产者阶层和非无产者
阶层，传播无产阶级在思想、组织、教育等方面的影响。③ 使国民教
育成为无产阶级专政的工具。因此，列宁强调：我们应当尽一切的努
力来争取达到这个目的——即利用我们的社会民主主义学说的正确
性，利用我们同这个唯一彻底革命的无产阶级的联系，来麻痹民主派
资产阶级的不彻底性、不稳定性和叛卖性，给革命刻上无产阶级的标
记，把革命引导到真正彻底的胜利。但是要达到这个目的，需要两方
面的工作：一方面需要我们对政治局面要有正确的估计，制定正确的

---

① 《列宁专题文集——论社会主义》，人民出版社 2009 年版，第 170—171 页。

② 《列宁全集》（第 35 卷）. 人民出版社 1985 年版，第 77 页。

③ 《列宁专题文集——论社会主义》，人民出版社 2009 年版，第 394 页。

策略口号；另一方面，就是需要工人群众用实际的战斗力来支持这些策略口号。我们党的一切组织和团体每天所进行的宣传、鼓动和组织工作，都是为了扩大和加强与群众的联系。宣传、鼓动和组织工作在任何时候都是必要的。① 所以，我们一定要"组织起来同专制政府和整个资本主义社会进行坚决的斗争。不这样组织起来，无产阶级就不能去进行自觉的阶级斗争，不这样组织起来，工人运动就会软弱无力，只靠一些基金会、工人小组和互助会，工人阶级永远不能完成自己所肩负的伟大历史任务：使自己和全体俄国人民摆脱政治上和经济上的奴隶地位。在历史上，任何一个阶级，如果不推举出自己的善于组织运动和领导运动的政治领袖和先进代表，就不可能取得统治地位"。② "我们所处的历史时期是我们同比我们强大许多倍的世界资产阶级进行斗争的时期。我们应当在这个时期内坚持革命建设，用军事的方法，尤其是用思想的方法、教育的方法同资产阶级进行斗争，以便把工人阶级几十年来在争取政治自由的斗争中形成的习惯、风气和信念，用做教育全体劳动者的手段。"③ "只有罢工斗争、政治组织才能使劳动群众作好实行社会主义的准备。"④ "我们的任务是战胜资本家的一切反抗，不仅是军事上和政治上的反抗，而且是最深刻、最强烈的思想上的反抗。"⑤ 在新经济政策时期，由于党政政策的迅速转变，一部分劳动群众无法接受这一转变，在思想和行动上产生了不同程度的抵触情况。列宁强调通过思想政治教育，帮助群众树立信心，

---

① 《列宁专题文集——论无产阶级政党》，人民出版社 2009 年版，第 161—162 页。

② 《列宁选集》第 1 卷，人民出版社 1995 年版，第 286 页。

③ 《列宁专题文集——论社会主义》，人民出版社 2009 年版，第 171 页。

④ 《列宁专题文集——论社会主义》，人民出版社 2009 年版，第 171 页。

⑤ 《列宁专题文集——论社会主义》，人民出版社 2009 年版，第 176 页。

以便推进新经济政策的顺利实施。列宁指出："在这里，政治教育委员会要同这种现象作斗争的任务就提到了第一位。"① 十月革命胜利后，旧制度遗留下来的思想和习惯成为社会主义进一步发展的包袱和障碍，列宁强调："我们要取得必需的一切，克服旧制度遗留下来的、不可能一下子就排除的障碍，就应该重新教育群众，而要重新教育群众又只有靠鼓动和宣传。"② 可见，列宁高度重视思想政治教育对社会的价值，而且，列宁始终把思想政治教育同俄国的具体情况结合起来，以推进革命和建设的顺利进行。

（二）关于思想政治教育个人价值的思想

列宁在强调思想政治教育对社会的价值的同时，从来没有忽视思想政治教育对个人的价值。他认为，思想政治教育的基本任务之一就是"培养能够最终实现共产主义的一代人"。③ 1902 年，列宁在《怎么办》中指出："我们应当积极地对工人阶级进行政治教育，发展工人阶级的政治意识。"④ 1903 年，列宁在为俄国社会民主工党第二次代表大会准备的决议草案——《关于对待青年学生的态度的决议草案》中提出，要求所有学生组织、团体和小组"在工作中把培养自己成员的完整而彻底的革命世界观当做首要任务"。⑤ 他指出："在工人中间进行鼓动工作，这个鼓动工作在俄国目前政治条件下，按工人群众的发展水平来说，自然成为首要的工作。我们的任务，就是把自己

① 《列宁专题文集——论社会主义》，人民出版社 2009 年版，第 253 页。
② 《列宁专题文集——论社会主义》，人民出版社 2009 年版，第 178 页。
③ 《列宁专题文集——论无产阶级政党》，人民出版社 2009 年版，第 196 页。
④ 《列宁选集》第 1 卷，人民出版社 1995 年版，第 342 页。
⑤ 《列宁全集》第 7 卷，人民出版社 1986 年版，第 235 页。

的活动和个人的日常实际生活问题结合起来。"① "在社会民主党的政治活动中，现在和将来始终都有某种教育因素：应当培养整个雇佣工人阶级去担任为全人类摆脱一切压迫而斗争的战士的角色。"② 1909年，列宁在《再论党性和非党性》中强调，摆在第一位的任务就是提高群众的政治觉悟。③ 然而，群众自己决不能在他们运动进程中创造出独立的思想体系，那么问题只能是这样：或者是资产阶级的思想体系，或者是社会主义的思想体系。因此，对于社会主义思想体系的任何轻视和任何脱离，都意味着资产阶级思想体系的加强。④ 所以，现在同过去任何时候一样，我们全部工作的主要内容和基础仍然是提高群众的觉悟。⑤ 可见，列宁高度重视思想政治教育对个人的价值。

（三）关于思想政治教育社会价值和个人价值关系的思想

列宁始终把思想政治教育的社会价值和个人价值紧密地联系起来。列宁不但认为思想政治教育的社会价值和个人价值紧密相连，而且他认为社会价值和个人价值互相促进。他说："一个国家的力量在于群众的觉悟。只有当群众知道一切，能判断一切，并自觉地从事一切的时候，国家才有力量。"⑥ "如果群众是分散的，他们就会软弱无力；如果他们是团结的，他们就会强大无比。"⑦ 他明确指出，"政治

---

① 《列宁专题文集——论无产阶级政党》，人民出版社 2009 年版，第 27 页。
② 《列宁全集》第 10 卷，人民出版社 1987 年版，第 336 页。
③ 《列宁全集》第 19 卷，人民出版社 1989 年版，第 108 页。
④ 《列宁专题文集——论无产阶级政党》，人民出版社 2009 年版，第 85 页。
⑤ 《列宁选集》第 1 卷，人民出版社 1995 年版，第 687 页。
⑥ 《列宁选集》第 3 卷，人民出版社 1995 年版，第 347 页。
⑦ 《列宁全集》第 33 卷，人民出版社 1985 年版，第 110 页。

教育的目的是培养真正的共产主义者，使他们有本领战胜谎言和偏见，能够帮助劳动群众战胜旧秩序，建设一个没有资本家、没有剥削者、没有地主的国家"。① 在思想政治教育中，"为了为群众服务和代表他们正确地意识到的利益，先进队伍即组织必须在群众中开展自己的全部活动，毫无例外地吸收他们中间的一切优秀力量，并且要随时随地仔细客观地检查：是否同群众保持着联系，联系是否密切。这样，也只有这样，先进队伍才能教育和启发群众，代表他们的利益，教他们组织起来，使群众的全部活动沿着自觉的阶级政策的道路前进"。② "我们否定从超人类和超阶级的概念中引出的这一切道德。我们说这是欺骗，这是为了地主和资本家的利益来愚弄工农，禁锢工农的头脑。旧社会建筑在地主和资本家压迫全体工农的基础上。我们应当摧毁这个社会，应该打倒这些压迫者，为了这个目的就必须团结起来。而上帝是不会创造这种团结的，只有工厂，只有受过训练的、从过去的沉睡中醒过来的无产阶级，才能创造这种团结。"③ 无产阶级如果不解放被压迫的民族，就不能解放自己。可见，列宁不但重视思想政治教育对社会的价值，同时特别强调思想政治教育对个人的价值。而且，列宁始终把二者紧密结合起来。认为，通过思想政治教育的社会价值，保障个人利益的实现；通过思想政治教育对个人的价值，促进社会利益的实现。

三、中国共产党的思想政治教育价值思想

自中国共产党诞生之日起，思想政治教育工作，就在党的全部工

---

① 《列宁专题文集——论社会主义》，人民出版社 2009 年版，第 174 页。

② 《列宁全集》第 24 卷，人民出版社 1995 年版，第 41 页。

③ 《列宁专题文集——论无产阶级政党》，人民出版社 2009 年版，第 285 页。

作中占有突出的地位。重视思想政治教育，是我们党的优良传统。中国共产党在领导人民进行革命、建设、改革的过程中，始终坚持把马克思主义基本原理同中国不同时期的实际相结合，用党的纲领、路线、方针、政策武装和教育群众，激发和调动人们的积极性、主动性、创造性以及献身精神，为实现党在各个历史时期的中心任务而奋斗。"几十年的经验证明，我们党领导的任何一场革命斗争、任何一项革命工作的成功，都离不开思想政治工作。越是历史的转折关头，越是面临艰巨复杂的任务，越要加强思想政治工作。思想政治工作绝不是可有可无，而是十分重要，不但不能减弱，而是更要加强。"①追溯中国共产党的思想政治教育发生、发展以及曲折的前进历程，我们党在领导中国革命斗争和社会主义建设的实践中，创造性地运用和发展了马克思恩格斯思想政治教育理论，形成了具有中国共产党特色的思想政治教育理论，其中蕴涵着深刻的思想政治教育价值思想。

（一）关于思想政治教育社会价值的思想

中国共产党的思想政治教育理论，是中国社会历史不断发展的产物，是马克思列宁主义与中国革命和建设的具体实践相结合的产物。中国共产党的思想政治教育与中国共产党的历史紧密相连。如果脱离中国共产党领导人民进行革命和建设的历史背景，脱离中国共产党在各个不同历史时期所面临的革命任务，就无法正确估计中国共产党思想政治教育的科学性和实践性，也就无法正确理解中国共产党的思想政治教育在各个不同的历史时期的价值。

---

① 李德芳、李辽宁编：《中国共产党思想政治教育史料选编》，武汉大学出版社 2009 年版，第 354—355 页。

在革命战争时期，中国共产党提出"政治工作在红军中有决定的意义，每一个红军战斗员不仅要能够有充分的军事技术，而且最重要的是脑子的武装。必须充实现有军队中的政治工作，实现中央政治工作条例。政治工作不是附带的，而是红军的生命线"① 的论断。1945年，毛泽东在《论联合政府》中提出："掌握思想教育，是团结全党进行伟大政治斗争的中心环节。如果这个任务不解决，党的一切政治任务是不能完成的。"② 新中国成立以后，将思想政治教育"生命线"论断的外延从军队工作向经济工作以及一切工作领域扩展，反复重申并高度肯定了"生命线"论断。1955年，毛泽东鲜明地提出："政治工作是一切经济工作的生命线"③ 的著名论断。1965年，中国共产党再次强调："思想政治工作是一切工作的生命线，思想政治工作应该真正成为我们全盘工作的基础。"④ 然而，由于"左"倾错误思想的干扰，思想政治工作经历了曲折的发展历程，因此，"生命线"理论也遭到了严重的破坏。党的十一届三中全会以来，党中央根据我国政治、经济、文化等各方面的具体实际以及改革的要求，重温了思想政治教育的历史，继承和发扬了党的思想政治教育的优良传统，并在思想政治教育方面做出了一系列重大的决策和调整，提出了一系列极为重要的理论和措施。在这个关键的历史转折时期，中国共产党重申了思想政治教育的"生命线"价值，并再次把这一思想延伸到党的经济、文化以及一切工作领域，强调"思想政治工作是经济工作和其他

---

① 李德芳、李辽宁编：《中国共产党思想政治教育史料选编》，武汉大学出版社 2009 年版，第 73 页。

② 《毛泽东选集》第三卷，人民出版社 1991 年版，第 1094 页。

③ 《毛泽东文集》第六卷，人民出版社 1999 年版，第 449 页。

④ 《建国以来重要文献选编》第 20 卷，中央文献出版社 1998 年版，第 197 页。

一切工作的生命线"。① 1987 年,《中央军委关于新时期军队政治工作的决定》中强调:"新时期我军政治工作的任务不是减轻了,而是加重了,要求更高了,工作的难度也更大了。政治工作只能加强,不能削弱。如果低估了政治工作的作用,放松和削弱了政治工作,就会损害军队的建设,就会犯历史性的错误"。② 1989 年,中国共产党再次强调:"思想政治工作是一切经济工作的生命线,是我们党的传家宝。越是遇到困难的时候,党就越注意加强思想政治工作。"③ 在社会主义现代化建设的新时期,以江泽民为核心的党的第三代中央领导集体和以胡锦涛为总书记的新一届领导集体,对思想政治教育的价值做出了创新性的定位。江泽民指出:"思想政治工作,是我们一切工作的生命线,是行之有效的办法。但是,在方式方法上要适应新形势新情况。"④ 2000 年 6 月,江泽民在《在中央思想政治工作会议上的讲话》中强调:"党的思想政治工作,是经济工作和其他一切工作的生命线,是团结全党全国各族人民实现党和国家各项任务的中心环节,是我们党和社会主义国家的重要政治优势。"⑤ 2002 年,江泽民在全国再就业工作会议上的讲话——《就业是民生之本》中强调:"强有力的思想政治工作,历来是我们党的重要政治优势。越是深化改革,越是遇到困难,越要加强思想政治工作。在复杂的改革和人员调整中,一点小乱子都不出是不可能的,关键是要把工作做在前面,出现不稳定的苗头及时加以化解,确保不出大乱子。"⑥

---

① 《十一届三中全会以来重要文献选读》上,人民出版社 1987 年版,第 337 页。
② 《十二大以来重要文献选编》下,人民出版社 1988 年版,第 1274—1276 页。
③ 《十三大以来重要文献选编》中,人民出版社 1991 年版,第 603 页。
④ 《江泽民文选》第一卷,人民出版社 2006 年版,第 149 页。
⑤ 《江泽民文选》第三卷,人民出版社 2006 年版,第 74—75 页。
⑥ 《江泽民文选》第三卷,人民出版社 2006 年版,第 513 页。

可见，中国共产党领导革命和建设的全部历史证明，思想政治教育对社会产生了很大的价值。中国共产党始终用"生命线"、"中心环节"、"政治优势"等形象的比喻描述思想政治教育的社会价值。中国共产党的思想政治教育对社会的价值思想，是随着中国革命斗争的需要而产生，并且随着革命和建设的需要而不断发展和变化的。革命时期，思想政治教育是中国共产党完成革命任务和实现革命目标的法宝，所以，中国共产党认为，思想政治教育对于中国革命具有"生命线"的价值。在建设时期，思想政治教育对社会的辐射面不断扩大，思想政治教育对整个社会的各个方面都产生了很大的价值。

（二）关于思想政治教育个人价值的思想

如前所述，中国共产党的思想政治教育理论和实践是中国共产党具体历史任务的产物。由此，伴随着中国共产党的历史任务的不同，思想政治教育对社会和对个人的价值有所侧重。但是，中国共产党始终没有忽视思想政治教育对个人的价值。毛泽东站在历史唯物论的高度，正确论述了人民群众在社会历史发展中的作用。1938 年，毛泽东在《论持久战》中指出："武器是战争的重要因素，但不是决定的因素，决定的因素是人而不是物。力量对比不但是军力和经济力的对比，而且是人力和人心的对比。军力和经济力是要人去掌握的。"[1]思想政治教育必须"从尊重士兵、尊重人民和尊重已经放下武器的敌军俘虏的人格这种根本态度出发"。[2] 新中国成立初期，毛泽东针对旧社会人的状况，提出要培养德智体全面发展，能适应新中国发展形

---

[1] 《毛泽东选集》第二卷，人民出版社 1991 年版，第 469 页。

[2] 《毛泽东选集》第二卷，人民出版社 1991 年版，第 512 页。

势的"新人"。提出:"共产党人的一切言论行动,必须以合乎最广大人民群众的最大利益,为最广大人民群众所拥护为最高标准。"①改革开放以来,中国共产党结合社会主义改革的新情况、新特点,切实改善和加强思想政治教育,提出了造就和培养有理想、有道德、有文化、有纪律的社会主义公民。随之,中国共产党把"培养有理想、有文化、有纪律、有道德的社会主义新人"作为思想政治教育的目标和任务。十三届四中全会以来,中央采取的很多重大的举措,都着眼于邓小平的这一深刻的思想。这一做法对于我国建设社会主义现代化强国,有着重大的历史和现实意义。新时期,江泽民以"七有"思想进一步丰富和升华了"四有"思想,他指出:"为了挑起振兴中华的重担,青年人应该有崇高的理想,有正确的世界观和人生观,有献身精神,有丰富的知识和真才实学,有脚踏实地的工作作风,有高度的纪律修养和高尚的道德风尚,有坚强的意志和体魄。"② 这里提到的"七有",每一项都体现了思想政治教育对个人的价值思想。党的十六大以来,以胡锦涛同志为总书记的党中央高度重视思想政治工作,特别是非常重视未成年人和大学生的思想政治教育。"以人为本"的基本理念的提出,为新时期思想政治教育指明了方向。"总的看,十六大以来,宣传思想工作积极主动,……为改革开放和现代化建设提供了有力的舆论支持和思想保证"。③ 2003 年,胡锦涛在全国宣传思想工作会议上发表的重要讲话中明确提出:"思想政治工作说到底是做人的工作,必须坚持以人为本。既要坚持教育人、引导人、鼓舞人、鞭策人,又要做到尊重人、理解人、关心人、帮助人。……要坚持贴

---

① 《毛泽东选集》第三卷,人民出版社 1991 年版,第 1096 页。

② 江泽民:《对青年人,一要爱二要严》,中国共产党新闻网。

③ 《十六大以来重要文献选编》上,中央文献出版社 2005 年版,第 529—530 页。

近实际、贴近生活、贴近群众，把宣传思想工作做实做深做活，更好地宣传动员群众、引导教育群众、帮助服务群众。"① 李长春在这次大会上的讲话中强调："思想政治工作是我们党的重要政治优势。""思想道德建设是精神文明建设的中心环节。"② "坚持以人为本，服务群众，把人民群众的利益和要求作为宣传思想工作的根本出发点和立足点。宣传群众、组织群众、动员群众为实现自己利益而奋斗，是党的宣传思想工作的优良传统。要坚持对党负责和对人民负责的一致性"。③ 2004 年，胡锦涛《在全面加强和改进未成年人思想道德建设工作会议上的讲话》中强调："无论现在还是未来，综合国力竞争的实质是人才竞争，而人才竞争归根到底是人的素质的竞争。中华民族要始终屹立于世界先进民族之林，就必须培养一代又一代高素质的人才。"④ 2005 年，胡锦涛在《切实加强和改进大学生思想政治教育工作》中强调："思想政治教育既要教育人、引导人，又要关心人、帮助人。"⑤ 党的十七大在新的历史高度上进一步阐释："以人为本是科学发展观的核心，宣传思想文化工作说到底是做人的工作，必须把以人为本、服务群众融入到工作全过程中。"⑥

综上可见，中国共产党始终重视和强调思想政治教育对于个人的价值，只是在不同的历史时期，所强调的程度有所不同。随着革命战

---

① 胡锦涛：《坚持用"三个代表"重要思想统领宣传思想工作，为全面建设小康社会提供科学理论指导和强大舆论力量》，人民日报，2003 年 12 月 8 日。

② 《十六大以来重要文献选编》上，中央文献出版社 2005 年版，第 539 页。

③ 《十六大以来重要文献选编》上，中央文献出版社 2005 年版，第 525—526 页。

④ 《十六大以来重要文献选编》中，中央文献出版社 2006 年版，第 75—76 页。

⑤ 《十六大以来重要文献选编》中，中央文献出版社 2006 年版，第 642 页。

⑥ 《十七大以来重要文献选编》上，中央文献出版社 2009 年版，第 182 页。

争时期特殊的历史任务的完成，在社会主义建设时期至今，思想政治教育对个人的价值思想日趋成熟和完善。尤其是在当今，人民的物质生活发生了翻天覆地的新变化，但是在理想道德方面却出现了相反的情况：道德滑坡、理想信念缺失等情况比较严重。然而，社会的重任始终由人来完成，因此，中国共产党特别强调思想政治教育对个人的价值。

（三）关于思想政治教育社会价值和个人价值关系的思想

虽然在不同的历史时期，中国共产党思想政治教育对社会和对个人的价值所强调的侧重点有所不同。但这并不意味着中国共产党只承认思想政治教育对社会的价值或者对个人的价值。从根本上来讲，中国共产党秉承了马克思恩格斯以及列宁的思想政治教育价值思想，始终认为思想政治教育的社会价值和个人价值互相促进、密不可分。中国共产党多次重申马克思的关于人的自由全面发展和社会发展的关系，强调思想政治教育对社会的价值与对个人的价值的一致性。毛泽东指出："不能设想每个人不能发展，而社会有发展，同样不能设想我们党有党性，而每个党员没有个性，都是木头。一百二十万党员就是一百二十万块木头。"① 毛泽东强调，思想政治教育要坚持"从群众中来，到群众中去"的原则。坚持以群众路线指导思想政治教育工作，指出，党的全部任务就是全心全意为人民服务，党必须密切联系群众和依靠群众，每一个党员必须养成为人民服务、向群众负责的作风。② 他强调，向人民负责和向党的领导机关负责的一致性，是我们

---

① 《毛泽东文集》第三卷，人民出版社 1996 年版，第 416 页。
② 《建国以来重要文献选编》，中央文献出版社 1994 年版，第 123 页。

的出发点之一。① 毛泽东还特别提出了做好思想政治教育的方针就是"统筹兼顾，适当安排"。"这里说的统筹兼顾，是指对于六亿人口的统筹兼顾。我们作计划、办事、想问题，都要从我国有六亿人口这一点出发，千万不要忘记这一点。"② 其目的就是"调动一切积极因素，团结一切可能团结的人，并且尽可能地将消极因素转变为积极因素，为建设社会主义这个伟大的事业服务"。③ 1958 年，毛泽东还指出："政治和经济的统一，政治和技术的统一，这是毫无疑义的，年年如此，永远如此。将来政治这个名词还是会有的，但是内容变了。思想工作和政治工作，是完成经济工作和技术工作的保证，它们是为经济基础服务的。思想和政治又是统帅，是灵魂。只要我们的思想工作和政治工作稍为一放松，经济工作和技术工作就一定会走到邪路上去。"④ 1964 年，人民日报发表《全国都要学习解放军》的社论中强调："我们要像解放军正确处理各种工作和政治工作的关系那样，把政治工作放在第一位。政治是统帅，是灵魂。政治工作就是做好人的工作。政治工作不只是解放军的生命线，而且是一切革命工作的生命线，是一切工作的根本保证。政治工作做好了，人的积极性和创造性才能真正发挥起来"。⑤ 1980 年 12 月，邓小平在中共中央工作会议上的讲话——《贯彻调整方针，保证安定团结》中强调："我们说改善党的领导，其中最主要的，就是加强思想政治工作。中央认为，从原则上说，各级党组织应该把大量日常行政工作、业务工作，尽可能交给政府、业务部门承担，党的领导机关除了掌握方针政策和决定重要

---

① 《毛泽东选集》第三卷，人民出版社 1991 年版，第 1095 页。

② 《毛泽东文集》第七卷，人民出版社 1999 年版，第 227 页。

③ 《毛泽东文集》第七卷，人民出版社 1999 年版，第 228 页。

④ 《毛泽东文集》第七卷，人民出版社 1999 年版，第 351 页。

⑤ 《建国以来重要文献选编》第 18 卷，中央文献出版社 1998 年版，第 71 页。

干部的使用以外，要腾出主要的时间和精力来做思想政治工作，做人的工作，做群众工作。如果一时还不能完全做到这一点，至少也必须把思想政治工作放在重要地位上，否则党的领导既不可能改善，也不可能加强。"① 邓小平认为："社会主义现代化建设的极其艰巨复杂的任务摆在我们的面前。很多旧问题需要继续解决，新问题更是层出不穷。党只有紧紧地依靠群众，密切地联系群众，随时听取群众的呼声，了解群众的情绪，代表群众的利益，才能形成强大的力量，顺利地完成自己的各项任务。现在群众中需要解决的思想问题很多，党内需要解决的思想问题也很多。我们一定要把思想政治工作放在非常重要的地位，切实认真做好，不能放松。"② "在社会主义制度之下，归根结底，个人利益和集体利益是统一的，局部利益和整体利益是统一的，暂时利益和长远利益是统一的。我们必须按照统筹兼顾的原则来调节各种利益的相互关系。"③ "我们在充分注意满足人民需要，逐步提高人民生活水平的同时，还要注意政治思想工作，其中心就是建设社会主义精神文明。"④ 1990 年，李瑞环强调："思想政治工作是贯彻党的基本路线的可靠保证。……离开了思想政治工作，就不能正确地认识党的基本路线，也不能坚定地执行党的基本路线。"⑤ 他还强调："我们的思想政治工作，就是用人类历史上最先进、最科学的世界观、方法论去教育人、启发人，解决人的立场和思想问题，使人们从各种谬误和偏见中解放出来，不断提高认识和改造世界的能力。只有通过卓有成效的思想政治工作，人们才会在创造物质文明的同时，不断地

① 《邓小平文选》第二卷，人民出版社 1994 年版，第 365 页。
② 《邓小平文选》第二卷，人民出版社 1994 年版，第 342 页。
③ 《邓小平文选》第二卷，人民出版社 1994 年版，第 175 页。
④ 冷溶，汪作玲：《邓小平年谱》下，中央文献出版社 2004 年版，第 743 页。
⑤ 《十三大以来重要文献选编》中，人民出版社 1991 年版，第 1065—1066 页。

向思想道德的新境界迈进。"① 江泽民指出："在新的形势下加强党的思想政治教育工作，是建设有中国特色社会主义理论和党的基本路线的要求，是改革开放和现代化建设的要求，目的是增强党和国家的凝聚力，增强干部队伍和群众队伍的凝聚力，更好地发展社会生产力，集中力量把国民经济搞上去。"② 思想政治工作是做人的工作，只有尊重、关心、理解人，才能把思想政治工作做到人的心里去，才能启发人们接受党的思想政治引导，自觉地提高主人翁的责任感。这样的思想政治工作，才是真实有效的。③ 最终"要通过加强思想政治工作，引导他们将实现个人价值与实现祖国现代化的伟大事业紧密结合起来"。④

可见，中国共产党反复重申和重视思想政治教育社会价值的同时，强调思想政治教育的个人价值，并在理论和实践上始终把思想政治教育的社会价值和个人价值统一起来。但是，在特殊的历史时期和特殊的情境下，由于特殊的历史任务，中国共产党也并不是教条地、刻意地、强行地把个人价值和社会价值"统一"起来。所以，在特殊的历史时期，为了特殊的任务，中国共产党对个人和社会的强调有所侧重，但这绝不是只强调一方而忽略另一方。其主旨思想和最终目的依然是为了促进个人发展和社会发展协调统一。

---

① 《十三大以来重要文献选编》中，人民出版社 1991 年版，第 1063—1065 页。
② 《十四大以来重要文献选编》上，人民出版社 1996 年版，第 130 页。
③ 《十三大以来重要文献选编》中，人民出版社 1991 年版，第 1087—1088 页。
④ 《江泽民文选》第三卷，人民出版社 2006 年版，第 148 页。

第 三 章
科学实践观范式下对现有思想政治教育
价值的审视

一、对思想政治教育价值认识方式及内涵的审视

回顾关于思想政治教育价值研究的历程和现有的研究成果。从历程看，对思想政治教育价值的研究起步较晚。从成果看，学界对于思想政治教育价值的认识不断深入，思想政治教育价值的整个理论体系也逐渐形成。可见，学术界所取得的成就斐然，这是值得我们肯定的。但是，整体上讲，依然存在一些不足之处需要我们继续深入探索和研究。

（一）实体性思维方式居主导地位

实体，通常是指独立存在的，能够作为一切事物属性的基础和万物本原的东西。① 实体性思维方式，就是指把一事物看做是固定不变的实体去研究的思维方式。这也是传统哲学的思维方式。与之相对应

---

① 金炳华编：《马克思主义哲学大辞典》，上海辞书出版社 2003 年版，第 181 页。

的就是实践思维方式或称为关系性思维方式。实践思维方式，它在本质上是一种按照人的实践的本性来理解问题。

思维方式作为一种理论模式和思维模式，规定着人们的研究范围，导引着人们的研究方向。由此，在不同的思维方式下，人们对同一研究主题会产生不同的结论。所以，不同理论之间的区别，思维方式的不同是最关键的因素之一。价值思维方式是贯穿于人们价值思维活动过程中的理论范式，决定着价值理论研究的基本原则和根本方法，也决定着一种价值理论区别于另一种价值理论的本质。可见，理解"价值"这个关键概念的思维方式不同，必然会导致对价值理论及其思想政治教育价值理论的不同理解。所以，要审视现有思想政治教育价值理论，必须从价值研究的思维方式入手。

翻开价值哲学的历史画卷，不难发现，在西方，从古代到近代的整个传统哲学，都沿用着本体论或实体性的思维方式。传统哲学的实体性的思维方式含有明显的"单向认知"、"客体至上"、"知识本位"等倾向，突出地表现为对人的实践及其主体性的漠视。由此，价值问题也被看做是本体问题，价值理论成为对本体知识的挖掘和把握。在我国，以哲学教科书体系为依据的哲学未能表达马克思在哲学上的伟大变革，人们始终未能跳出传统哲学本体论思维方式的藩篱，把马克思主义哲学看成是费尔巴哈的唯物主义和黑格尔辩证法的简单结合，把唯物史观认为是自然观和辩证法在人类社会领域的直接推广及应用，从而无法准确理解诸如价值等现实生活中许多具有普遍性的实际问题，甚至把它们排除在马克思主义理论视野的边缘，基本上没有给价值和价值理论留下应有的地盘。从二十世纪九十年代中期以后，哲学界对价值的认识已经不断发生了变化，并取得明显的进步。诸如李德顺指出，价值问题是哲学中一个高层次的、全局性的普遍问题。把价值作为人类生存发展实践中一个普遍的、基本的内容来看待。截至目前，学者们已经认识到价值问题是马克思主义哲学中一个很重要的内容，同时也认识到价值属于主客体之间的关系范畴。然而，学者们对主客体概念的理解大相径庭。有的把它们理解为抽象的实体性概念，有的把它们理解为现实的关系性范畴。相应地，在理解主客体之间的关系时，有的哲学家把二者之间的关系理解为抽象的设定与被设定或反映与被反映的关系，也有的哲学家把二者之间的关系理解为现实的、动态的相互作用的关系。在此基础上，对价值的理解也就不同，有的把价值理解为一种以现成的、固定的方式存在，有的把价值理解为一种以主客体之间的关系性范畴而存在。最终这一切都取决于人们理解主客体问题的思维方式，究竟是在抽象的认识活动的基础上，还是在感性的实践活动的基础上解释主客体及其关系问题，便是理解价值问题的理论基础和前提。如果不能用正确的思维方式理解主体和客体之间的关系，就会抹煞价值的真实内涵。确切地讲，人类社会产生之前，既无所谓的主体，也无所谓的客体，更无所谓的价值。主客体是在实践的基础上分化，并且只有在实践中才能存在。亦是说，仅在实践中才有主客体之说，主客体之间的相互作用只有通过实践的方式才能进行。主客体之间的相互作用不同于无机界和有机界以及动物界的相互作用，主客体之间的相互作用最根本的是具有人的主体性和能动性，实质上体现的是一个人的现实的、社会的、历史的生活过程。这个现实的、社会的、历史的生活过程实质就是人的存在，即"人们的存在就是他们的现实生活过程"。① 同时，只有在实践中才会发现客体不会主动满足主体，主体也不能随意地、凭空地改造客体。也只有在实践中才会理解主体性与客体性、主观性与客观性的真实内涵。质言之，只有实践思维方式所蕴含的客观性、主体性、超越

---

① 《马克思恩格斯文集》第 1 卷，人民出版社 2009 年版，第 525 页。

性去把握价值的本质，才能达到对价值的合理理解。本体论虽然隐含着主体和客体，但它回答的是世界统一的基础及其本源问题。从本体论出发考察人与世界的关系就是人和世界这两大物质系统之间的关系，很难真正理解人类社会的历史过程，也就很难真正理解价值问题。

马克思指出："凡是把理论引向神秘主义的神秘东西，都能在人的实践中以及对这种实践的理解中得到合理的解决。"① 马克思以实践为基石创建的马克思主义哲学——即辩证唯物主义和历史唯物主义，它的研究对象不再是先于人、独立于人的实体世界，而是以实践为基础的人及其社会。人作为一种实践的存在物，其实践性决定了人从来都不会满足于现实的世界，而是必然地去追求理想的世界。实践作为人的生命活动，是一种超越性的生命活动，它不仅是对自然状态的超越，是对现存世界的超越，而且是对人自身存在的超越。正是人的实践活动的超越性，从而才产生了人所特有的价值问题。所以，价值问题与实践问题和人的本质问题紧密联系。任何价值都是人的实践活动的产物。"价值之谜"归根结底是"人之谜"，价值追求的最高目标是实现人自身，使人成为真正的"人"。价值问题作为马克思主义哲学的一部分，思考和研究价值问题，其思维方式不过是马克思主义哲学思维方式在价值领域和价值研究过程中的体现和应用。马克思在哲学史上确立的科学实践观，以实践的思维方式取代了传统哲学的本体论思维方式，实现了哲学史上的一次伟大变革，从而开创了哲学发展史上的新纪元。实践思维方式是马克思创立的解决一切哲学问题的正确的思维方式，也是思考价值问题所应该采用的合理的思维方式。所以，研究价值理论，若不确立实践的思维方式，以传统的思维

---

① 《马克思恩格斯文集》第 1 卷，人民出版社 2009 年版，第 501 页。

方式为模式，试图解决价值研究中的理论困境和现实矛盾，只能使其陷入新的困境和理论中而得不到发展。实践思维方式，其实质就是以科学实践观为视域审视和思考价值问题。它并不是否定在主客体关系中来阐释和理解价值，而是否定已有研究者在研究价值关系的主客体问题及其价值问题时所持的静止的、单向的、既成的思维方式。

科学实践观告诉我们："整个所谓世界历史不外是人通过人的劳动而诞生的过程，是自然界对人来说的生成过程。"① 人类历史就是以生产劳动基础的实践活动中形成的过程。实践是人的特殊的存在方式。"人性的一切都体现在实践中，人及其人性、人的本质都是在实践中生成和存在的，人在本质上是在实践的生成过程中存在的，并且对人的既存状况的扬弃即人的解放和发展的追求植根于对实践的生成论理解之中。也就是说，只有通过感性实践的生成活动才能真正理解人。"② 也正是在实践的过程中，才产生了主体、客体以及主体客体之间的关系。价值就是在实践中，主客体相互作用下，主体以自身尺度不断改造客体，在主体客体化与客体主体化的过程中，客体属性满足主体现实的及其未来需要而产生的结果。"价值质性是动态的、活的存在，它必然在人的现实活动当中生成、演变和发展。对于这样的事物我们只能转而从它的显现方式或存在方式中来把握，就像对人的本质只能从其活动方式来把握一样。因此，只要说明了价值的存在方式，也就等于说明了价值的真相。"③

反思国内外的价值理论，人们之所以对价值有多种不同的阐释和

---

① 《马克思恩格斯文集》第 1 卷，人民出版社 2009 年版，第 196 页。

② 韩庆祥：《实践生成本体论：马克思本体论思想解析》，《江海学刊》2002 年第 6 期，第 22 页。

③ 朱晓东：《实践价值论与价值哲学的变革》，吉林大学博士学位论文，2009 年，第 14 页。

理解，归根到底在于人们价值思维方式的不同。应当说，不管是哪一种理论背后的思维方式，各自都有其合理性，但是，由于缺少从实践的角度思考问题，已有的各种界说存在着一个共同的弊端，就是从静态的角度理解价值，认为价值是对既成的、已有的价值的实现和直观的反映，忽视了价值的创造过程。在现实中把握和解决价值问题时，总是在主观和客观、能动和被动、属人和属物等抽象分离的基础上谈论价值问题，所以，各自都面临着难以克服的困难和矛盾。这种倾向在西方的价值理论中显而易见，不用赘述。就国内较为权威的价值"属性说"和"关系说"而言，前者把价值看做是"客体的那些能够满足作为主体的人的一般需要的功能或属性"，其合理性在于肯定了价值的生成具有某种客观性、现实性，避免了价值论的虚幻性。然而，它却无法解释为什么不同主体常常有各不相同的价值追求，也无法解释为什么不同主体对同一价值客体往往会有不同的甚至截然相反的价值评价。也就是说，它只看到了价值的客观性与客体性，忽视了价值的主观性和主体性。而且，这种理解意味着价值在人产生之前就已经存在，只不过是在与人发生需要和满足需要的关系时表现出来而已。后者把价值规定为是"客体与主体需要之间的一种特定关系"或者"客体的存在及其属性是否与主体的本性、目的和需要相一致、相适应、相接近的关系"。它虽然认识到了价值的关系性的一面，但没有表明价值到底是什么，没有揭示价值的内在本质。首先，这里的定义把价值落脚为关系，混淆了价值与价值关系之异同。诚然，价值的确反映的是一种主客体之间的关系，并不是说价值是指客体满足主体需要的关系，而是说价值是在主客体关系中才能产生。主客体关系是价值形成的前提和条件。价值是在主客体关系基础上产生的结果。也就是说，主客体关系是价值形成的必要前提，而并不是价值本身。其次，把价值理解为客体的存在及其属性是否与主体的本性、目的、需要相一致、相接近、相适应的关系，这种理解抹煞了主体的能动性和选择性，因为客体的存在及其性质不会也不可能去适应主体的本性、目的和需要。何况，若客体的存在不适应主体需要，就说明它不具备满足主体需要的属性，即便是主体去适应它，也不能满足主体的需要，只是体现出人在客观事物面前的受动性。再次，区分价值和非价值是理解价值的一个关键点之一。用"……是……是否……"的句式来表达的内涵，存在着明显的句式矛盾和内涵歧义，没有明确区分价值与非价值。正是因为这种表达和理解，学界把价值区分为正价值、负价值和零价值。可是，即便是价值，就不能是负价值。负价值相当于非价值，而把非价值归类为价值，岂不是荒唐至极？此种分类好比把猫分为猫和非猫，把非猫归类为猫一样可笑。实质上，把价值区分为价值和非价值、正价值和负价值，是人们在思维方式中混淆功能、作用和价值之间的区别与联系的结果。

思想政治教育价值属于价值中的一种特殊现象，是价值的下位概念。目前，学者们对思想政治教育价值内涵的界定，都是借用价值哲学中关于价值的某一种界定，然后把它与思想政治教育相结合得出的。譬如，国内最有权威的、普遍被引用的项久雨的观点。他在认同张耀灿等人对思想政治教育的认识的基础上，推导出了思想政治教育价值的概念。他认为，思想政治教育价值，是思想政治教育的存在及其属性与人的本性、目的以及需要相适合、相接近，与人的发展（尤其是思想品德的形成和发展）和人类社会进步（尤其是精神文明的进步）的目的相一致而呈现出的一种客观的、肯定的、主客体关系。①显然，这一从"具体——抽象——具体"的解决问题的思路和方法是

---

① 项久雨：《思想政治教育价值论》，中国社会科学出版社 2003 年版，第 46 页。

可取的。这种方法是"唯一可以当作分析工具的力量",① 也是由社会科学的特点所决定的必要方法。然而,其中所沿用的思维方式依然是传统哲学的实体性思维方式。同时,学者们普遍认识到思想政治教育具有社会价值和个体价值。但是,他们在理解个体和社会的关系时,前提是把个体和社会看做是既定的、各自独立存在的两种实体。然后再探讨这两种实体之间的关系,这是传统哲学的实体思维方式在人们思维逻辑种的体现。正是这种实体性思维方式的限制,他们把能看得见的"现实的人"看做是社会的中介,始终贯穿着一种"个体和社会孰先孰后、谁为谁服务"的逻辑进程。

我们知道,对事物的把握只能从它的存在方式中展开。正如科学实践观认为,实践是人的最根本的存在方式,所以,马克思在根本上立足于人的实践活动理解人的本质。科学实践观范式下的思想政治教育价值是动态的、主体的、客观的存在,而不是传统思维方式中的既定的固定的存在。

(二) 停留在价值"关系说"的表层

大多数学者认为,思想政治教育价值是一个主客体之间的关系范畴,这是值得肯定的。但关系范畴只能说明思想政治教育的价值产生和存在于一定的主客体关系之中,而不能把"关系"本身界定和理解为思想政治教育价值本身。然而,最普遍的定义认为,思想政治教育价值,是以人的思想品德形成和发展的规律为尺度的主客体关系,是思想政治教育的属性是否与人的目的和需要等相一致、相接近的关

---

① 杨耕:《论马克思的"从后思索法"》,《学术月刊》1992 年第 5 期,第 13 页。

系。① 不难发现，他们把主客体之间的价值关系看成是价值本身，这
是值得商榷的。笔者认为，思想政治教育价值是在主客体相互作用的
关系中产生的，而不是这种关系本身。根本上说，价值"作为一种关
系，价值的存在表现在主客体相互作用的过程之中：即主体以自己的
本性、需要和尺度面向客体，客体以自己的属性和功能作用于主体，
二者在主体身上实现一种具体的结合或综合"。② 所以，思想政治教
育价值是人和社会在思想政治教育实践活动中建立起来的，以个人和
社会在思想观念、政治观点、道德规范等意识形态领域的良性互动、
同质发展为尺度，是思想政治教育价值客体的属性满足主体意识形态
的需要和目的而产生的一种具体的结合或综合。

此外，科学实践观范式下的价值的存在方式离不开人的存在方
式，也就是说，价值是属人的价值，价值的存在方式必然是内在于人
的存在方式之中。人的存在方式是实践，所以，价值的存在方式也就
是实践，即价值是主客体相互作用之下的关系性存在，而不是主客体
关系本身。然而，学者们认为，思想政治教育的价值，就是当一定阶
级、集团或社会把其所要求的思想观念、政治观点、道德规范传递给
或灌输给社会成员，其社会成员形成了符合该阶级、集团或社会要求
的思想观念，就意味着实现了思想政治教育的价值。这是值得深思
的。因为"现在绝不是过去的再现，未来更不是现在和过去的翻
版"，③ 要适应未来世界，就不能仅仅停留在传授、传递或灌输社会
的现有的思想观念、政治观点、道德规范的层面上。不能把传递和灌
输社会现有的思想观念、政治观点、道德规范看做是思想政治教育的

---

① 项久雨：《思想政治教育价值论》，中国社会科学出版社 2003 年版，第 46 页。

② 李德顺：《当前价值论研究中的几个理论问题》，《社会科学战线》1988 年
第 4 期，第 74 页。

③ 张耀灿等：《现代思想政治教育学》，人民出版社 2006 年版，第 91 页。

全部。开展思想政治教育，前提是存在一种需要在思想政治教育过程中推广的思想观念、政治观点、道德规范。这是学术界普遍承认的，也是正确的。但是，学者们把思想政治教育仅仅看做是一定阶级、集团和社会把他们所要求的思想观念、政治观点、道德规范灌输给其成员，让其成员接受、复制和传承社会所要求的、现有的思想观念、政治观点、道德规范。这是值得商榷的。实质上，这一结论以两个并非充分的假定条件作为前提：一是把社会所要求的思想观念、政治观点、道德规范看成是最理想、最准确的，二是把社会所要求的思想观念、政治观点、道德规范看成是既定的、不变的。马克思指出："世界不是既成事物的集合体，而是过程的集合体，其中各个似乎稳定的事物同它们在我们头脑中的思想映象即概念一样都处在生成和灭亡的不断变化中。"① 可见，一定阶级、集团、社会所要求的思想观念、政治观点、道德规范以及个体的思想观念、政治观点、道德品质都是在实践中不断生成和发展的。正是因为以这种并不充分的假定条件为前提，所以，在思想政治教育价值研究中，学者们也只看到了思想政治教育所具有的静态价值，而忽略了思想政治教育所具有的动态价值。实质上，思想政治教育一方面是为了宣传社会所要求的现有的思想观念、政治观点、道德规范，以维护社会的稳定，另一方面，思想政治教育更重要使命是"为一个尚未存在的社会培养新人，……替一个未知的世界培养未知的儿童"。②因此，思想政治教育是一种超越现实、追求理想的创造性活动，是一种动态的实践活动，其本身具有强烈的目的性和超越性。在这个意义上说，思想政治教育价值，虽然不

---

① 《马克思恩格斯文集》第 4 卷，人民出版社 2009 年版，第 298 页。

② 联合国教科文组织国际教育发展委员会编：《学会生存——教育世界的今天和明天》，华东师范大学比较教育研究所译，职工教育出版社 1989 年版，第 39 页。

排除其满足主体现有需要的涵义，但它绝非只是停留在这样一个直观意义和简单满足层面的含义，它在本质上意味着人的实践活动所追求的那个目的之物和超越之物，蕴涵和表示着一个人的主体性、目的性和超越性。所以，不管现有的成果如何论述思想政治教育的价值，缺乏了思想政治教育价值在实践基础上的超越性这个维度必然是片面的。

二、对思想政治教育价值的形态与特征的审视

（一）混淆价值形态与价值特征的关系

在思想政治教育价值研究的过程中，很多学者简单地将价值论的相关概念移植进来、将价值论的理论体系嫁接过来、甚至在方法上随意套用等现象极为普遍，缺少甚至没有建构属于思想政治教育价值体系的特殊话语。思想政治教育是不同于普通的、一般的事物，也不同于一般的教育活动，思想政治教育的特殊性决定它具有独特的价值。然而，很多学者都在宏观的视角阐释思想政治教育的价值，却忽视了思想政治教育的独特价值。学者们把价值的形态划分为社会价值、个人价值、理想价值、现实价值、物质价值、精神价值、直接价值、间接价值以及显性价值、隐性价值等等。可见，对思想政治教育价值形态的划分处于杂乱无章的状态。思想政治教育价值形态的区分到底应该以什么为标准，缺乏科学依据，都是随意选择标准。同时，学者们对各自所选择的区分标准，缺乏逻辑的界定和理性的推断。学者们把思想政治教育价值的特征归纳为思想政治教育价值的特征包括社会性、个体性、理想性、客观性、直接性、间接性、内隐性、外显性、相对性等。所以，从本质上来讲，学者们把思想政治教育价值的形态

和思想政治教育价值的特征混为一谈。而且，他们所说的社会价值、个人价值、理想价值、现实价值、物质价值、精神价值、直接价值、间接价值以及显性价值、隐性价值等等，并不是思想政治教育价值所特有的，所以，根本就不是思想政治教育价值的形态。况且，社会性、个体性、理想性、客观性、直接性、间接性、内隐性、外显性、相对性，也不是思想政治教育价值所特有的特点，是任何价值形态都可能具有的特征。由此可见，他们没有说明思想政治教育价值的形态到底有哪些，这种混杂的划分遮蔽了思想政治教育价值形态分类的主旨。他们也没有说明思想政治教育价值自身所具有的特征是什么。

此外，就思想政治教育价值的特征而言，学界从各自的角度对思想政治教育价值特征做出了各种不同的阐释，其合理性及其对思想政治教育价值特征研究所做出的贡献是不言而喻的。这里分析一下学者们关于思想政治教育价值的"主体性"、"主观性"、"客体性"、"客观性"等特征。不难发现，学者们在研究思想政治教育价值特征时，基本都使用了这些主概念，但是对这些概念所赋予的内涵却是不同的。

有学者把主体性和客体性看做是思想政治教育价值的基本特征。进而分析"思想政治教育价值的主体性表现为价值关系的多维性、价值意义的变动性、价值主体的创造性，思想政治教育的客体性表现为价值主体需要产生的物质性、价值客体功能属性的客观性、价值中介作用方式的实践性"。① 具体说来，学者虽然意识到了思想政治教育价值的主体性特征，但始终没有摆脱存在论和认识论思维方式的束缚。学者理解价值主体性的其中一个角度就是从价值关系的多维性来

①　黄世虎：《主体性与客体性：思想政治教育价值基本特征分析》，《理论与改革》2005 年第 2 期，第 148 页。

理解，他所说的价值关系的多维性是从思想政治教育的属性和思想政治教育价值主体的存在样态来说的，他指出："一方面是思想政治教育的属性、功能是有多样性的，……另一方面作为价值主体的人的类型及其利益、需要也是复杂多样的。正因为在价值关系中存在着价值客体的多样性和价值主体的复杂性，从而使得两者之间的价值关系有了多样化的表现形态"。① 很显然，这种论述依然局限在传统的存在论和认识论的思维模式中看待价值的主体性。此外，学者认为客体性是思想政治教育价值的基本特征之一，同样是由于受传统的存在论和认识论的思维方式限制。准确地说，"客体性（objectivity）指事物作为客体而具有的一种规定性"。② 然而，学者并不是从客体的角度来理解客体性，而是从价值主体需要产生的物质性、价值客体功能属性的客观性、价值中介作用方式的实践性三个角度阐述客体性。实际上，这些角度体现了思想政治教育价值的客观性，而不是客体性。这里混淆了客体性与客观性之间的关系。客体性与客观性既有联系又有区别。客体性的基本内容，是指某些属性、性质、特点、本质、现象、规律、联系等等为客体本身所固有、所拥存，是属于客体本身的。客观性指的是具有一种不依主体的意志和意愿为转移的性质、结构、特性和规律。主体可以改造客体甚至创造出新的客体，使客体的各种要素组合发生合人意的变化，但这种改造和创造活动既不能无中生有，又不能随心所欲，他必须以这些客体要素的分解组合的可能性为前提，必须遵循它们运动变化的规律。可见，客体性的最基本内容是客观性。无论何种客体，就其作为客体而言，都具有客观性。因

---

① 黄世虎：《主体性与客体性：思想政治教育价值基本特征分析》，《理论与改革》2005 年第 2 期，第 149 页。

② 李德顺编：《价值学大词典》，中国人民大学出版社 1995 年版，第 378 页。

此，客体性事实也就是对任何人同样有效的事实。与此相对应的主体性事实则是因主体不同而不同的事实。主体性事实同样也是事实，也具有客观性。由此可见，不应将客体性笼统地混同于客观性，客观性与主观性相对而言，它比客体性的外延要更加宽泛。①

　　有学者把主观性与客观性看做是思想政治教育价值的基本特征。他们指出，客观性是指思想政治教育这一客体以其本质属性满足主体需要，是不以人们的主观意志为转移的客观必然性。②这里依然是以传统的本体论和认识论的思维方式来认识价值的客观性。把本体论以及认识论中对客观性的认识直接照搬到对价值的客观性的认识中。客观性有两种内涵：在本体论和认识论意义上的客观性，是指不以人的意识或主观意志为转移。实践论和价值论意义上的客观性并不是单纯指不以人的意识或主观意志为转移，而是指在实践活动或价值不是主观随心所欲创造的。还有的学者在论述思想政治教育价值的客观性特征时，认为"客体是客观的，主体也是客观的，客体对主体的作用和影响也是客观的"。③这是一种形式逻辑的推演过程，而不是实践逻辑的说明。从现成性和固定性去推演价值的本质特征，这从本质上来说，是由认识论的研究方式所决定的。再者，学者在论述中，把"随着人类实践能力的发展，思想政治教育的价值更具丰富性"和"随着实践的发展和主体需要的发展，也使原有的思想政治教育价值向新的

---

　　①　李德顺编：《价值学大词典》，中国人民大学出版社 1995 年版，第 378 页。

　　②　王侃：《关于新形势下思想政治教育价值特点的探讨》，《理论月刊》2003年第 4 期，第 106 页。

　　③　项久雨：《思想政治教育价值论》，中国社会科学出版社 2003 年版，第173—192 页。

价值形态进化"①归为思想政治教育价值特征的客观性中,那么,这是思想政治教育价值主体性的表现,还是思想政治教育价值客观性的表现?这也是值得商榷的。

总体上来说,上述混淆这些主概念的后果,也是目前思想政治教育价值研究的困境之一。从横向来说,导致了价值与非价值的混淆,常常人们把价值划分为正价值、负价值和零价值。从纵向来说,混淆了价值与价值客体的区别。由此可见,超越现有研究,摆脱思想政治教育价值研究的这一困境的,前提就是与现有的研究划清界限,超越本体论和认识论的思维方式,正是在这个关键的问题上,科学实践观不仅提供了重要的理论依据,而且它所蕴涵的思维方式指明了思想政治教育价值的发展方向。然而,不论思维方式如何转换,它必须要以一定的概念才能表达出来。由此,这里存在的另一个问题——是否还用主体性、客体性、主观性、客观性这些主概念来表达科学实践观范式下思想政治教育价值特征的问题。就像学者们在探讨实践价值论时,曾反复争论是否还继续采用主体与客体这对概念表达实践价值论中的价值内涵一样。实际上,就概念本身来讲,主体性、客体性、主观性、客观性仅仅是一种语词形式,它们的内涵并不在于词语本身,而在于对词语所赋予的内容。所以,问题的关键不在于运用什么样的词语或概念,而在于其内在的内涵。科学实践观范式下所使用的主体性与客观性,不是传统的本体论和认识论思维方式中所理解的主体性与客观性,并不是旧瓶装新酒,而是以科学实践观的思维方式赋予这些主概念新的内涵。这也是在科学实践观范式下研究思想政治教育价值需要迈开的首要的一步。由此,价值的主体性就是实践的主体性,

----

① 项久雨:《思想政治教育价值论》,中国社会科学出版社 2003 年版,第 173—192 页。

价值的客观性就是实践的客观性。马克思指出："当现实的、肉体的、站在坚实的呈圆形的地球上呼出和吸入一切自然力的人通过自己的外化把自己现实的、对象性的本质力量设定为异己的对象时，设定并不是主体；它是对象性的本质力量的主体性"。① 思想政治教育价值的主体性是指思想政治教育价值主体在主客体对象性活动中所表现出的能动性、创造性，而不是本体论意义上所指的价值主体存在的多样性、个体性等。把握思想政治教育价值的客观性实际上就是把握思想政治教育价值关系的客观性，价值关系客观性不能归结为它的各方承担者即价值主体的客观性或者价值客体的客观性，关系就是关系，而不是某一个实体。所以，思想政治教育价值的客观性应该从价值关系本身的客观过程即实践过程去把握，不能根据价值客体及其属性是否客观来说明，也不能根据主体及其需要是否客观来说明，就像有些学者所说："客体是客观的，主体也是客观的，所以，客体对主体的作用和影响也是客观的"。②

（二）对价值形态的划分标准缺乏理论依据

如前所述，学界关于思想政治教育价值形态的争议颇深，处于如此的混乱而无序的状态。总体上来看，学者们对思想政治教育价值形态的划分主要是按照价值论研究中对价值形态的划分标准展开的。在价值论的研究中，对价值形态的划分，整体上可以说是以两种标准展开，一种是依据主体的需要，另一种是依据客体的属性。

----

① 《马克思恩格斯文集》第 1 卷，人民出版社 2009 年版，第 209 页。
② 项久雨：《思想政治教育价值论》，中国社会科学出版社 2003 年版，第181 页。

实质上，依据价值的本质可以发现，价值的分类既不能以主体的需要为标准，也不能以客体为标准。一方面，价值既不单纯取决于主体，也不单独取决于客体。以主体的需要为标准来划分价值，只能说明主体有哪方面的价值需求。以客体为标准来划分价值，只能说明能满足主体需要的客体有哪些方面的属性。这两种划分并没有确定或指明价值到底是什么。另一方面，以主体的需要为标准或者以客体的属性为标准，都不能对价值进行完备且不交叉的分类。譬如，有些学者把价值划分为人的价值、物质价值和精神价值，把这三者并列的分类方法，是值得商榷。他们指出，人的价值就是作为主体的人的需要同客体的人的一种关系。那么，客体的人通过什么满足主体的需要？客体的人满足主体的人的什么需要？事实告诉我们，客体的人满足主体的人，必须借助物质的或者精神的工具。客体的人所满足的主体的需要本身也是有不同类型的。仔细考察，这种分类并非是在同一范畴层次内的分类。因为不论是物质价值还是精神价值，都包含在人的价值中。也就是说一切价值都是人的价值。所以，人的价值高于物质价值和精神价值。还有的学者根据社会活动类型的不同来划分价值种类。他认为，构成人类社会的基本活动是物质实践活动、精神活动、政治活动。人类的价值也应该相应地划分为：物质实践价值、社会精神价值、社会政治价值。[①] 这种分类方法只是表明价值是在物质实践、精神实践以及社会政治实践中产生的，并没有表明这三类实践中的具体价值。简言之，不论是根据客体的标准、根据主体需要的标准，还是根据实践活动的标准所做的分类，都只是对价值可能性的列举，而没有具体说明价值形态。

　　审视已有思想政治教育价值的分类，进而对其进行全面而准确的

---

① 　马志政等：《哲学价值论纲要》，杭州大学出版社 1991 年版，第 58—59 页。

分类，首当其冲的是选择分类的标准。总体上来看，学者们按照各自不同的标准对思想政治教育价值所进行的各种分类，固然为理解思想政治教育价值的形态起到了一定的作用，但对于为什么要选择这样的划分标准，学者们却考虑不足。在区分价值形态的过程中存在两种情况：一种情况是——对思想政治教育价值形态进行区分时，没有统一的划分的标准。如学者们提出过按目的、按效果、按时序、按性质、按功能、按条件、按主体等等进行划分，可是没有追问"为什么"以其为标准，也没有追问所选择的标准到底"是什么"，更没有追问对价值进行分类的最终目的是什么，似乎为了划分而划分。另一种情况是——由于对标准没有追问，所以不同学者虽然选择了名称相同的标准，但区分出的价值形态却是大相径庭。

三、对思想政治教育社会价值和个人价值关系的审视

自思想政治教育学科建立以来，对思想政治教育的社会价值和个人价值的研究存在着两种典型的"钟摆式"的情况：一种是立足于社会大系统与思想政治教育的关系，着眼于思想政治教育为一定社会、一定阶级的政治需要的属性，重点强调了思想政治教育的社会价值而轻视甚至忽略了思想政治教育的个人价值。另一种是立足于个人与思想政治教育的关系，着眼于思想政治教育满足个体需求的属性，重点强调思想政治教育价值的个人价值而淡化了思想政治教育的社会价值。

（一）重社会价值轻个人价值

在思想政治教育价值研究历程中，重视社会价值轻视个人价值的

现象居于主导地位。这种倾向在特定的历史时期、面对特定的任务时，不但是必需的，而且曾发挥巨大的作用。但是，很多学者不分时期、不分历史任务，一概而论地重视思想政治教育的社会价值而忽视其个人价值，认为，思想政治教育的价值就应该集中地体现在维护国家稳定、社会进步等方面，使得个人的价值在思想政治教育中严重缺失。这种思想政治教育就成为了"只见社会不见人"，与人的现实生活相脱离的"抽象物"。这显然是违背了思想政治教育的本质意蕴。

思想政治教育的阶级性和意识形态性是毋庸置疑的，思想政治教育强调政治性、意识形态性的内容并不奇怪，否则就不是思想政治教育了。但是，如果把这一点极端化，片面夸大思想政治教育的阶级性和意识形态性，缺少对现实的、活生生的人的尊重与关怀，就会漠视对个人的主体性以及对个人素质和品行的塑造，从而把思想政治教育等同于政治上层建筑中的国家机器等强制性的工具。持该观点的思想政治教育者依然停留在"以事为本"或"以任务为本"的理念中，从社会的政治、经济、军事等的需要入手，把思想政治教育归结为依靠强制力量压服或运用权力施加外在压力，强调思想政治教育的政治话语和意识形态话语，单纯地按照一定社会、阶级的需要来设计和规划思想政治教育，使得思想政治教育成了一种单纯地宣传党的基本理论、纲领、路线、方针政策的教育。在他们看来，社会发展了，个人就会自然而然地得到发展。他们"较多地看到社会价值而较少地关注个体价值"。① 认为思想政治教育的目的就是为了更好地对人的思想加以约束和控制，从而使社会达到有序和稳定。所以，他们十分强调思想政治教育的规范制约作用，为了促进社会的发展，常常用一系列

① 张耀灿等：《现代思想政治教育学科论》，湖北人民出版社 2003 年版，第348 页。

的思想观念、条条框框控制和限制人，不视个人得失，要求个人绝对服从社会、无私地奉献于社会。根本上讲，这样的思想政治教育会因其无法满足现实的人的现实需要而丧失其应有的价值。同时，在思想政治教育领域中，虽然人们认识到了思想政治教育对于个人的价值，然而，由于思想政治教育理论与实践的滞后性，教育方法手段缺乏现代性，利用单一的载体，在僵化的体制机制下，进行着课程化、理论化的教育方法，使得思想政治教育工作依然局限于灌输教育。这些远离人的生活的思想政治教育，无法实现和满足个人对思想政治教育的需要，从而在根本上依然只体现了思想政治教育的工具价值性，无法实现其个人价值。这种人为地割裂思想政治教育对个人价值的做法，与当代信息化、全球化时代所彰显的对人的主体性的要求严重相悖，导致了人们对思想政治教育合法性的质疑。

（二）重个人价值轻社会价值

在思想政治教育价值研究历程中，重视个人价值轻视社会价值的现象是最近几年兴起的。在他们看来，强调思想政治教育的阶级性以及意识形态性是极左时期的思想政治教育，这种做法是已经过时了的错误思想。他们把现实的人作为思想政治教育的出发点和归宿。认为，思想政治教育的社会价值不是直接实现的，只能通过个人这个中介，所以，思想政治教育价值的主体只能是个人。由此，他们大力强调思想政治教育的人本价值，大力提倡思想政治教育要坚持"人本"的价值向度。提出思想政治教育的个人价值比社会价值更具有优先性，思想政治教育的价值首先体现为对个人的价值，思想政治教育的基本价值是对现实的个人的价值，思想政治教育价值的基本价值目标就是人的生存和发展，思想政治教育必须给人的自由和发展提供现实的路径和解放，必须关照现实的个人的尊严与人格、个人的地位与价值、人的现实的权利关系。[①] 他们逐步淡化、排除甚至拒绝思想政治教育的社会价值，强调思想政治教育的价值旨归在于个人。这种将思想政治教育价值的社会价值放置次要，重点强调思想政治教育的个人价值，甚至把思想政治教育的社会价值抛出之外的做法，将导致思想政治教育失去其产生和存在的根基。

综上可见，片面强调思想政治教育社会价值或个人价值的"钟摆式"的倾向，都不符合思想政治教育的本质，也不符合唯物史观关于个人与社会的关系理论。它割裂了人与社会的关系。以思想政治教育价值主体是个人代替思想政治教育价值主体是社会的倾向，并不是表明思想政治教育研究的进步，而是从一个极端走向了另一个极端，都没有充分认识和把握思想政治教育价值的真实内涵。

---

① 褚凤英等：《论思想政治教育的人本价值》，《学校党建与思想教育》2010年第7期中，第9—10页。

第 四 章
科学实践观范式下思想政治教育价值之诠释

一、科学实践观范式下思想政治教育价值的形成

依据前文的分析，科学实践观范式下的价值是在主体客体化与客体主体化的实践活动中，以主体自身尺度为衡量标准，客体属性满足主体现实的及其未来需要而产生的一种具体的结合或综合。可见，价值是主客体之间的关系范畴，是由价值主体、价值客体及其实践活动三要素构成。思想政治教育价值作为一个有机的系统，其基本的构成要素同样是价值主体、价值客体、价值的实践活动。在此，要深入分析和理解思想政治教育价值，首先就要明确思想政治教育价值的主体是谁，思想政治教育价值的客体是什么以及其实践活动的特性，还要明确科学实践观范式下思想政治教育价值的生成过程。只有在弄清以上问题的基础上，才能准确理解思想政治教育价值涵义。否则，此研究只能是空中楼阁。

（一）思想政治教育价值的要素

1. 思想政治教育价值的主体

思想政治教育价值主体是构成思想政治教育价值的要素之一。我们从价值的本质中可以看到，如果没有思想政治教育价值主体，也就没有思想政治教育价值可言。思想政治教育价值主体是思想政治教育价值产生和存在的根据。所以，思想政治教育价值构成的首要因素就在于思想政治教育价值的主体方面。

主体是和客体相对而言的范畴，它是与客体相互作用的过程中得到自身的规定。概括地讲，主体指的是在对象性的行为活动中作为行为者的人，是有目的、有意识、能动地认识和改造世界的人。很显然，主体是个属人的概念。所以，任何一种实践活动都有主体，而且"主体是人"。① 主体是人，这一概念包括单个的人以及由单个的人所组成的社会，即个人和社会两个方面。这是毋庸置疑的。但是针对思想政治教育价值而言，却存在着很大的争议。目前，人们都承认思想政治教育是一项实践活动，可是关于思想政治教育价值主体是什么或者谁是思想政治教育价值的主体，却是莫衷一是。这种现象并不是表面的话语争论，其实质上反映出人们对思想政治教育本身及其过程的不同理解，这也与思想政治教育的特殊性紧密相连。

思想政治教育价值的主体，它与思想政治教育的主体既有联系又有区别。思想政治教育的主体主要是针对思想政治教育的开展过程而言，它表明的是思想政治教育活动的执行者。目前，关于思想政治教育的主体争议依然很大，主要存在"单一主体说"、"双主体说"、

---

① 《马克思恩格斯文集》第 8 卷，人民出版社 2009 年版，第 9 页。

"主体间性说"三种观点，这里无须赘述。这里的目的是说明思想政治教育价值的主体是什么或者谁是思想政治教育价值的主体。我们从价值的本质入手分析，价值是在实践中，客体属性满足主体需要的关系中建立的。所以，探讨思想政治教育价值的主体，实质上就是探讨谁需要思想政治教育或者思想政治教育能满足谁的需要的问题，它表明的是思想政治教育的受益者。总体上说，思想政治教育主体隶属于思想政治教育价值的主体。

目前，对于思想政治教育价值主体，也就是思想政治教育为谁所需或者谁需要思想政治教育的问题，同样也呈现观点林立的局面。在现实生活中，有人认为，不论社会还是个人根本就不需要思想政治教育，也就是说思想政治教育价值无主体。在学术界，一种观点认为思想政治教育就是为了满足社会政治的需要，是为社会政治服务的工具。言外之意，思想政治教育价值主体是社会。在很长的历史时期，这种观点占据着统治地位，也在当时的社会政治条件下起到了很大的积极意义，但是其弊端也是显而易见的，它以一种抽象的社会实体作为主体，要求每个人都必须服从和满足这种抽象的社会实体的需要，对个体的存在视而不见、听而不闻，使个体始终处于被控制、被压服的弱势地位和状态。甚至有些人"在历史唯物主义的名义下，只是抽象的谈论社会、社会关系和社会规律，而把人排除在社会历史理论的视野之外，甚至出现过'谈人色变'的荒唐局面"。① 也正是因为这种错误的思想认识，使得思想政治教育的目标、内容、方法、过程都是围绕社会政治的需要而设置和展开，都是由国家统一制定和规范，从而导致思想政治教育处于尴尬的局面，使得人们产生反感、厌倦、抵触等各种异样的情绪。时代的召唤、现实的需求，理论界逐步认识

———————————

① 李秀林：《时代精神的哲学反思》，中国人民大学出版社 1987 年版，第 190 页。

到了这些观点的弊端，于是产生了与此相对立的另一种观点，这种观点认为思想政治教育的旨归在于个人的自由和发展，也就是说人们逐步认为思想政治教育价值的主体是个人。这种观点是伴随着"以人为本"理念的提出而日益盛行。这并不是说中国共产党树立"以人为本"的理念是错误的，而是人们对"以人为本"的理解不到位。虽然中国共产党多次强调，"以人为本"是中国共产党的执政理念和执政要求，并且把"以人为本"看做是科学发展观的核心。但"以人为本"并不是中国共产党提出的新口号、新标语。"以人为本"原本是资产阶级人道主义的哲学命题，它是相对于"以物为本"、"以神为本"、"以器为本"等而提出的命题。由此，"以人为本"作为一种价值诉求，作为一种实践中的利益选择的指导原则，总体上来说，具有很大的指导意义和进步意义。但是，值得注意和重视的是不能不加分析地把"以人为本"看做是科学的、合理的、一劳永逸的世界观、价值观。问题的关键是如何理解其中的"人"。长期以来，由于人们受传统哲学的实体性思维方式的影响，大多数人认为个人与社会是独立的实体。于是，理所当然地认为，"以人为本"就是以个人为本，抛弃了过去"以社会为本"的理念。这种观点正是由于人们对"以人为本"的"人"缺乏历史地、唯物地理解，把它直观地理解为看得见摸得着的独立的、现实的、肉体的个人，把马克思所理解的"现实的人"误读为"现存的人"而造成的。人的确是肉体的、独立的自然个体，但这些自然属性不是人的本质属性，"自然界的人的本质只有对社会的人来说才是存在的；因为只有在社会中，自然界对人来说才是人与人联系的纽带，才是他为别人的存在和别人为他的存在，只有在社会中，自然界才是人自己的合乎人性的存在的基础，才是人的现实的生活要素。只有在社会中，人的自然的存在对他来说才是人的合乎人性的存在，并且自然界对他来说才成为人"。① 也就是说，人的自然属性是人之为人的基础，没有自然属性也不可能成为人，但具有自然属性的人还不是真正的人，自然属性不是人的真实本质。"'特殊的人格'的本质不是它的胡子、它的血液、它的抽象的肉体，而是它的社会特质"，② "人的本质不是单个人所固有的抽象物，在其现实性上，它是一切社会关系的总和"。③ 可见，按照唯物史观的科学理解，"以人为本"不是以个人为本，也就是说，"以人为本"不是以"现存的个人"为本，而是以"现实的个人"为本。"现实的个人"不仅是"现存的个人"，而且是历史的、社会的、发展的人。"现存的个人"仅仅体现了人的客体性和人的感性，而"现实的个人"不仅体现人的客体性和感性，除此之外，它还体现了人的主体性、普遍性、社会性和个人自主状况的不断改善。而"现存的个人"即现在的自在之物，无法体现出这种历史性和变动性。④

现实中很多人质疑，"以人为本"不以个人为本，难道世界上除了个人，还有什么别样的东西也叫人吗？当然，"以人为本"必须通过人才能落实。个体的肉身和生命的真实性表征，个人的确是一个本体论存在的事实。但单独的个体的生存状态不是完善化的形态，"人的存在的完善化形态是个人与社会之间实现真正的统一"。⑤ 由此，人的存在必须依赖于其他存在者，并要关照其他存在者。用阿伦特的

---

① 《马克思恩格斯文集》第 1 卷，人民出版社 2009 年版，第 187 页。

② 《马克思恩格斯全集》第 3 卷，人民出版社 2002 版，第 29 页。

③ 《马克思恩格斯全集》第 3 卷，人民出版社 2002 版，第 505 页。

④ 钟明华等：《马克思主义人学视域中的现代人生问题》，人民出版社 2006 年版，第 7 页。

⑤ 王晓东：《生存论视域中主体间性理论及其理论误区——一种对主体间类存在关系的哲学人类学反思》，《人文杂志》2003 年第 1 期，第 21 页。

话说："世界的现实性是以他人的参与及自身向所有人展现为保证的。"① 所以，人不是孤立的、具体的、经验的单个人。"可以非常简单地设想一下，有个体力超群的大力士，起先捉野兽，后来便捉人，迫使人去捉野兽，总之，像利用自然界中任何其他生物一样，也把人当做自然界中现有的条件之一，用于自己的再生产……。可是，这样的看法是荒谬的……，因为它是从孤立的人的发展出发的。人只是在历史过程中才孤立化的。人最初表现为类存在物，部落体，群居动物……。交换本身就是造成这种孤立化的一种主要手段。……然而，一旦事情变成这样，即人作为孤立的个人只和自己发生关系，那么使自己确立为一个孤立的个人所需要的手段，就又变成使自己普遍化和共同化的东西。在这种共同体里，单个的人作为所有者……的客观存在就是前提，而且这又是发生在一定的条件之下，这些条件把单个的人锁在这个共同体上，或者更确切些说，使之成为共同体锁链上的一环。"② 虽然"各个人的出发点总是他们自己，不过当然是处于既有的历史条件和关系范围之内的自己，而不是意识形态家们所理解的'纯粹的'个人。然而在历史发展的进程中，而且正是由于在分工范围内社会关系的必然独立化，在每一个人的个人生活同他的屈从于某一劳动部门以及与之相关的各种条件的生活之间出现了差别"。③ 由此，"以人为本"的人是相对于物、神等这些实体而言，而不是原子式的经验的个人、思辨的个人或非理性的个人。根本上讲，原子式的经验的个人、思维型的思辨个人、原欲类的非理性个人等等理解，它们只是抓住了个人的某些特征，但是，当这些特征游离于人的现实历

---

① ［美］汉娜·阿伦特：《人的条件》，竺乾威等译，上海人民出版社 1999 年版，第 199 页。

② 《马克思恩格斯文集》第 8 卷，人民出版社 2009 年版，第 147 页。

③ 《马克思恩格斯文集》第 1 卷，人民出版社 2009 年版，第 571 页。

史进程之外时，以此为特征的人也就变成了想象中的虚构。① 而且，人是富有选择性的动物，"这种选择是人比其他创造物远为优越的地方，但同时也是可能毁灭人的一生、破坏他的一切计划并使他陷于不幸的行为"。② 由此，如果每个人只考虑到个人的利益，不考虑和关照他所生活的周围的他人和社会，只要求他人和社会满足自己的需求，这样势必会造成天下大乱。事实上，在任何利益选择的路口，"我们应该遵循的主要指针是人类的幸福和我们的自身的完美。不应认为，这两种利益会彼此敌对、互相冲突，一种利益必定消灭另一种利益；相反，人的本性是这样的：人只有为同时代人的完美、为他们的幸福而工作，自己才能达到完美"。③ 所以，必须明确，我们所提倡的"以人为本"不同于资产阶级的人道主义、人本主义意义上的"以人为本"。在这里，"以人为本"并不是一个存在论和认识论的命题，它至少蕴含着三方面的内涵。第一，它从根本上要求人们必须从唯物史观的角度理解"以人为本"。既要确立并坚持运用社会的、历史的尺度，关注社会历史前进的方向；又要确立并坚持人的尺度，关注人的生活世界，关注人的普遍性和个性，确立对人的生存和发展的终极关怀。最终使人既具有自主意识，又具有承担社会责任的意识。第二，"以人为本"作为一种价值取向，摆脱了把人看做是凌驾于人之上的神、物、或者社会等实体物的附庸和工具的观点，把人理解为活生生的、现实的、在历史中生成的人，重视和强调人在社会发展中的主体地位和主体作用。这点只有从科学实践观的角度理解才有可能。也就是说，只有把马克思实践的观点引申到对人的理解，才能从

① 侯惠勤：《马克思主义的个人观及其在理论上的创新》，《马克思主义研究》2004 年第 2 期，第 66 页。

② 《马克思恩格斯全集》第 1 卷，人民出版社 1995 年版，第 455 页。

③ 《马克思恩格斯全集》第 1 卷，人民出版社 1995 年版，第 459 页。

根本上转变对人的传统观念——即从抽象的人转变到具体的人，从虚幻的人转变到现实的人。第三，"以人为本"意味着尊重人、为了人、解放人、依靠人、塑造人。即尊重人的独立人格、能力差异，尊重人的需求和能力，为了人的全面发展，不断解放和冲破一切束缚人的能力和潜力充分发挥的制度、体制和机制，依靠全部人类的力量，最终把人塑造成既是个体权利的主体，也是社会责任的主体。

　　综合起来讲，首先从人与社会的真实关系看，社会是人的社会，人是社会的人，"人即使不像亚里士多德所说的那样，天生是政治动物，无论如何也天生是社会动物"。① 马克思曾在《1857—1858 经济学手稿》中指出"主体是人"，② 紧随其后，他又指出"主体，即社会"。③ 这并不是说马克思在人与社会之间不断地变更主体，而是体现了马克思思想的一贯性，即人与社会的统一性及其不可分割——"人就是人的世界，就是国家，社会"，④ "社会本身，即处于社会关系中的人本身。"⑤ 人"不仅是一种合群的动物，而且是只有在社会中才能独立的动物。孤立的一个人在社会之外进行生产——这是罕见的事，在已经内在地具有社会力量的文明人偶然落到荒野时，可能会发生这种事情——就像许多个人不在一起生活和彼此交谈而竟有语言发展一样，是不可思议的"。⑥ 其次，从思想政治教育产生的本质来看，它既是为了满足社会政治统治的需要，也是为了满足个人自由发展的需要。由此得出，思想政治教育价值主体是个人和社会。

---

① 《马克思恩格斯文集》第 5 卷，人民出版社 2009 年版，第 379 页。

② 《马克思恩格斯文集》第 8 卷，人民出版社 2009 年版，第 9 页。

③ 《马克思恩格斯文集》第 8 卷，人民出版社 2009 年版，第 26 页。

④ 《马克思恩格斯文集》第 1 卷，人民出版社 2009 年版，第 3 页。

⑤ 《马克思恩格斯文集》第 8 卷，人民出版社 2009 年版，第 204 页。

⑥ 《马克思恩格斯文集》第 8 卷，人民出版社 2009 年版，第 6 页。

2. 思想政治教育价值客体

客体是与主体相关的范畴。广义上讲，客体就是作为对象的一切存在物。这些存在物之所以被称作客体，就因为它们是相对于主体而言的，是人进行认识和实践活动的对象。人在把周围的存在物变成自己认识和改造的对象的时候，他们也就使自己成为了这些存在物的主体。可见，存在物被称为客体是以主体的存在为前提的；没有主体的存在，也就无所谓客体。所以，客体就是主体的认识和实践活动所指向的对象性的存在物。这里体现出客体至少具有两个方面的规定性：一是客体必须是存在物，二是客体必须是与主体发生对象性关系的存在物。也就是说，客体之所以成为客体，不仅要有自身存在的规定性，而且也要有与主体发生对象性关系的规定性。所以，思想政治教育价值的客体不但要有自身本体存在的规定性，同时还要有与主体发生对象性关系的规定性。

就思想政治教育价值客体而言，它不等同于思想政治教育客体。思想政治教育客体是针对思想政治教育的开展过程而言的。思想政治教育的开展与思想政治教育价值是一个活动的两个方面，尽管思想政治教育价值是在思想政治教育开展的过程中产生的，但二者之间也是有区别的。截至目前，关于思想政治教育客体，学术界曾出现过"受教育者客体论"、"教育者客体论"、"教育者和受教育者互客体论"、"教育内容客体论"、"教育要素客体论"等说法。各种界说都有其合理的因素，但笔者认为，思想政治教育的客体就是指受教育者，因为客体是主体所指向的对象。教育者开展思想政治教育活动，其最终指向就是让受教育者接受一定的思想观念并改变其行为。所以，思想政治教育主体指向的对象就是受教育者，因此，思想政治教育的客体就是受教育者。思想政治教育的内容、要素等都是进行思想政治教育的条件或者手段，它们虽然隶属于主体所作用的范围内，但主体改造或选择教育手段、教育内容，是为了完成对受教育者的教育。好比修理工修理一台计算机，计算机是他的客体，所利用的任何工具都只是为了修理计算机，而不是为了这些工具。这里的关键是对受教育者的认定。大多数学者认为，在"教"的过程中，教育者是主体，受教育者是客体；在"学"的过程中，受教育者是主体，教育者是客体。这种说法亦不能服人。因为当进入"学"的阶段，实质上也就是"自我教育"的阶段。"自我教育"是自我对自我的教育，而不是受教育者对教育者的教育。这时，自我既扮演着教育者的身份，也扮演着受教育者的身份，所以客体依然是受教育者。从根本上说，思想政治教育客体——受教育者，它却是思想政治教育价值的主体。

关于思想政治教育价值客体，大多数学者没有明确谈及它指的是什么。这是研究思想政治教育价值的缺憾，谈思想政治教育的价值，却不知道或者不明确思想政治教育价值的客体是什么。截至目前，有部分学者模糊地、笼统地认为，思想政治教育价值的客体就是思想政治教育。也有部分学者（譬如项久雨等人）认为，思想政治教育价值中所讲的客体就是指主体的需要对象，并且是与思想政治教育过程发生直接联系。他们从三个方面对此观点加以阐释，一是按照需要对象的内容，把需要对象分为物质的（思想政治教育的手段、条件）和精神的（思想政治教育内容）需要；二是按照需要的性质，把需要对象分为社会的（人们对社会环境的需要）和个人的（人们对教育者人格的需要）需要；三是按需要的来源，把需要对象分为主体以外的客观世界和主体自身的主观世界。① 这种说法有待商榷。该观点把思想

---

① 项久雨：《思想政治教育价值论》，中国社会科学出版社 2003 年版，第 47 页。

政治教育的手段以及人们对社会环境和教育者人格的需要看做是思想政治教育价值的客体，这不符合整个思想政治教育的实际；而且他按照需要的来源提出了主体以外的客观世界和主体自身的主观世界，这是客观世界或者是主体自身对主体的价值，而不是思想政治教育的价值。

　　根据价值以及思想政治教育价值的概念，我们知道，思想政治教育价值客体，就是思想政治教育价值主体所指向的、满足其需要的对象。所以，探讨思想政治教育价值客体，从根本上来说，就是探讨在思想政治教育中，最终对价值主体产生效应的是什么，它就是思想政治教育价值的客体。众所周知，思想政治教育产生和存在的根本原因是个人与社会在思想观念、政治观点、道德规范等意识形态领域存在差距。所以，思想政治教育区别于一般教育的特性，就在于它是思想观念、政治观点、道德规范等意识形态领域的教育。一种思想政治教育区别于另一种思想政治教育的特性，也在于它们所提倡的思想观念、政治观点、道德规范的性质不同。由此可见，整个思想政治教育过程中，最终对主体产生效应的就是思想政治教育中所传递和宣传的思想观念、政治观点、道德规范。至于思想政治教育的手段、思想政治教育的载体、思想政治教育工作者，以及思想政治教育的环境等等，都是为了使人们接受思想政治教育中所提倡的思想观念、政治观点、道德规范而服务的。它们对思想政治教育价值都有一定的影响，但最终价值取决于思想政治教育中所提倡的思想观念、政治观点、道德规范。譬如，一位教育者，通过极为精彩的教育方法，采用极为先进的教育载体，然而，他所宣讲的思想观念、政治观点、道德规范既不符合该阶级、该社会的发展的要求，也不符合个人与该阶级、该社会协调发展的要求，那么，这样的思想政治教育就没有任何价值。所以，思想政治教育过程中的所有因素中，最终对个人和社会产生价值的就是其思想观念、政治观点、道德规范等意识形态。因此，思想政治教育价值的客体，就是思想政治教育中所传递的、符合个人和社会发展方向的思想观念、政治观点、道德规范等意识形态。然而，客体并不是单纯的存在物，它之所以成为客体至少有两个基本条件：一是它具有自身存在的规定性，二是它具有与主体发生对象性关系的规定性。所以，作为思想政治教育价值客体的思想观念、政治观点、道德规范等意识形态，它之所以成为客体，不但与其自身的规定性有关，同时离不开传递和宣讲思想观念、政治观点、道德规范的思想政治教育实践。

3. 思想政治教育价值的实践

虽然价值主体的需要和价值客体的属性是价值关系中不可或缺的要素，但是离开实践活动就无所谓价值主体和价值客体；离开了实践活动，物质世界也不可能满足人的需要，"人为了自己的需要，以实践的方式同外部自然界发生关系"。[①] 一方面，价值只有在人类改造世界的实践活动中、在实践活动所形成的主体与客体的关系中才能产生和存在。实践关系和价值关系是紧密相连的、相互统一的。离开任何一方，其中另一方均无法成立。价值主体在实践中形成，随着实践的发展，价值主体的需要、兴趣、欲望、追求也会不断产生变化。价值客体的属性和状态，有些是天然具有的，但已被纳入主体的实践范围，与主体发生了对象性关系。有些是人工创造的，它是主体的本质力量的体现。人类的实践过程就是价值实现、价值创造和价值享受的过程。另一方面，实践水平高低直接影响价值。"每一种这样的物都是许多属性的总和，因此可以在不同的方面有用。发现这些不同的方

---

① 《列宁全集》第 55 卷，人民出版社 1995 年版，第 274 页。

面，从而发现物的多种使用方式，是历史的事情"。① "生产不仅为主体生产对象，而且也为对象生产主体"。② "什么样的客体和客体的哪些属性能进入价值关系而成为价值客体，主体的哪些需求能进入价值关系而成为价值需求，这在很大程度上取决于主体的实践能力和实践活动。只有在实践活动中，才能选取那些具有现实可能性的主体需要和能满足主体特定需要的客体属性，并使他们发生直接的、现实的相互作用和相互联系，把主体需求和客体属性融为一体，形成现实的价值关系。"③ 现实的价值关系确立后，主体并不满足于已有需求的满足，"已经得到满足的第一个需要本身、满足需要的活动和已经获得的为满足需要而用的工具又引起新的需要"，④ 为了满足新的需要，必然需要新的实践活动，主体必然按照一定的尺度改变和创造客体，并按一定的尺度来衡量客体及主客体作用而产生的价值。由此，价值是在实践的基础上，主客体之间的需要和满足需要的状况不断实现、丰富和发展的无限的过程。

科学实践观视域中的思想政治教育实践是指，既传递"一定社会发展所要求的思想观念、政治观点、道德规范"，使其社会成员认同"一定社会发展所要求的思想观念、政治观点、道德规范"，又分析和吸收"人们的思想观念、政治观点、道德品质"，使人们的先进的、合理的"思想观念、政治观点、道德品质"得到社会的认可，以实现个人和社会在思想观念、政治观点、道德规范等意识形态领域的良性互动、有机统一。简单地讲，个人在世界面前不是消极无为的接受者，社会是人参与其中，并通过人的实践活动不断创造和改变的有机

---

① 《马克思恩格斯文集》第 5 卷，人民出版社 2009 年版，第 48 页。

② 《马克思恩格斯文集》第 8 卷，人民出版社 2009 年版，第 16 页。

③ 马志政等：《哲学价值论纲要》，杭州大学出版社 1991 年版，第 55 页。

④ 《马克思恩格斯文集》第 1 卷，人民出版社 2009 年版，第 531 页。

体。所以，科学实践观范式下的思想政治教育实践活动，绝不是也不能只是向其成员灌输一定社会所要求的思想观念、政治观点、道德规范，使其社会成员接受它并不断复制。在科学实践观范式下的思想政治教育实践活动的中，一方面，要把一定社会发展所要求的思想观念、政治观点、道德规范，内化为人的具体的思想观念、政治观点、道德品质，实现"社会人化"。另一方面，要不断吸收和认可个人先进的思想观念、政治观点、道德品质，使个人感受到来自社会的肯定，因而通过不断地再现这种思想和行为，潜移默化地影响周围的人群，实现"人化社会"。从根本上讲，科学实践观范式下的思想政治教育实践，就是通过不断地"社会人化"与"人化社会"，最终实现个人和社会在意识形态领域的良性互动和有机统一。

（二）思想政治教育价值的生成

1. 价值主体的需要与思想政治教育价值的生成

马克思强调："任何人如果不同时为了自己的某种需要和为了这种需要的器官而做事，他就什么也不能做。"① "人类所做和所想的一切都关系到要满足迫切的需要和减轻苦痛。"② 所以，谈及价值的生成，首先考虑的就是价值主体的需要及其需要的满足。因为"'价值'这个普遍的概念是从人们对待满足他们需要的外界物的关系中产生的"。③ 由此，价值主体的需要是价值产生的基础。同时，对主体

---

① 《马克思恩格斯全集》第 3 卷，人民出版社 1960 年版，第 286 页。

② ［德］爱因斯坦：《爱因斯坦文集》第 1 卷，许良英等译，商务印书馆 1976 年版，第 279 页。

③ 《马克思恩格斯全集》第 19 卷，人民出版社 1963 年版，第 406 页。

需要的准确理解是准确理解价值的保证。现代西方价值论失足的主要原因，就在于对主体需要的错误理解。他们要么把需要理解为人的自然本能，要么把需要混同于人的主观欲望等，从而陷入了主观主义价值论。那么，价值主体的需要到底是什么？价值主体有哪些需要？进一步讲，人们为什么需要思想政治教育？思想政治教育能满足人们的什么需要？这一系列问题是研究思想政治教育价值生成的最为根本的问题，也是思想政治教育存在的根源。

2. 需要的内涵

现实中，"需要"是一个极其熟知且惯用的词语。然而，到底什么是需要？这个问题应该说依然很难回答。正如黑格尔曾经所说的，熟知并非真知。截至目前，国内大多数学者认为，需要是属于经济学、心理学、社会学及其行为学等学科的研究范畴之一。随着价值哲学的兴起，学者们随之开始探讨哲学意义上需要的内涵。在经济学中，人们一般把需要理解为需求。在心理学中，学者们把需要界定为：需要（need）就是有机体内部的某种不平衡或缺乏状态，为了个体与社会的生存发展，人必然对外部环境有一定的需求。这种客观的必然性反映在人的头脑中，并引起有机体内部的某种缺乏或不平衡状态，就会产生需要。需要表现出有机体的生存发展对于客观环境的依赖性。它总是指向于能满足该需要的对象或环境，并从中得到满足。如果没有对象的需要，不指向任何事物的需要是不存在的。它体现了有机体的生存和发展对于客观条件的依赖性，也是有机体积极性的源泉。① 在社会学中，学者们把需要界定为，需要就是在一定的情景下，人们对客观事物产生的匮乏感，并要求其得到满足的社会心理反应。

①　黄希庭：《心理学导论》，人民教育出版社 2007 年版，第 152 页。

实际上就是人们对外界事物的依赖关系。① 在行为科学中，学者们把需要界定为，需要是指在一定的社会条件下，人们必须具备而却缺乏的事物在人们头脑中的一种需求的反映。它表现为在某个特定阶段，人们的物质需求和精神需求的总和。② 在哲学中，学者们把需要界定为两种不同的层次：一种认为需要指生物体、个人、集团以及整个社会对其存在与发展的客观条件的需求和依赖。③ 另一种认为需要通过愿望、动机、兴趣等方式表现出来。既包括人对客观对象的依赖，也包括对客观对象的渴求。是个人、群体、阶级与社会，为维持自身的延续和发展，对外界事物产生的各种要求。④

综上可见，学术界对需要的界定是仁者见仁、智者见智。总体上来看，学者们对需要的理解存在两种倾向：一种是把需要理解为"对客观事物的匮乏感而产生的社会心理反应"；另一种是把需要理解为需要是不同群体的人，为了其存在和发展对客观条件的依赖和需求。其中，第一种观点倾向于"主观需要说"，第二种观点倾向于"客观需要说"。这两种截然相反的倾向，其思维路径却是相同的。他们都是从认识论的角度出发，仅仅从人的具体需要的层面来解释需要，他们被所感受到的具体需要所蒙蔽，没看到这些具体需要背后隐藏的是什么？引起这些需要的根本原因是什么？他们习惯于用自己的思维而不是用他们的实践活动来解释他们的需要，同时，他们也习惯于用自己的思维而不是用他们的需要来解释他们的实践。但这种习惯恰恰是不科学的。就在这种习惯的影响下，他们认识不到实践在这中间所起到的作用，总是在思维和需要之间徘徊。这样，它必然会使人犯这样

---

① 韦克难、沈光明：《社会学概论》，四川人民出版社 2003 年版，第 70 页。

② 杨杰：《组织行为学》，北京大学出版社 2008 年版，第 133 页。

③ 《中国大百科全书·哲学 2 卷》，中国大百科全书出版社 1987 年版，第 1044 页。

④ 金炳华编：《马克思主义哲学大辞典》，上海辞书出版社 2003 年版，第 294 页。

一种错误：以为人们想要的，就是人们真正需要的，混淆"想要"与"需要"之间的关系，从而导致人们不能在错综复杂的社会现象面前真正明白和把握他人和自己的真实需要。

从广义上来说，需要是指所有生命体的生存状态。在此意义上，人的需要同其他一切生命体的需要是一样的，都是生命存在和延续的前提和表现。这是由生命体的生命活动的规律决定的，是生命体区别于非生命体的一个重要标志。然而，各种不同的生命机体都有各自的需要，他们各自特殊的需要分别表现了自己的特殊的属性。正如马克思指出："他们的需要即他们的本性"，① 马克思认为人的本质、人的实践、人的需要是统一的。实践满足了人的需要，从而物化了人的本质，同时创造了与另一个人的本质的需要相符合的物品。② 他在《1844 年经济学哲学手稿》中指出，劳动这种生命活动，对人来说不过是满足一种需要的手段。一个种的类特性在于其生命活动的性质，而人的类特性恰恰就是自由的有意识的活动。③ 可见，人的需要并不是主观的"想要"，而是人的实践、人的本质的体现。人的需要既是人类生产实践的产物，也是人类生产实践的前提。"没有需要，就没有生产"，④ 没有生产，也就没有需要。同时，人的需要的不断丰富，意味着（——笔者注）人的本质力量得到新的证明。人的需要的不断满足，意味着人的本质得到新的充实。⑤ 就人而言，一方面，人作为自然存在物，具有自然力，这些力量作为天赋、才能、欲望存在于人身上；另一方面，人作为感性的、对象性的存在物，他的欲望的对

① 《马克思恩格斯全集》第 3 卷，人民出版社 1960 年版，第 514 页。
② 《马克思恩格斯全集》第 42 卷，人民出版社 1979 年版，第 37 页。
③ 《马克思恩格斯文集》第 1 卷，人民出版社 2009 年版，第 162 页。
④ 《马克思恩格斯文集》第 8 卷，人民出版社 2009 年版，第 15 页。
⑤ 《马克思恩格斯文集》第 1 卷，人民出版社 2009 年版，第 223 页。

象，不依赖于他并且存在于他之外的；但是，这些对象是他的需要的对象。① "人总是在需要成为对象性需要的情况下，将自己的需要倾注于对象之中，并通过实践活动按照自己的需要形式对客体进行加工改造，创造出符合自己需要的对象，从而不仅满足了自己的需要，同时也使自己的本质力量得到确证。"② 所以，理解人的需要就应该立足于现实的人，现实的人是从事实践活动的人。人的本质是社会的、历史的形成过程。由此可见，"我们的需要和享受是由社会产生的"，③ "需要也如同产品和各种劳动技能一样，是生产出来的"，④ 是在人的实践活动中不断地生成和发展的过程，也是历史地形成的过程，而不是停留在某一层次上的静止的东西或者是"天生的、与生俱来的"，并且人的需要是一个不断自我否定的社会历史现象。

3. 需要的层次结构

"人的需要是以扬弃的形式保留了一般生命机体的需要在内的高级、复杂的需要。"⑤ 它包含着不同层次的需要。截至目前，对需要层次结构理论的研究存在很多不同的观点，其中影响最大的应该说就是马斯洛的需要层次理论。这也是当今国内外学者普遍引用和广泛采纳的观点。马斯洛系统地探讨了需要的结构、实质以及需要在人类生活中的意义和作用，提出了一种较为完整的需要理论。"他把人的基

---

① 《马克思恩格斯文集》第 1 卷，人民出版社 2009 年版，第 209 页。

② 赵长太：《需要范畴的生存论解读》，《湖北社会科学》2007 年第 10 期，第 9 页。

③ 《马克思恩格斯文集》第 1 卷，人民出版社 2009 年版，第 729 页。

④ 《马克思恩格斯全集》第 30 卷，人民出版社 1995 年版，第 524 页。

⑤ 唐凯麟：《重读马克思——关于人的本质和人的需要的再认识》，《衡阳师范学院学报》2000 年第 2 期，第 4 页。

本需要分为五种，即生理需要、安全需要、归属和爱的需要、尊重需要和自我实现需要。生理需要是指直接与生存相关的需要，如对衣、食、住、性等的需要；安全需要指人避免受到伤害、保护自己的需要，如对稳定，秩序，免受恐吓、焦虑和混乱的折磨等的需要；归属和爱的需要是指人对情感、爱、归属于社会某个团体的需要；尊重需要是指人对自我肯定的需要，实际上是人的自我认同，它包括自尊和他尊两个方面，自尊就是对自己充满信心并取得较大的成就，'他尊'就是希望得到别人的尊重、重视、关心和赞同或者高度评价；自我实现的需要是指充分发挥和展现自己的各方面潜能以获得全面发展的需要。"① 马斯洛的需要层次论对需要理论的研究产生了很大的影响，的确具有一定的借鉴价值。"马斯洛认为，这五种需要都是人的最基本的需要。这些需要是天生的、与生俱来的，他们构成了不同的等级或水平，并成为激励和指引个体行为的力量。"② 可见，他看到了人的需要存在着不同的层级结构，而且需要的层级之间存在着张力关系。然而，他把需要看做是"天生的、与生俱来的"，把需要的层级关系仅仅看做是需要在时间排列顺序上先后而已，低级的需要先满足，高级的需要后满足。所以，他的需要层次理论脱离了"现实的人及其活动过程"，忽视了人的需要同人的本质、人的实践的内在联系，是建立在抽象人性论基础上的一种理论。另外，他把需要的主体只定位于个人，始终以实现个人的需要为最高的目的，这种定位脱离社会，违背了人的社会性存在方式。

马克思同样提出了需要是有层次的，他指出："在现实世界中，

---

① 赵长太：《马克思的需要理论及其当代意义》，河南人民出版社 2008 版，第4—5 页。

② 彭聃龄：《普通心理学》，北京师范大学出版社 2001 年版，第 324 页。

个人有许多需要。"① 其中，衣、食、住等物质需要是人的最基本的需要。他指出："我们首先应当确定一切人类生存的第一个前提，也就是一切历史的第一个前提，这个前提是：人们为了能够'创造历史'必须能够生活。但是为了生活，首先就需要吃喝住穿以及其他一些东西"。② 而且，物质需要是与人类共始终的必然性需要。他指出，正如"像野蛮人为了满足自己的需要，为了维持和再生产自己的生命，必须与自然搏斗一样，文明人也必须这样做；而且在一切社会形式中，在一切可能的生产方式中，他都必须这样做"。③ 但是，这些需要"不是纯粹的自然需要，而是在一定的文明状况下历史地发生了变化的自然需要"。④同时，马克思指出需要层次之间存在着一定的张力关系，"已经得到满足的第一个需要本身、满足需要的活动和已经获得的为满足需要而用的工具又引起新的需要"。⑤

　　然而，马克思虽然提出了需要的层次和"需要的体系"，他一直强调"各种生产的一个不断扩大和日益广泛的体系，与之相适应的是需要的一个不断扩大和日益丰富的体系"。⑥ 但是，马克思并没用专门论述需要的层次和"需要的体系"到底是什么。所以，人们依据马克思的有关论述，根据不同的视角和不同的标准，对需要层次提出了多种看法。譬如，赵长太认为："在这里，我们将主要依据马克思的有关论述，运用马克思主义的基本立场、观点和方法，把人的需要作为一个社会历史范畴来进行考察和研究。这样，人的需要体系主要包

---

① 《马克思恩格斯全集》第 3 卷，人民出版社 1960 年版，第 326 页。
② 《马克思恩格斯文集》第 1 卷，人民出版社 2009 年版，第 531 页。
③ 《马克思恩格斯文集》第 7 卷，人民出版社 2009 年版，第 928 页。
④ 《马克思恩格斯全集》第 32 卷，人民出版社 1998 年版，第 57 页。
⑤ 《马克思恩格斯文集》第 1 卷，人民出版社 2009 年版，第 531 页。
⑥ 《马克思恩格斯文集》第 8 卷，人民出版社 2009 年版，第 90 页。

括以下四个环节：自然需要、社会需要与精神需要；个人需要与社会需要；物质需要与精神需要；生存需要、享受需要与发展需要。"①李淑梅认为："人的需要结构包括物质需要、人际交往秩序需要和对人生意义的需要。每种需要内部包括诸多具体需要。物质需要、社会秩序需要和意义需要之间存在着张力关系，在不同的历史时期，诸需要之间的张力关系相异，需要结构相异。需要结构的不同投射在社会结构上，表现为社会结构的不同，即表现为人的物质活动、社会交往活动和意义活动之间关系的不同、从而使人性具有不同的历史形态"。② 本书认同李淑梅对需要层级理论的观点。一方面，这种观点从人性的角度把握需要，符合马克思关于需要的本质属性。另一方面，这观点认为从个人和社会的双重角度去理解需要的主体，从根本上符合科学实践观对于个人和社会的基本观点。此外，这种观点从需要结构、社会结构、实践活动三者相结合的角度把握需要，符合唯物史观的分析方法，能全面地掌握社会历史发展的客观规律。

在这里，我们把需要的层级结构理解为：物质需要、秩序需要和意义需要。它们作为人的整个需要体系中的不同方面，并不是相互独立、截然分开的，而是互相渗透、彼此联系的。其中，物质需要是人的最基本的、必然的需要。物质需要所指向的对象是物质产品，由于物质产品的有限性、消耗性等特点。在社会生产力发展的一定阶段，人们在物质产品的分配上必然会产生不同的利益矛盾和利益冲突。为了更好地分配物质产品，协调人们之间的利益关系，维持正常的社会秩序则成为人们的需要。可见，秩序需要与物质需要紧密相连。"可

① 赵长太：《马克思的需要理论及其当代意义》，河南人民出版社 2008 版，第78页。

② 李淑梅：《社会转型与人的现代重塑》，山西教育出版社 1998 年版，第14页。

以说，它是人们对获取物质需要的社会形式的需要"。①当正常的秩序
得以维护，人们必然会追求更为理想的世界，便产生了对社会和人类
存在的意义需要，对真、善、美的追求和需要。同样，意义需要与物
质需要和秩序需要密切相连。物质需要是秩序需要和意义需要产生的
基础，秩序需要和意义需要对人的物质需要具有渗透作用。秩序需要
与意义需要，作为物质需要基础之上的两种需要，它们二者也是紧密
相连的。如果一定社会没有一定的意义需要和追求，没有对一定社会
秩序形成价值观念上的共同认可，这种社会秩序就难以确定和维持下
去。意义需要不仅具有批判、破坏一定社会秩序的功能，也具有维护
一定社会秩序的功能。这双重功能不仅取决于社会秩序的内容和性
质，也取决于意义需要的内容和性质。如果二者之间相吻合，那么，
社会秩序就会被肯定和维护，社会就安定团结。否则，必然会产生一
定社会秩序与人的意义需要之间的批判，甚至斗争。

4. 需要的满足

马克思不是孤立地、静止地来看待人的需要，而是始终将需要与
需要的对象、将需要与满足需要的方式和手段联系起来考察。"需要
是同满足需要的手段一同发展的，并且是依靠这些手段发展的"。②
也就是说，人们还要通过满足需要的方式和手段才有可能使其需要得
以满足。满足需要的方式和手段其实质就是人的各种实践活动。正如
马克思所说："你的需要只有通过你的活动来满足，而你在活动中也
必须运用你的意识"。③ 需要并不会自动被满足，必须依靠主体的才

---

① 李淑梅：《社会转型与人的现代重塑》，山西教育出版社 1998 年版，第 43—
45 页。

② 《马克思恩格斯文集》第 1 卷，人民出版社 2009 年版，第 585—586 页。

③ 《马克思恩格斯全集》第 3 卷，人民出版社 1960 年版，第 328 页。

能去改变和创造。正如列宁所言：“世界不会满足人，人决心以自己的行动来改变世界。”① 所以，在不同的社会实践中，人们会产生不同的需要。同时，不同的需要，人们会采取不同的实践活动和手段来满足。

思想政治教育作为人的一种实践活动，之所以能够开展，正是由于人和社会的秩序需要和意义需要之使然。当然，秩序需要和意义需要还包括许多不同的具体需要，所以，人和社会用来满足秩序需要和意义需要的实践活动和手段是多种多样的。其中，人和社会对一定的思想观念、政治观点、道德规范等意识形态的需要是秩序需要和意义需要中的具体需要之一。这种需要的满足必须采取与之相适应的实践活动和手段。思想政治教育能成为满足这些需要的实践活动之一，这取决于思想政治教育的本质，也取决于人和社会的需要的性质。思想政治教育产生的根源就是为了满足个人和社会的秩序需要和意义需要，其最基本的、最一般的意义就是提升和改变人与社会的思想观念、政治观点、道德规范，实现个人和社会在思想观念、政治观点、道德规范等意识形态领域内的有机统一。这种提升和改变体现着人与社会对某种理想和价值的践行和追求。思想观点、政治观点、道德规范是维护秩序、引导人们形成正确的意义追求和价值观念的重要因素。它们具有维护秩序的强大的功能，也具有强有力的导引功能。所以，思想观念、政治观点、道德规范等意识形态体现着人的秩序需要，同时，它们还体现着人们对未来社会的意义追求。这也进一步表明了秩序需要和意义需要之间存在着极为紧密的相关性。然而，思想观念、政治观点、道德规范等意识形态要发挥出其满足秩序需要和意义需要的功能，前提就是人们对其认可并认同，进而使人们对其产生

① 《列宁全集》第 55 卷，人民出版社 1995 年版，第 183 页。

一种神圣感。正如我国学者郑也夫所说：“就保障社会秩序而言，神圣性是最可宝贵的资源，一个眼里完全找不到神圣性的民族很难建立秩序。”①

任何社会、任何群体、任何个人都具有自己的意识形态。其中既存在“占支配地位”的意识形态，此种意识形态通常被称为主流意识形态，它通常也是社会所要求的意识形态，因为“思想的历史除了证明精神生产随着物质生产的改造而改造，还证明了什么呢？任何一个时代的统治思想始终都不过是统治阶级的思想”。② 同时，也存在非主流的意识形态，此种意识形态一般是属于个人的。但是，并不是说主流意识形态是既定的、尽善尽美的，也不是说非主流意识形态就是不符合时代脉搏和要求的。二者都是而且必须是不断完善、不断变化的过程集合体。由此，任何社会都必然存在一个如何将意识形态让民众接受并认可的问题，也必然存在一个使民众接受何种类型的意识形态的问题。事实证明，一个社会愈进步，它就越能认识到它的责任，不是要把它现有的全部成就传递下去，并让后人保存起来继续传递，而是要把有利于个人更好的发展、有利于未来社会更好的发展的那部分加以传递和保存。所以，任何个人和社会，都要不断认可和吸纳有利于未来发展的意识形态，还要不断创造适合未来发展的意识形态，以满足人类的秩序需要和意义需要。满足这一需要的最佳手段就是要靠思想政治教育，犹如霍尔巴赫指出的那样：“有人可能问：是什么办法，其作用虽不显著但能帮助社会有机体避免一切危害它的因素同时又不会限制和妨碍它的发育呢？对此，除了教育以外不存在其他更

---

① 郑也夫：《代价论——一个社会学的新视角》，生活·读书·新知三联书店1995年版，第113页。

② 《马克思恩格斯文集》第2卷，人民出版社2009年版，第51页。

有效的办法。"① 科学实践观范式下的思想政治教育正是为了人和社会认可并认同一定的思想观念、政治观点、道德规范等意识形态。也就是说，这种需要恰好与思想政治教育的本质相吻合。所以，思想政治教育就成为人与社会满足秩序需要和意义需要的实践活动和手段。

此外，从某种程度上讲，思想政治教育既是人与社会满足秩序需要和意义需要的一种实践活动和手段，也是人与社会的一种需要。因为"人类在本质上必须受教育，不论是对人类还是对个体而言，这是事实也是真理，因为人类及其个体要发展，而且在发展，人类必须养育和教导自己的后代，个体的'内在能力'必须要展开，每个人都必须掌握人类的文化，个体的生活应该有价值，为此，人类创造了教育的诸种形式，并且赋予教育以理想"。② 思想政治教育就是人类创造的诸种教育形式中的一种。教育是满足需要的方式之一，同时，它本身也是人的一种具体需要。正如博尔诺夫指出："说到人类学问题，它的第一个基本问题是人对教育的需要性问题。进而言之，教育的必要性问题并不是要对先前已理解的人之本质作补充说明，而是从一开始起就必须纳入对人的存在的认识之中。因此，从一开始就必须把人作为一种可以教育并需要教育的生物来理解。……人是教育的、受教育的和需要教育的生物，这一点本身就是人的形象的最基本标志之一。"③

也就是说，思想政治教育对个人和社会都会产生相应的价值。虽

---

① ［法］霍尔巴赫：《自然政治论》，陈太先等译，商务印书馆1994年版，第289—290页。

② 金生鈜：《理解与教育——走向哲学解释学的教育哲学导论》，教育科学出版社1997年版，第9页。

③ ［德］博尔诺夫：《教育人类学》，李其龙等译，华东师范大学出版社1999年版，第35—36页。

然思想政治教育对个人和社会的价值不是截然分离的，但是个人和社会在思想政治教育中扮演的角色和所起的作用是不同的。所以，作为思想政治教育价值主体的个人和社会，在思想政治教育价值生成的过程中所具备的条件也就有所差异。

就个人思想政治教育价值的主体而言，判断思想政治教育有无价值及其价值的大小，一方面就看主体是否需要以及在多大程度上需要思想政治教育，另一方面就看思想政治教育能否满足以及在多大程度上满足了主体的需要。所以，谈及思想政治教育价值生成的个人主体所应具备的条件，首当其冲就应该从主体的内在需要入手。主体的内在需要及其满足程度是思想政治教育价值实现的必备条件。增强个人对思想政治教育的内在需要能为思想政治教育价值的实现提供巨大的动力。正如恩格斯曾经所说："社会一旦有技术上的需要，这种需要就会比十所大学更能把科学推向前进"。① 同样可以说，个人主体一旦对思想政治教育产生强烈的内在需要，这种需要就会比任何一厢情愿地希望思想政治教育价值实现的措施和途径更能促进思想政治教育价值的实现。当然，个人的这种需要必须要有相应的思想政治教育来满足，这是思想政治教育价值实现的必要条件。反思当代思想政治教育面临的困境和挑战，在很大程度上是由于人们把思想政治教育看做是与人的需要、情感以及人的幸福毫无相干的一种规范戒律，过度强调思想政治教育的约束性与强制性。从本真意义上讲，要扭转这种局面，必须充分重视和关注个人的需要。需要是无止境的，一个需要得到满足，必然会有新的更高层次的需要得到孕育。这表明思想政治教育价值的实现是个连续不断的发展过程。主体内在需要的不断满足与不断激发并得以再次满足和激发，就是科学实践观范式下思想政治教

———————

① 《马克思恩格斯文集》第 10 卷，人民出版社 2009 年版，第 668 页。

育价值实现的必然结果。其次，在整个思想政治教育价值实现的活动中，个人始终处于主导地位，发挥着主导作用。由此，思想政治教育价值生成的主体条件，还必须包括个人作为思想政治教育价值主体所具有的、有助于实现自身在思想政治教育活动中充分发挥主导性作用的要求和条件。这些要求和条件，便集中体现在对人的主体性要求。主体性是指作为主体的人在其对象化的实践活动中，在其认识和行为上所表现出来的自主的、自由的、积极的属性和特征。在思想政治教育价值生成的过程中，个人是否具有主体性以及个人具有的主体性的强度，决定着作为思想政治教育价值主体的个人能否确立以及在何种程度上确立思想政治教育价值的主客体关系。在思想政治教育价值生成过程中，思想政治教育价值主体所应具有的主体性一般表现为主体价值意识和主体的价值实践能力两个方面。思想政治教育价值要得以实现，必须依赖于相应的主体价值意识的水平和价值实践能力的水平。主体价值意识一般指思想政治教育价值主体对其自身在思想政治教育价值实现过程中所具有的主导性作用、主体性地位以及所担负的具体使命的认知。主体的价值意识作为社会意识的一部分，它表现和反映着思想政治教育价值关系，而且反作用于思想政治教育价值关系，从而作用于思想政治教育价值的实现。正是由于这种反作用，我们必须提高思想政治教育价值主体的价值意识。主体价值意识都是通过人们的主观能动性表现出来的。所以，要形成有利于思想政治教育价值实现的主体价值意识，必须要加强主体的主观能动性。主体的价值实践能力一般是指思想政治教育价值主体将其自身的价值意识反映到价值实践活动中，积极而主动地追求思想政治教育价值实现的能力。主体的价值实践能力决定于人的生产方式、生活方式以及人的世界观、价值观、人生观和知识水平。更为重要的是，主体的价值实践能力总是在实践中不断形成和发展的。由此，思想政治教育价值的生成，有赖于价值主体自身的价值实践能力。

同理，就社会作为思想政治教育价值的主体而言，判断思想政治教育有无价值及其价值的大小，也要看社会是否需要以及在多大程度上需要思想政治教育，还要看思想政治教育能否满足以及在多大程度上满足了社会的需要。除此之外，思想政治教育的存在与开展紧紧地与党和政府联系在一起。正是由于这个原因，党和政府的威信和形象便直接影响和制约着思想政治教育价值的生成。只有党和政府在广大人民群众心目中具有一定的威信和权威，才能争取到最广大人民群众对党和政府的制度和政策等政治体系的信任和支持，才能维持社会的和谐稳定。"如果一个社会政治体系不能争取人们信仰某些原则、观点，某些共同关心的事情，甚至信仰某些联结一个民族的神话，那么这个社会政治体系就不能巩固它的基础。"① 当党和政府在广大人民群众心目中的威信下降、形象败坏，思想政治教育的价值就难以生成。由此可见，在当下，思想政治教育价值生成的社会条件，首先要考虑的就是更进一步地树立党和政府的良好形象，加强党和政府的廉洁自律，加强党和政府在广大人民群众心目中的威信，增强广大人民群众对党和政府的信任。

1. 价值客体的属性与思想政治教育价值的生成

马克思在《资本论》第四卷中指出："一物之所以是使用价值，因而对人来说是财富的要素，正是由于它本身的属性。如果去掉使葡萄成为葡萄的那些属性，那么它作为葡萄对人的使用价值就消失了；

---

① 联合国教科文组织国际教育发展委员会编：《学会生存——教育世界的今天和明天》，华东师范大学比较教育研究所译，职工教育出版社 1989 年版，第 205 页。

它就不再（作为葡萄）是财富的要素了"。① 紧接着，马克思又指出：
"珍珠或金刚石所以有价值，是因为它们是珍珠或金刚石，也就是由
于它们的属性"。② 在这里，马克思所使用的术语虽然不是哲学意义
上的价值一般，但他在这里已经明确指出，价值客体的固有属性是价
值生成必不可少的前提。就此意义上来说，思想政治教育的价值植根
于思想政治教育价值客体的固有属性。换句话说，思想政治教育价值
的生成，有赖于思想政治教育价值客体的属性。

　　通过前面的分析已经看出，思想政治教育价值的客体，就是思想
政治教育过程中所提倡的思想观念、政治观点、道德规范。那么，思
想政治教育所提倡的思想观念、政治观点、道德规范等意识形态的属
性如何，它们能否与价值主体对意识形态的需要之间建立满足关系，
成为考量思想政治教育价值问题的又一关键点。探索这一问题，必须
要回溯到思想政治教育的源起及其本质。毫无疑问，思想政治教育是
伴随着阶级、国家的产生而产生。它的产生是统治阶级利用一定的思
想观念、政治观点、道德规范等意识形态维护和实现阶级统治的必然
结果，也是个人通过一定的思想观念、政治观点、道德规范等意识形
态实现个体政治社会化的必然要求。思想观念、政治观点、道德规范
等意识形态作为上层建筑的一部分，既表现为人们对现实生活的观念
沉思，也表现为社会把取得支配地位的物质关系转换成强有力的思想
体系。如果把代表一定利益的思想观念、政治观点、道德规范等意识
形态的思想体系，转变成人类理性的普遍要求，这些思想体系就会使
代表一定物质利益的、取得支配地位的各类既成关系更加稳固。实践
表明，民众一旦认同了某种意识形态，他们不但会心甘情愿地接受这

① 《马克思恩格斯全集》第 26 卷，人民出版社 1974 版，第 139 页。
② 《马克思恩格斯全集》第 26 卷Ⅲ，人民出版社 1974 版，第 176 页。

种意识形态的统治，甚至在该阶级的统治产生纰漏或失误时，也会给予包容。可见，"利用意识形态来实现统治制度的合法化，具有一切国家机器所不具备的优势。它既可以凭借统治阶级作为社会领导者的影响力，影响人们的思想观念，又可以深入民众的日常生活之中，从思想深处改变人们的价值观念，实现对统治阶级意识形态的认同"。①所以，历史上的任何一个阶级或社会集团，为了实现对社会和国家的统治，本质上都存在一个掌握和控制意识形态的问题。无论何时，他们都不会放松对思想观念、政治观点、道德规范等意识形态的强化和控制，都在力图掌握其成员的意识形态，并不断使其成员认同和接受本阶级或本集团的主流意识形态。换句话说，这也是每个国家所担负的重要职能之一——即为了维护和实现自己的统治，都要利用一定的思想观念、政治观点、道德规范等意识形态，提高和统一广大民众的思想道德意识，使得自身的统治获得社会支持与认可，以实现全社会在意识形态上的统一。

当然，任何主流意识形态都不会自觉地被其成员认同和接受，任何社会成员的意识形态也不会轻易地被统治阶级所掌握，而要顺利实现这两个任务，必须通过一定的手段和途径才能完成。思想政治教育就是为了完成这项任务而采取的手段和途径之一。它是巩固和传播一定的思想观念、政治观点、道德规范等意识形态的主渠道和主途径。然而，历史和现实均已证明，只有占统治地位的统治阶级才能实施和开展对其社会成员的思想政治教育。况且，谁有权开展思想政治教育，谁就拥有意识形态的领导权，谁就掌握着意识形态的控制力。所以，思想政治教育是统治阶级对意识形态领导权的重要体现，也是统

---

① 李合亮：《解析与建构：当代中国思想政治教育的哲学反思》，人民出版社2010年版，第138页。

治阶级对意识形态控制力的重要体现。所以，阶级性"是思想政治教育现象中共同具有的最一般、最普遍、最稳定的属性。世界上的思想政治教育现象千差万别，但本质上都是一定阶级或集团按照自己的意识形态影响和改变人们的思想和行为的社会实践活动，这是各种思想政治教育普遍具有的属性"。①

同时，历史和现实也表明，只有先进的思想观念、政治观点、道德规范才能被最广大的人民群众接受并拥护。落后和愚昧的思想观念、政治观点、道德规范，也许在某个特殊的时期，在统治阶级的强制镇压之下能得到一时的执行，但绝不会被广大的人民群众甘心情愿地认同并拥护。因而，思想政治教育价值客体——思想政治教育所传播、要求人们接受和社会认可的思想观念、政治观点、道德规范等意识形态，其本质属性还表现为先进性。

此外，科学实践观范式下，所主张的思想政治教育是指通过社会意识形态的个体化与个人意识形态的社会化的双向互动过程，最终实现个人和社会在意识形态领域的同质发展、有机统一。所以，科学实践观范式下，思想政治政治教育中所涉及的思想观念、政治观点、道德规范不是既成的、固定不变的东西，不是一种由一定阶级、集团、群体或社会单向度地施加或灌输给其成员的东西，而是不断更新、动态的、发展的东西。这种认识有着深刻的理论基础。

首先，唯物史观认为，社会存在决定社会意识。"人们的观念、观点和概念，一句话，人们的意识，随着人们的生活条件、人们的社会关系、人们的社会存在的改变而改变。"② 社会发展的每一阶段上，

---

① 教育部思想政治工作司编：《思想政治教育原理与方法》，高等教育出版社2010年版，第39页。

② 《马克思恩格斯文集》第2卷，人民出版社2009年版，第50—51页。

都会形成与社会存在相适应的"思想观念、政治观点和道德规范"等社会意识。但这一切都是一个动态发展的过程。社会发展的每一阶段中形成的"思想观念、政治观点和道德规范"等等社会意识，都是由当时的社会存在决定，并反映当时的社会存在。譬如，与计划经济体制相适应的是"以阶级斗争为纲"的意识形态，与社会主义市场经济体制相适应的是"社会主义核心价值体系"的意识形态。所以，科学实践观范式下的思想政治教育是传递"一定社会发展所要求的思想观念、政治观点、道德规范"，使其社会成员认同"一定社会发展所要求的思想观念、政治观点、道德规范"，并启迪他们在认同已有的"一定社会发展所要求的思想观念、政治观点、道德规范"的基础上，生成新的"思想观念、政治观点、道德规范"。同时，思想政治教育分析和吸收"人们先进的思想观念、政治观点、道德品质"，使人们的先进的、合理的"思想观念、政治观点、道德品质"得到社会的认可，因为新的、合理的思想观念、政治观点、道德规范并不是凭空产生的，它最终来源于个人。但新的、合理的思想观念、政治观点、道德规范并不是停留于某个人或某些人，它必须让社会认可才能推动社会的进步和发展。可见，"认同"与"认可"都是结果和过程的统一。二者作为过程，强调的是一种"思想观念、政治观点、道德规范"与他种"思想观念、政治观点、道德规范"之间的比较、鉴别，从而形成联系的行为和过程。二者作为结果，强调通过比较、鉴别后而形成的，对某一种"思想观念、政治观点、道德规范"的肯定状态。所以，"认同"与"认可"本身既具有解构性的成分，也具有建构性的成分。正如鲍曼所说："个体没有现成的认同（identity），认同需要个体自身去建构并为之负责；换言之，个体并非'拥有一种认同'，而是面临一项长期、艰辛、永无休止的同一化（identification）

的任务。"① 同样，社会也没有现成的认可，认可需要社会自身去建构并为之负责。

其次，人是社会的人，社会是人的社会。"当我们考虑到人生的一切必不可少的事项时，我们就显然看出，人天然是个社会的和政治的动物，注定比其他一切动物要过更多的合群生活。"② 由此，从个人的角度来看，任何人来到世界上，由于合群的生活，也为了更好的合群生活，既存在一个适应社会，按照社会的规则和规范行事的必需性和必然性，也存在个人期待得到社会和他人的认可的需要。著名的"霍桑实验"有力地证明了这一点，一个人生活在社会中，不但需要融入社会，而且需要得到社会的认可与肯定。"马克思主义认为，人的需要是历史发展的内在动力。根据需要的起源，可以把需要分为自然性需要和社会性需要。尊重的需要是人的社会性需要的一部分，是社会中的人对自我尊重、自我评价以及来自他人与社会的信任、尊重、赏识、注意或欣赏等名誉和声望的渴望。人的积极性是以其合理的需要得到满足为基础的，因而思想政治工作的首要任务是满足人的合理需要，调动人的积极性。"③ 同样，从社会的角度来看，任何社会既要求其社会成员认同和接受其基本的要求和社会准则，同时，社会也期待产生新的、更好的、更有利于合群生活的准则和规范。正如维特根斯坦指出："假如某人仅仅超越了他的时代，时代总有一天会

---

① ［英］齐格蒙·鲍曼：《寻找政治》，洪涛等译，上海人民出版社 2006 年版，第 128 页。

② ［意］托马斯·阿奎那：《阿奎那政治著作选》，马清槐译，商务印书馆 1963 年版，第 44 页。

③ 谢晓娟：《从人学的视角看思想政治教育主客体关系的演变》，《学校党建与思想教育》2008 年第 8 期，第 27 页。

追上他"。① 这表明社会通过"追赶"和认可个人的先进思想，使得社会的准则不断更新。这两个角度集中体现为个人社会化和社会个体化的过程。通常人们把这两个角度看做是两个不同的过程。事实上，这两个角度是同一个过程的两个方面。在这个过程中，教育是贯穿于始终，且成为连接个人和社会的重要方式。犹如有些学者指出的那样："教育本身处于人生的时间中，因此接受教育也是个体与世界发生关联的一种方式，是个体理解世界理解自我的最初尝试。也就是说，在个体发展的最初状态，个体接受教育就是他生活的一种形式，就是说他在教育中发生与世界的关联（例如，他在教育中与教师和同学交往，在教育中形成他的世界观，形成自我观、人生观等），他就在教育这种世界的关联方式中生活和生长，他的生活就是他的教育，他的教育就是他的生活"。② 思想政治教育作为教育中的一种特殊形式，它同样是联结个人与社会的一种方式。所以，思想政治教育既同于一般教育，也具有其独特的属性。其一般性在于它"是人对人的主体间灵肉交流活动（尤其是老一代对年轻一代），包括知识内容的传授、生命内涵的领悟、意志行为的规范、并通过文化传递功能，将文化遗产教给年轻一代，使他们自由地生成，并启迪其自由天性。因此教育的原则，是通过现存世界的全部文化导向人的灵魂觉醒之本源和根基，而不是导向由原初派生出来的东西和平庸的知识（当然，作为教育基础的能力、语言、记忆内容除外）"。③ 其特殊性在于它是"思想观念、政治观点、道德规范"上的教育。然而，已有的思想政治教

---

① ［奥］维特根斯坦：《思想札记》，吉林大学出版社 2005 年版，第 88 页。

② 金生鈜：《理解与教育——走向哲学解释学的教育哲学导论》，教育科学出版社 1997 年版，第 70 页。

③ ［德］雅斯贝尔斯：《什么是教育》，邹进译，生活·读书·新知三联书店 1991 年版，第 3 页。

育认为，思想政治教育是指社会或社会群体用"一定的社会所要求的思想观念、政治观点、道德规范"，对其成员施加有目的、有计划、有组织的影响，使社会成员形成符合一定社会所要求的思想政治品德的社会实践活动。把思想政治教育看做是为一定社会的政治、经济、文化服务的工具。体现了一定社会的统治阶级向其成员单向度灌输的特点，具有很强的强制性、排他性、甚至是控制性。科学实践观范式下的思想政治教育不是把"一定社会发展所要求的思想观念、政治观点、道德规范"看做是静态的、直观地、不变地东西，单向度地灌输或施加于社会成员，无视社会成员的"思想观念、政治观点、道德品质"的实际状况，仅要求社会成员接受现存的"一定社会发展所要求的思想观念、政治观点、道德规范"，而是把整个过程看做是个人和社会双向互动的前进过程。正如有学者指出："现代德育强调人的'需要'，而不是社会对个体的'施加'，强调互动的共同价值取向，而不是价值相对主义，强调'德'与'得'互通，强调德育的发展性。"[1] 由此，科学实践观范式下的思想政治教育首先要突破的便是把思想政治教育看做是单向灌输，突破把"一定社会所要求的思想观念、政治观点、道德规范"看做是静态的东西的做法。这是马克思所创立的实践的思维方式或关系型思维方式的必然要求。所以，动态性与发展性是科学实践观范式下思想政治教育价值客体的又一属性，也是区别于已有思想政治教育的特性之一，其在本质上是通过个人和社会的双向互动，最终实现个人和社会在思想观念、政治观点、道德规范等意识形态领域的良性互动、有机统一。这也是科学实践观范式下的思想政治教育不同于已有思想政治教育的特性之一。已有的思想政

---

① 李辉、练庆伟：《价值认同：当代大学生思想政治教育的重要取向》，《学校党建与思想教育》2008 年第 1 期，第 13 页。

治教育认为，思想政治教育的目的就是把"一定社会所要求的思想观念、政治观点、道德规范"灌输给人们，让人们接受并不断复制。而科学实践观范式下的思想政治教育认为，思想政治教育过程中所提倡的思想观念、政治观点、道德规范是不断生成和变化发展的，它们是在社会实践中，"一定社会所提倡的思想观念、政治观点、道德规范"与"人们的思想观念、政治观点、道德规范"互相博弈，最终使更能符合和推动个人与社会发展的内容得以确立。就此而言，科学实践观范式下的思想政治教育价值生成的客体条件，首先就是确立科学的思想观念、政治观点、道德规范。思想政治教育中所提倡的思想观念、政治观点、道德规范的科学与否，直接关系到思想政治教育的前途与命运，也直接关系到思想政治教育价值的实现。它不仅规定着思想政治教育的性质，还制约着思想政治教育的目标以及整个思想政治教育活动的全过程。因此，思想政治教育价值生成的客体条件，就在于符合社会存在、社会前进和发展的方向，在于符合人的本质、肯定人的创造性和主观能动性，从而提升人的思想境界，完善人的道德品格，促进人全面的发展。最终使得思想政治教育价值的实现呈现出不断上升、向前发展的趋势。就我国目前状况而言，确立思想政治教育价值的客体，就应该在马克思主义理论指导下，在培养社会主义建设人才的总目标的统领下，使现有的思想观念、政治观点、道德规范不断地得以充实和发展。

3. 实践与思想政治教育价值的生成

价值在任何方面都不是先于实践而存在的。价值产生于实践，实践是一切价值生成的基础。思想政治教育作为一种特殊的实践活动，它也是思想政治教育价值生成的基础。先前的讨论已经表明，价值存在于价值主体和价值客体之间。思想政治教育价值的大小取决于价值主体和价值客体两个因素。然而，离开思想政治教育实践，就没有思想政治教育价值的主体和客体，也就没有思想政治教育价值关系及其价值生成。因此，思想政治教育价值的生成，就是思想政治教育实践改造价值主体和改造价值客体的过程中生成的。

科学实践观范式下的思想政治教育实践活动不同于一般的实践活动。它是通过传递"一定社会发展所要求的思想观念、政治观点、道德规范"，使其社会成员认同"一定社会发展所要求的思想观念、政治观点、道德规范"，同时剖析和审视"人们的思想观念、政治观点、道德品质"，使社会认可"人们先进的思想观念、政治观点、道德品质"的活动。在思想政治教育价值实践活动中，经过主客体之间的相互作用，无论是价值主体的变化，还是价值客体的变化，从根本上来讲，都使主客体之间的关系发生了变化，都会在不同程度上生成其价值。所以，思想政治教育价值的生成就相应地有两种情况。一种是通过思想政治教育实践活动改变主体，随之，主客体之间的关系也发生相应的变化，从而生成不同的价值。另一种是通过思想政治教育实践活动改变客体，随之，主客体之间的关系也发生相应的变化，从而生成不同的价值。由此，思想政治教育价值的生成，首先是通过思想政治教育实践活动，改变思想政治教育价值主体的思想观念、政治观点、道德规范，提高思想政治教育价值主体的能力等。但是，思想政治教育实践活动中，思想政治教育价值主体对思想政治教育价值客体而言，并不是一种消极接受的被动关系，而是始终起着积极和主动的作用。所以，思想政治教育实践活动在满足思想政治教育价值主体的需要、改变主体的过程中，也在不断改变和完善思想政治教育价值客体，使其更符合思想政治教育价值主体的需要。其次，在这个实践活动过程中，通过个体与社会的各种思想观念、政治观点、道德规范的相互博弈，最终使个体认同社会所要求的思想观念、政治观点、道德规范，使社会认可个体先进的思想观念、政治观点、道德规范。从而确定更新的、更先进的思想观念、政治观点、道德规范。这个新确定的思想观念、政治观点、道德规范是更新了的思想政治教育价值客体。这是思想政治教育实践通过改造思想政治教育价值客体而创造价值的最基本、最常见的形式。但由于思想政治教育价值客体的特殊性，它不是一个客观的"物质系统"，它更多地体现为一个客观的"人为系统"。因为思想政治教育价值客体——通过思想政治教育所传播、要求人们接受和社会认可的思想观念、政治观点、道德规范等意识形态，它本身是一种人类自觉选择的产物，是一个人为的创造物，其中渗入了人的目的要求与价值追求。犹如古希腊的一则神话中所说的，有一个名叫普罗克拉斯提斯的强盗，他在路边摆放了一张床，强迫每个路过那里的人都要躺到这张床上。假如路过的人比床长，他就把路过的人的脚砍掉；假如比床短，他就把路过的人的身体拉长。事实上，现实中每个普通的人在不同程度上都是普罗克拉斯提斯，只是他所携带的床不是放在路边，而是隐藏在他们的心中。而且这张床也不是一张普通的床，而是看不见摸不着、却左右他们行动和观念的"价值之床"。这张"价值之床"就是主体已有的态度、信念、信仰或者是价值观等。主体的"价值之床"与思想政治教育价值客体的接近程度和性质差异，直接影响着思想政治教育价值的生成状况。可见，思想政治教育价值生成过程中，改变主体和改变客体是紧密相连的，但二者不是完全等同的。这便形成了思想政治教育价值主体和思想政治教育价值客体之间的双向互相过程，思想政治教育价值就是在这个双向互动的实践过程中形成的。

　　思想政治教育价值作为主客体之间的关系范畴，产生于思想政治教育的实践活动中。不论是主体需要的丰富与发展，还是客体条件的具备与充分，思想政治教育价值必须通过开展思想政治教育实践活动来实现。正是在思想政治教育的实践过程中，才能创造和实现思想政治教育价值。由此可见，思想政治教育价值实现的又一条件就是实践的条件。但并不是任何形式的思想政治教育实践活动中都可以实现思想政治教育的价值。正如使用工具一样，必须正确地、合理地使用，才能完成其目的和任务。思想政治教育价值实现的实践条件，最主要的就是遵循思想政治教育的规律和思想政治教育价值实现的规律。思想政治教育的规律与思想政治教育价值实现的规律紧密相连，在某种程度上可以说，思想政治教育的规律就是思想政治教育价值实现的规律。如果思想政治教育的规律得不到遵循，思想政治教育实践活动也就不可能正常开展，思想政治教育价值就不可能实现或者其实现也自然而然地大打折扣。思想政治教育实践和其他社会实践一样，也具有自身的客观规律，其规律理应被人们认识并得到切实有效的遵循。截至目前，相对于其他实践活动而言，人们对思想政治教育实践活动的规律的认识还远没有达到成熟的程度，更谈不上自觉地运用规律的程度。还有"一些人认为思想政治教育似乎没有什么规律性"。① 对思想政治教育价值实现的规律更是谈及很少。显而易见，如果对思想政治教育的规律以及对思想政治教育价值的规律得不到充分地认识，就更谈不上有效的遵循了。然而，对规律的认识和探索是一项艰巨的工程，而对规律的践行是一项更加艰巨的工程。所以，这一条件还需要更多的努力去创设。

思想政治教育的规律是思想政治教育实践活动中内在的、必然的、本质的联系。思想政治教育的规律揭示和反映思想政治教育的本质。科学实践观范式下的思想政治教育本质不同于已有的思想政治教育本质，因而，其规律也与已有思想政治教育的规律有所区别。但从

---

① 张耀灿等：《现代思想政治教育学》，人民出版社 2006 年版，第 121 页。

本质上来讲，最明显地表现为"定向互动律"。这里的"定向"就是指思想政治教育中所宣传的思想观念、政治观点、道德规范符合马克思列宁主义、毛泽东思想、邓小平理论和"三个代表"，符合中国特色社会主义的共同理想，符合社会主义核心价值体系、符合中国的国情。"互动"就是指"一定社会所要求的思想观念、政治观点、道德规范"与"人们的思想观念、政治观点、道德规范"博弈，确立更先进的思想观念、政治观点、道德规范。而且这个博弈的过程是一个不断提升、不断前进的过程。在这个过程中，使得思想政治教育价值的客体发生了变化，然后经过主客体之间的相互作用，思想政治教育价值的主体也就发生相应地变化。无论是思想政治教育价值客体的变化，还是思想政治教育价值主体的变化，都在客观上改变了主客体之间的关系，这样才会形成思想政治教育价值。

综上可见，科学实践观范式下的思想政治教育价值，指个人和社会在思想政治教育实践活动中建立起来的，以个人和社会在思想观念、政治观点、道德规范等意识形态领域的良性互动、同质发展为尺度，是思想政治教育价值客体的属性满足主体意识形态的需要和目的而产生的一种肯定的状态。

二、科学实践观范式下思想政治教育价值的形态

黑格尔说过"只有真理存在于其中的那种真正的形态才是真理的科学体系"。[①] 所以，认清价值形态是研究价值问题、建构价值理论体系的必备手段和重要内容之一。那么，到底如何划分价值形态呢？

---

① ［德］黑格尔：《精神现象学》上，贺麟等译，商务印书馆 1979 年版，第 3 页。

首先，任何分类，其实质就是按一定的标准对一个整体进行划分。一项正确的分类必须同时满足四个条件，这也是符合分类的最基本的要求：一是按一定标准所进行的划分，必须把被分类物这个整体划分完备；二是按一定标准所划分出的各个部分都属于被分类物；三是划分出的属于同一层次的各个部分互不交叉；四是不能把同一层次的不同类型与不同层次的不同类型混淆，也就是说不能把同一层次上的其中一种类型与另一种类型的下位类型相混淆。

其次，应该选取正确的分类方法和标准。这是划分价值类型的关键。分类应该是对被分类物本身的划分。分类的标准也应该根据被分类物自身所具有的特点来选择。那么，对价值的分类，也就是对价值本身的分类。如前所述，价值是在实践中产生的，一种以主体的尺度为尺度的主客体关系所产生的一种综合效应。所以，对价值的分类，就是对价值的存在形态的划分，也就是对价值主客体相互作用所产生的综合效应的划分。价值的存在形态不是由客体决定但却离不开客体。同样，价值的存在形态不是由主体的需要决定但也离不开主体的需要。同时，价值的形态还取决于价值产生的实践活动。因此，价值形态的划分标准既不能按客体划分，也不能按主体需要划分，更不能按实践活动的性质划分，但其划分标准中暗含着客体标准、主体需要的标准以及实践的标准。一句话，价值形态划分的标准是价值客体、价值主体需要以及满足主体需要的实践活动的有机统一，而不是各自为政或强行拼凑。

价值在本质上是主客体关系之间所产生的一种综合效应。也就是说，价值在本质上是人的实践活动及其产物对于人自身的肯定。所以，对价值的最终定性，应该以主体通过实践活动，对客体所追求的理想境界或完美状态为标志。一个完整的价值不应该是笼统的或者含混地说成是理想价值、现实价值、物质价值、精神价值、个人价值或社会价值等。而应该包含三方面：①什么的或谁的价值，即表明客体；②对于谁的什么性质的价值，即表明主体和主体的需要。③以怎样的活动满足需要，即表明价值产生的实践类型。如果缺少其中的任何一方面，这个价值的划分都不会是周全的。所以，价值的形态只能具体到"××对××的价值"中划分。

可见，价值形态划分的标准是价值客体、价值主体需要以及满足主体需要的实践活动的有机统一。思想政治教育价值形态的划分，同样既要考虑思想政治教育主客体关系中的客体因素，也要考虑思想政治教育主客体关系中的主体的需要，还要考虑满足主体需要的思想政治教育实践活动的性质。若离开其中的客体因素，思想政治教育价值形态就失去了客观的物质基础；若离开其中的主体需要的因素，思想政治教育价值形态就失去了其真正的内涵；若离开如何满足主体需要的实践活动，思想政治教育价值形态就失去了其产生的条件和途径。这三者的有机结合才是划分思想政治教育价值形态的主导标准。

由此，从思想政治教育价值主体的角度分析，思想政治教育价值主体是个人和社会。但个人和社会并不是分离的，所以，思想政治教育价值也并不是孤立地表现为个人价值和社会价值两种形式。而是说，思想政治教育对于社会的价值和对于个人的价值处于同构共生，紧密相连的状态，其本质表现为同一个问题的两个方面，而不是表现为社会价值或个人价值两个问题，所以，我们不能把思想政治教育的价值形态称为社会价值或个人价值。这样的称谓，不论人们承认思想政治只具有社会价值或者承认思想政治教育只具有个人价值，还是承认思想政治教育具有社会价值和个人价值，它们在本质上都是把社会和个人割裂开来看待。实质上，社会和个人始终是不可分割的。因此，问题的关键是在承认思想政治教育具有对社会的价值和对个人的价值的基础上，要寻找一种能够把社会和个人始终统一起来的表达方式，来冠名为思想政治教育价值形态。

为此，从思想政治教育价值的主体来看，我们可以从两个角度分析：第一，从思想政治教育的产生来讲，思想政治教育的产生既是社会传递"一定社会所要求的思想观念、政治观点、道德规范"的需要，也是个体实现政治社会化的需要。可见，思想政治教育不是被动的，不是社会单纯地施加"一定社会所要求的思想观念、政治观点、道德规范"的强行活动，也不是单纯地为了个人实现政治社会化的活动。所以，从个体的角度讲，个体需要思想政治教育，思想政治教育是个体社会化的途径之一。从社会的角度讲，社会同样需要思想政治教育，思想政治教育是引领社会成员思想品德的主渠道。因此，思想政治教育是一个过程的两个方面，即个体社会化和社会个体化的统一。这里需要指出的是，个体社会化并不只是指个人适应社会的发展，更主要的是指适应基础上的超越。社会个体化也不只是指社会把"一定社会所要求的思想观念、政治观点、道德规范"施加给个体，使个体接受，而是在传递"一定社会所要求的思想观念、政治观点、道德规范"基础上的超越。第二，从思想政治教育所承担的现实任务看，思想政治教育一方面承载着宣传一定社会、阶级意识形态、促进社会意识形态个体化的任务，另一方面承载着促进个体思想政治品德发展、实现个体品德社会化的任务。一方面它同整个社会的政治、经济、文化等方方面面存在着广泛而深刻的联系，另一方面，它同个体的思想、行为以及个体发展存在着直接或间接的关系。

从思想政治教育价值客体的角度来看，思想政治教育价值客体，就是通过思想政治教育所传播、要求人们接受和社会认可的思想观念、政治观点、道德规范等意识形态。简单地讲，就是符合社会和个人发展方向的意识形态。

从思想政治教育价值实践的角度来看，科学实践观范式下的思想政治教育实践，指的是传递"一定社会发展所要求的思想观念、政治观点、道德规范"，使其社会成员认同"一定社会发展所要求的思想观念、政治观点、道德规范"，同时宣传"人们先进的思想观念、政治观点、道德品质"，使社会认可"人们先进的思想观念、政治观点、道德品质"，以实现个人和社会在思想观念、政治观点、道德规范等意识形态领域的双向互动。所以，科学实践观范式下思想政治教育的价值形态表现为两个方面：即"社会意识形态个体化"和"个体意识形态社会化"（或称个人思想政治品德社会化）。这两种价值形态不是孤立的两个过程，而是一个过程中的两个方面，正如一个硬币的两面一样，不可分割。这两个方面也是紧密相连，互相促进的。也就是说，思想政治教育是个螺旋上升的过程。在这个实践过程中，通过社会意识形态个体化和个体意识形态社会化，最终实现个人和社会在意识形态领域的双向互动，良性统一。综上可见，思想政治教育价值最终体现为社会意识形态个体化和个体意识形态社会化两种形态。

（一）社会意识形态个体化

"社会意识形态个体化"，就是指通过思想政治教育实践活动，将"一定社会发展所要求的思想观念、政治观点、道德规范"等意识形态传输给个人，使个人接受、认同该意识形态，并通过内化外化使其成为自身的思想观念、政治观点、道德品质，进而转化为个人行为后而达到的质态。简单地讲，"社会意识形态个体化"，就是指个体认同社会意识形态，从而实现人的社会化，使人成为社会的人。它是任何时期、任何类型的思想政治教育中都普遍存在的，是思想政治教育中必不可少的一方面，也是个人发展必不可少的一个因素。正如朱小蔓指出的，个人"只站在自己的双脚上"无法生成自我，无法过道德的生活,"必须掌握一些最基本的道德规范,同时个体也有遵循这些基本规范的需要"。① 我国目前的"马克思主义大众化"、"社会主义核心价值体系引领社会思潮"等工程都是"社会意识形态个体化"的具体体现。

前面提到,价值的形态的划分只能具体到"××对××的价值"。那么,"社会意识形态个体化",可以表述为,"一定社会发展所要求的思想观念、政治观点、道德规范"等意识形态被个体化后对个人和社会的价值。这里所揭示的价值主体是个人和社会;价值客体是"一定社会发展所要求的思想观念、政治观点、道德规范"等意识形态。这里,"社会意识形态个体化",作为科学实践观范式下的思想政治教育的价值形态,它的价值主体依然是个人和社会,它并不同于已有思想政治教育所强调的社会价值。已有思想政治教育虽然没有把"社会意识形态个体化"作为一种价值形态来对待,但他们也强调思想政治教育中的"社会意识形态个体化"。可是,他们认为,通过"社会意识形态个体化",使个人接受了社会的意识形态,最终只表现为对社会的有利方面。在科学实践观范式下,"社会意识形态个体化",并不是单向度的有利于社会的发展。它同样是双向的。一方面表现为个体遵从社会发展的规律、满足社会发展的需要、承担社会责任、履行社会职责,另一方面表现为个人自身认识的提高,有利于个人社会化。最终体现为通过增强人们的政治认知和政治认同感,促进社会和谐稳定、确保社会政治经济文化的发展方向。通过个人思想认识的提高,并在和谐的氛围中,实现个人的更好发展。

---

① 朱小蔓:《教育的问题与挑战——思想的回应》,南京师范大学出版社2000年版,第118页。

（二）个体意识形态社会化

"个体意识形态社会化"或称"个体思想政治品德社会化"，就是指通过思想政治教育实践活动，分析和吸收"个人的思想观念、政治观点、道德品质"，使社会认可"个人先进的思想观念、政治观点、道德品质"等意识形态后而达到的质态。尽管这一价值形态在思想政治教育中明显弱于前一种价值形态，但是在现实中却是不可忽视的一种价值形态。思想政治教育不是抽象的实践活动，而是现实的人、社会的人的现实活动。因而，思想政治教育活动的开展总要结成一定的社会关系，正是在一定的社会关系中，思想政治教育方能进行的。正如马克思所言：生活的生产——无论是自己生活的生产或他人生活的生产——"立即表现为双重关系：一方面是自然关系，另一方面是社会关系"。① 人是社会历史的创造者，这不但体现在人创造社会的物质财富，也体现在人创造社会的精神财富。社会的精神财富是无数个个人的精神财富的凝聚，它不但凝聚着个人对自身的历史文化认识，也渗透着个人对自身现实及其未来发展的再认识。所以，个人的意识形态是社会精神财富中的一个组成部分，它的合理的部分应当也必然会被社会大众所接受，成为社会的意识形态，即"个体意识形态社会化"。

"个体意识形态社会化"作为思想政治教育的价值形态，它体现的是社会对个人的尊重和肯定，也体现了个人的创造性，使社会成为人的社会。可以表述为，个体的意识形态被社会化后，对个人和社会的价值。价值客体是"人们先进的思想观念、政治观点、道德品质"

---

① 《马克思恩格斯文集》第 1 卷，人民出版社 2009 年版，第 532 页。

等意识形态；价值主体是个人和社会。这里，"个体意识形态社会化"，作为科学实践观范式下的思想政治教育的价值形态，它的价值主体依然是个人和社会，它同样不同于已有思想政治教育中所强调的"个体思想品德社会化"。已有思想政治教育虽然没有把"个体意识形态社会化"作为一种价值形态来对待，但他们也强调思想政治教育中的"个体意识形态社会化"。可是，他们认为，通过"个体意识形态社会化"，使社会认可了个人的意识形态，最终只表现为对个人的有利方面。在科学实践观范式下，"个体意识形态社会化"，并不是单向度的有利于个人的发展。它同样是双向的。一方面表现为社会尊重个体的观点、满足个体需要、重视个人的发展，从而使个人健康发展。另一方面表现为社会意识形态注入了新鲜活力，使其更符合个人发展和社会前进的方向。

三、科学实践观范式下思想政治教育价值的本质特征①

特征是指被研究对象所具有的属性，是一事物具有的所有特点。特征包含着一般特征、具体特征、本质特征等。其中，本质特征是指被研究对象所具有的特有属性，是一事物区别于其他事物的独有的特性。对于科学实践观范式下的思想政治教育而言，其价值的本质特征突出地表现为以下两个方面：

（一）个体性与社会性的辩证统一

目前，大多数学者都承认思想政治教育价值的主体是个人和社

---

① 李月玲、王秀阁：《科学实践观范式下思想政治教育价值的本质特征》，《思想教育研究》2015 年第 2 期，第 23—26 页。

会。由此，很多学者认为思想政治教育价值形态之一是个人价值和社会价值。他们通过阐述思想政治教育的个体价值和社会价值，表达了思想政治教育价值具有个体性和社会性两种特性。然而，当涉及思想政治教育价值个体性和社会性二者之间的关系时，学者们依然是把二者看做是各自独立的、甚至是互相对立的实体。始终以"手段和目的"或者"工具和目的"的思维方式处理思想政治教育价值的个体性和社会性。始终在区分思想政治教育个体价值和社会价值孰轻孰重。譬如有些学者认为："由于思想政治教育的本质规定性决定了社会价值是矛盾的主要方面，起主导作用，个体价值只有在社会价值中才能体现"。[①] 又有众多学者认为："个体价值是社会价值的基础，社会价值则是个体价值的延伸和验证"。[②] 众所纷纭的各种观点貌似谈论思想政治教育的个人价值和社会价值的不可分割性，实质上却割裂和变异了个人价值和社会价值的关系。

科学实践观的主旨就是个人和社会是统一的，二者之间的关系不是工具或手段的关系，而是同构共生的关系。"同构共生"，一方面意味着个人和社会在产生过程中，个人生产社会、社会也生产个人，彼此在时间和逻辑上没有先后。另一方面意味着个人和社会在现实运行过程中表现出的"共同"与"共生"的统一。"'共同'强调的是相互交往中的同质性，意味着个体和社会（和社会——笔者加）之间具有某些共同的价值、规范和愿景追求，它导引的是统一性生存"。"'共生'强调的是相互交往中的异质性，每一个人由于各自的生活背景、兴趣爱好、价值信仰、成长经历等的不同是不可人为抹杀的，

---

① 张耀灿等编：《思想政治教育学前沿》，人民出版社 2006 年版，第 86 页。
② 张耀灿等：《现代思想政治教育学》，人民出版社 2006 年版，第 173 页。

因而它趋向多样化生存"。① 正是由于人们对于个人和社会之间"同构共生"关系的不求甚解，才导致人们把思想政治教育的价值形态划分为个体价值和社会价值。也正是由于人们对于个人和社会之间"同构共生"关系的误读，一方面导致已有思想政治教育中"只见社会不见人"，过分强调其社会政治价值，忽视思想政治教育应该具有的个体价值，使得个体价值长期以来淹没在其社会价值之中。另一方面却导致思想政治教育中"只见个人不见社会"，他们在思维逻辑中认为只要实现了思想政治教育的个体价值，其社会价值就会自然地、自动地实现。所以，他们把思想政治教育的社会价值看做是其个体价值的综合表现和整体效应，或者把思想政治教育的社会价值看做是个体价值的延伸和验证。这是他们把个体和社会看做是部分和整体的关系而导致的，是"$1+1=2$"的逻辑在思想政治教育领域的推演，忽视了个体和社会之间包含着"$1+1>2$"或者"$1+1<2$"的可能性。这两个方面是思想政治教育发展落入"瓶颈"状态的主要原因，其根源是没有理解个人和社会的"同构共生"性。正如日本著名学者尾关周二面对日本社会中的"欺侮"、"自杀"等现象时感叹道："在个人与伙伴、伙伴与伙伴的关系中，由于没有建立起'共生的共同'和'共同的共生'这样的思想，其结果，一方面产生出包含着从属性压抑的浓密的'共同关系'（同质关系），另一方面包含着竞争性压抑的相互间漠不关心的'共生关系'（疏远关系）正在蔓延，在这两种形式被异化的状况中，便产生了各种深刻的'欺侮'问题"。②

　　科学实践观的本质意蕴就是个人和社会"同构共生"。由此，科

---

① 钟明华等：《马克思主义人学视域中的现代人生问题》，人民出版社 2006 年版，第 118 页。

② ［日］尾关周二：《共生的理想——现代交往与共生、共同的思想》，卞崇道等译，中央编译出版社 1996 年版，第 133—134 页。

学实践观范式下的思想政治教育的本质就是使个人和社会在生存过程中，实现意识形态领域中的"同构共生"。也就是说，通过传递"一定社会发展所要求的思想观念、政治观点、道德规范"，使其社会成员认同"一定社会发展所要求的思想观念、政治观点、道德规范"，不断实现社会意识形态个体化。同时又通过宣传"人们先进的思想观念、政治观点、道德品质"，使社会认可"人们先进的思想观念、政治观点、道德品质"，不断实现个人思想品德（或称个人意识形态）社会化。最终使得个人和社会在思想观念、政治观点、道德规范等意识形态领域的双向互动，从而达到和实现个人和社会在意识形态最大可能的"共同性"，亦称"同质性"；降低个人和社会在意识形态的"共生性"，亦称"差异性"中的相互冲突、相互抵制的观念。社会意识形态个体化和个体意识形态社会化思想政治教育价值的形态，是同一过程的两个方面，它们始终体现了个人和社会的统一。所以，个体性和社会性的辩证统一是科学实践观范式下思想政治教育价值的本质特征之一。

（二）现实性与超越性的辩证统一

大多数学者认为，"思想政治教育是指一定的阶级、政党、社会群体遵循人们思想品德形成发展规律，用一定的思想观念、政治观点、道德规范，对其成员施加有目的、有计划、有组织的影响，使他们形成符合一定社会所要求的思想品德的社会实践活动"。[1] 这种用一定的思想观念、政治观点、道德规范对其社会成员施加影响，使他们形成符合一定社会所要求的思想品德的已有的思想政治教育活动所

---

① 张耀灿等：《现代思想政治教育学》，人民出版社 2006 年版，第 50 页。

产生的价值至多只具有现实性。因为已有的思想政治教育的目标仅仅是为了让其社会成员接受一定的思想观念、政治观点、道德规范，忽视了思想观念、政治观点、道德规范等在社会实践活动中的超越性。他们所谈及的思想政治教育的理想价值和现实价值，不是从思想观念、政治观点、道德规范的不断更新而产生价值角度而言，而是从一定的、已定的思想观念、政治观点、道德规范被接受后对社会产生效果的时间顺序的角度而言的。该观点认为："思想政治教育的理想价值，是思想政治教育的目标逐步实现所呈现出的一种对人和社会发展的积极效用和意义。思想政治教育的根本目标是指用马克思列宁主义、毛泽东思想、邓小平理论和'三个代表'重要思想教育广大人民群众，培育和造就有理想、有道德、有文化、有纪律的社会主义新人。当'四有'新人服务于社会，促进社会全面发展时，这种目标价值才能实现。而现实价值是思想政治教育已经实现或正在实现的价值，它使人们能感受到思想政治教育的有用性"。① 很明显，这里的理想价值只是现实的思想观念、政治观点、道德规范在时间上的延续，其实质依然属于思想政治教育价值的现实价值。

胡锦涛同志《在庆祝清华大学建校 100 周年大会上的讲话》中指出："高等教育是优秀文化传承的重要载体和思想文化创新的重要源泉"。② 思想政治教育同样是传承思想观念、政治观点、道德规范的载体，也是创新思想观念、政治观点、道德规范的源泉。所以，科学实践观范式下的思想政治教育既传递"一定社会发展所要求的思想观念、政治观点、道德规范"，使其社会成员认同"一定社会发展所要

---

① 张耀灿等：《现代思想政治教育学》，人民出版社 2006 年版，第 169 页。

② 胡锦涛：《在庆祝清华大学建校 100 周年大会上的讲话》，《人民日报》2011 年 4 月 25 日。

求的思想观念、政治观点、道德规范",又宣传"人们先进的思想观念、政治观点、道德品质",使社会认可"人们先进的思想观念、政治观点、道德品质",以实现个人和社会在思想观念、政治观点、道德规范等意识形态领域的双向互动。所以,科学实践观范式下的思想政治教育价值既包括社会成员认同"一定社会发展所要求的思想观念、政治观点、道德规范"后而产生的现实性价值,还包括个人和社会在意识形态领域相互追问而确立的新的、更高的思想观念、政治观点、道德规范而产生的超越性价值。所以,现实性和超越性的辩证统一,是科学实践观范式下的思想政治教育的价值具有的又一本质特征。

科学实践观范式下的思想政治教育价值具有现实性和超越性辩证统一的本质特征,有着客观的理论依据和现实依据。首先,科学实践观表明,任何"周围的感性世界绝不是某种开天辟地以来就直接存在的、始终如一的东西,而是工业和社会状况的产物,是历史的产物,是世世代代活动的结果,其中每一代都立足于前一代所奠定的基础上,继续发展前一代的工业和交往,并随着需要的改变而改变他们的社会制度。甚至连最简单的'感性确定性'的对象也只是由于社会发展、由于工业和商业交往才提供给他的"。① 思想政治教育也同样是立足于前代人所提供的思想观念、政治观点、道德规范的基础上,继续传递前代人的思想观念、政治观点、道德规范,并随着时代和需要的改变不断更新思想观念、政治观点、道德规范。因为"每一辈人的后代身处其中的都是文明进程的下一个时期。作为个体,他们在其成长过程中必须适应比前辈人所适应的更靠后的衡量羞耻、难堪以及良知形成的整个社会过程的标准。……某种对前一个世纪来说并非是引

---

① 《马克思恩格斯文集》第 1 卷,人民出版社 2009 年版,第 528 页。

发羞耻感的东西，可能在后一个世纪就成了十足的羞耻物；反之亦
然"。① 其次，思想政治教育价值是在思想政治教育实践活动中产生
的。任何"实践，按基本性说，……既体现着自然物质的本原性作
用，又体现着人及其精神的能动创造作用"。② 所以，任何实践活动
都遵循着两个尺度，一个是对象的尺度，另一个是人的尺度。对象的
尺度说明任何实践活动都是在一定的、客观存在的事物的基础上实现
的。人的尺度说明任何实践活动是人的一种目的性的活动。正如马克
思指出：人在实践中"不仅使自然物发生形式变化，同时他还在自然
物中实现自己的目的"。③ 由此可以说，实践是使世界二重化为现实
的存在与超越现实的存在的基础。我们所处的现实世界，就是由于人
的实践活动已经被二重化了的世界。同样，由于人的实践活动，我们
所处的世界继续地、始终不停地被二重化。现实世界的二重化，就是
指世界一方面具有自然的、现实的本质，另一方面具有属人的、超越
的本质。同样，思想政治教育作为特殊的实践活动，使个人和社会的
意识形态不断二重化，不断地在现有的意识形态的基础上超越它。再
次，科学实践观范式下的思想政治教育价值作为一种关系范畴，最终
表明的是思想政治教育价值客体与思想政治教育主体之间的一种关
系。思想政治教育价值的主体是个人和社会。个人和社会作为特定历
史发展的产物，前人们创造和遗留的各种形式作为一种既定的东西渗
透在现实中，共同塑造和影响着现实的个人和社会，规定了人们的
"现实性"，但人的类特性就是"自由自觉的活动"。"人以实践为本
性，这就意味着人没有预先规定的固定本性，在自我创造中不断超越

---

　　① ［德］诺贝特·埃利亚斯：《个体的社会》，翟三江等译，译林出版社 2003
年版，第 2（前言页）。

　　② 高清海：《再论实践观点的超越性本质》，《哲学动态》1989 年第 1 期，第 4 页。

　　③ 《马克思恩格斯文集》第 5 卷，人民出版社 2009 年版，第 208 页。

自我就是他的本性，人从非人走来，又不断走向非人，自我超越就是
人的自我实现"。① 人是唯一把自己的意志、活动当做意识对象的存
在物，所以人是"是其所是"与"是其所不是"的统一体，是一种
现实基础上的超越性的存在。"在这个意义上说，所谓价值，虽然不
排除满足需要的涵义，但它并非只是这样一个表示这类直观意义和简
单涵义的概念，本质上它是一个表现人的主体性、超越性和目的性的
范畴，它并不表达别的什么意思，而仅仅意味着人的实践活动所追求
的那个目的之物和超越之物。"②

　　总之，科学实践观范式下思想政治教育价值的本质特征包括个体
性与社会性的辩证统一、现实性与超越性的辩证统一。它们之所以是
科学实践观范式下思想政治教育价值的本质特征，正是因为它们体现
了科学实践观范式下思想政治教育价值与已有思想政治教育价值的本
质区别。一方面，它体现了科学实践观范式下思想政治教育既不是单
纯的具有个人价值，也不是单纯具有社会价值；既不是通过个人价值
实现社会价值，也不是通过社会价值实现个人价值；既不是思想政治
教育的社会价值限制个人价值，也不是个人价值限制社会价值。二者
是在思想政治教育中同构共生、辩证统一的。另一方面，它体现了科
学实践观范式下思想政治教育并不是只实现已经确立的思想观念、政
治观点、道德规范对个人和社会的既成价值，而且还包括未来思想观
念、政治观点、道德规范对个人和社会的未来价值。

---

　　①　高清海：《人的天人一体本性——转变对"人"的传统观念》，《江海学刊》
1996 年第 3 期第 82 页。
　　②　高清海：《价值选择的实质是对人的本质之选择》，《吉林师范大学学报》
（人文社会科学版）2005 年第 3 期，第 2 页。

第 五 章
科学实践观范式下思想政治教育价值之实现

思想政治教育价值的实现问题是研究思想政治教育价值的目的和归宿。思想政治教育所具有的价值，在其实现以前至多只是潜在的价值，而不是现实的价值。思想政治教育潜在的价值不可能凭空地、自然而然地变为现实价值而得以体现。

如前所述，思想政治教育价值的三要素是：思想政治教育价值主体——个人与社会；思想政治教育价值客体——思想政治教育中所传递和宣传的思想观念、政治观点、道德规范等意识形态；思想政治教育实践。表面看来，思想政治教育价值的实现，就是实现这三个要素的最优组合。也就是说，思想政治教育价值的实现，就是在思想政治教育实践的过程中，使得思想政治教育价值客体与思想政治教育价值主体相统一。但是，思想政治教育价值客体——即思想政治教育所传递和宣传的思想观念、政治观点、道德规范等，不论其形态如何，从根本上它们都来自个人和社会。这是思想政治教育价值客体不同于其他价值客体的最典型的特点。正如在导论中分析的，科学实践观范式下，思想政治教育价值客体并不是固定的、一成不变的思想观念、政治观点、道德规范。它是在实践中，通过个人与社会之间的博弈，最终确立的既有利于个人，也有利于社会的思想观念、政治观点、道德规范。可见，思想政治教育价值客体始终融合在思想政治教育价值的主体之中，它并不是先于思想政治教育价值主体而独立存在的实物。所以，由于思想政治教育价值客体的这一特殊性，思想政治教育价值的实现，实质上，就是通过协调个人与社会在思想观念、政治观点、道德规范等意识形态领域的关系，实现个人与社会在思想观念、政治观点、道德规范等意识形态领域的统一。需要指出的是，这种认识并不是只强调了思想政治教育价值主体——个人和社会之间的统一，而排除了思想政治教育价值客体。这里依然强调思想政治教育价值的实现，是一个使得思想政治教育价值主体和思想政治教育价值客体相统一的复杂的、不可完全控制的过程。思想政治教育价值实现的全部复杂性，其最终秘密根源在于：一方面，思想政治教育价值客体——即思想政治教育所传递和宣传的思想观念、政治观点、道德规范等意识形态，始终来自于个人和社会之间的博弈，使得它既要符合社会的要求，又要符合个人的要求。另一方面，社会所要求的思想观念、政治观点、道德规范与个人的思想观念、政治观点、道德品质之间，不但互相影响、错综复杂，而且二者之间既存在一致性，也存在冲突性。由此，科学实践观范式下思想政治教育价值的实现，是在尊重和认可个人思想观念的基础上，使社会的思想观念更加科学，从而达成个人和社会在意识形态领域的良性互动，并使已达成的意识形态得以广泛的认可和践行，最终表现为社会意识形态个体化和个人意识形态社会化，促进个人和社会和谐发展。由此，必须通过树立准确的理念、坚持正确的原则、创设良好的机制、选择恰当的方法，以便更好地实现思想政治教育价值。

一、思想政治教育价值实现的理念

思想政治教育价值实现的理念是思想政治教育价值实现的前提，

它渗透在思想政治教育价值实现的各个环节中，表征着人们对思想政治教育价值的认识和态度。总体上看，不同的理念体现着不同的思维方式。一个人拥有正确的理念，不见得能立即成功，但是如果没有正确的理念，即便是一时幸运，终将还是难逃失败。由此，为了实现科学实践观范式下的思想政治教育的价值，必须树立以下几种理念：

（一）个人和社会相统一的理念

个人和社会的关系问题是有史以来就存在并不断争论的问题。任何一个人要生存，就必然要结成一定的社会关系，都要解决个人和社会的关系问题。翻开哲学史，传统哲学家们都是从"抽象的人"出发来观察和思考问题。但在不同的哲学派别中，对"抽象的人"的理解并不完全一样。在旧唯物主义哲学家那里，他们看到了人的肉体存在，看到了人的受动性，却忽视了人的社会存在，忽视了人的能动性。在唯心主义哲学家那里，他们却只是抽象地强调了人的能动性，他们"从意识出发，把意识看做是有生命的个人"。① 虽然旧唯物主义和唯心主义对人进行抽象理解的侧面不同，但从根本上讲，都是因为不懂得实践。正是因为不懂得实践，所以不能理解现实的个人。反过来说也同样正确，正是因为不理解现实的个人，所以不懂得实践。前苏联和我国计划经济时代，人们往往都是用社会去说明人，对社会的研究代替了对人的考察，"忽视现实的人的价值意义，把社会看做是独立的人格实体，人只被当做达到社会目的的工具"。② 在市场经济条件下，一方面，人的独立性、自主性显著增强；另一方面，人与

① 《马克思恩格斯文集》第 1 卷，人民出版社 2009 年版，第 525 页。
② 高清海：《哲学的奥秘》，吉林人民出版社 1997 年版，第 292 页。

人之间、人与社会之间的关系被日益扩大的物与物之间的交换关系所遮蔽，人们虽然能够感知到人与人、人与社会之间的关系，但这种关系却被物化的交换关系所代替，从而形成了孤立的个人的表象和外观。这种现象反映在哲学当中，必然就形成了人是孤立的个人的观点。所以，在他们看来，人是历史的起点，而不是历史的结果。因为依据他们的观点，人不是历史地产生的过程，而是自然地存在和造就的。由于对人的认识的不同，导致人们在把握和处理处理个人和社会的关系时存在两种不同的倾向，要么主张整体主义，把个人理解为社会的附庸，在它看来，社会相对于个人具有绝对的优先性。要么主张个体主义，把个人理解为原子式的孤立的个人，在它看来，理解了个人也就理解了社会。"他们满足于历史是由活的个人创造的这种空洞的论点，而不愿分析这些个人的活动是由什么社会环境决定的，是怎样决定的"。① 这两种观点看似矛盾的观点，其实质上是用一种"抽象的人"反对另一种"抽象的人"。然而，这两种观点却具有很强的迷惑性，从而在人类历史中产生了深刻的影响。现实中很多人由于受这种传统思维方式的影响，依然把个人和社会割裂开来，甚至认为个人和社会之间是互相冲突的、对立的矛盾体。他们没有也不会"从主体方面去理解"个人和社会的关系。这是横在思想政治教育价值理论研究前方的一种观念的、理论的障碍，如不予有效破除，思想政治教育价值论的研究就很难推进，更不用说思想政治教育价值的实现。

如前所述，科学实践观范式下的思想政治教育价值主体是个人和社会，思想政治教育价值客体是通过个人与社会博弈而最终确立的思想观念、政治观点、道德规范。所以，在思想政治教育实践中，树立个人和社会相统一的理念，对于实现思想政治教育价值起着至关重要

---

① 《列宁全集》第 1 卷，人民出版社 1984 年版，第 373 页。

的作用。为了正确理解个人和社会相统一的理念，让我们把思考的视角不得不再次回到马克思那里。"马克思主义哲学的创立之所以是人类思想史上的一次伟大的变革，最主要的是由于马克思把科学的实践观引入哲学，从人的现实实践出发，把感性、现实、对象都当做实践去理解。实践是人的感性世界生成的最深刻的基础，是人的基本存在方式。"① 透过实践，马克思批判了以往哲学家们关于人性的各种理论，找到旧哲学家们把人抽象化的症结在于实体性的思维方式，最终得出个人和社会是同构共生的关系体，二者在本质上是统一的。它们统一的基础是实践，正是在现实的实践的过程中，一方面实现着个人和社会的统一性，另一方面又体现着个人和社会的差异性。表面看来，个人和社会之间是彼此独立，甚至是对立的，但这只是人们在逻辑中对二者之间的抽象，在本质上二者是统一的。它们之间的关系可以用植物的生长过程做一形象的比喻。当花朵开放的时候花蕾消逝，此时，似乎花蕾被花朵否定了。同样，当花果结成的时候，花朵又被花果否定了。人们把花朵认为是植物的一种虚假形式，而果实才是植物的真实形式。可见，花蕾、花朵、花果它们在形式上不但彼此不同，并且互相排斥、互不相容。但是，它们的流动性却使它们各自同时成为植物这个有机统一体的不同环节，它们在有机统一体中不但互不抵触，而且彼此都是同样必要的；而正是这种同样的必要性才构成了整体的生命。②

由此，个人和社会相统一的理念，就是指个人和社会辩证统一。这一理念至少包含两个方面的基本内容：一方面，个人总是社会存在物，但个人却不是消融于社会中的工具。另一方面，社会总是由个人

①　李德顺、马俊峰：《价值论原理》，陕西人民出版社2002版，第19页。

②　［德］黑格尔：《精神现象学》上，贺麟译，商务印书馆1979年版，第2页。

组成，但并不是由彼此孤立的、自然的人组成。二者始终是同构共生的。正如马克思指出，人天生就是社会的动物，任何一个人只有也"只能在社会中才能发展自己的真正的天性"。① 但这里说的任何一个个人都不是他们自己或别人想象中的那种个人，他们不是抽象的人，而是现实中的个人。他们是在一定的物质的、不受他们任意支配的界限、前提和条件下从事活动的，进行物质生产的人。② "以一定的方式进行生产活动的一定的个人，"是"发生一定的社会关系和政治关系"③ 的个人，而不是处在某种虚幻的离群索居和固定不变状态中的人。④ 个人不管在主观上怎样超脱各种关系，在社会意义上，他总是这些关系的产物。⑤ 但是，个人在任何情况下，都是从自己出发的，⑥ "人是特殊的个体，并且正是人的特殊性使人成为个体，成为现实的、单个的社会存在物"。⑦ 同样，马克思指出，社会总是从一定的个人的生活过程中产生的。⑧ 个人在生活过程中必然要结成各种生产关系，"生产关系总合起来就构成所谓社会关系，构成所谓社会，并且是构成一个处于一定历史发展阶段上的社会，具有独特的特征的社会"。⑨ 社会不管其形式如何，它都是人们交互作用的产物。人们决不能自由选择某一社会形式。⑩ 社会也决不能离开个人，离开了个人，那社会

---

① 《马克思恩格斯文集》第 1 卷，人民出版社 2009 年版，第 335 页。
② 《马克思恩格斯文集》第 1 卷，人民出版社 2009 年版，第 524 页。
③ 《马克思恩格斯文集》第 1 卷，人民出版社 2009 年版，第 523—524 页。
④ 《马克思恩格斯文集》第 1 卷，人民出版社 2009 年版，第 525 页。
⑤ 《马克思恩格斯文集》第 5 卷，人民出版社 2009 年版，第 10 页。
⑥ 《马克思恩格斯全集》第 3 卷，人民出版社 1960 年版，第 514 页。
⑦ 《马克思恩格斯文集》第 1 卷，人民出版社 2009 年版，第 188 页。
⑧ 《马克思恩格斯文集》第 1 卷，人民出版社 2009 年版，第 524 页。
⑨ 《马克思恩格斯文集》第 1 卷，人民出版社 2009 年版，第 724 页。
⑩ 《马克思恩格斯文集》第 10 卷，人民出版社 2009 年版，第 42 页。

就什么也不是，也就是无。正如马克思所说的"被抽象地理解的、自为的、被确定为与人分隔开来的自然界，对人来说也是无"① 一样。所以，社会不是坚实的结晶体，而是由现实的个人构成的，是一个能够变化并且经常处于不断变化的过程中的有机体。②

　　众所周知，个人和社会之间的关系是思想政治教育各种理论和观点的聚焦点。对于思想政治教育价值实现而言，处理个人和社会之间的关系是充分实现其价值的前提和保证。由此，为了科学实践观范式下思想政治教育价值的实现，必须树立个人和社会相统一的理念。要牢固树立这一理念，首先要准确理解和把握个人与社会的区别与联系。其次，在思想政治教育实践过程中，始终遵循个人发展与社会发展相统一的原则。个人的发展既是推动社会发展的内在动力，也是衡量社会发展的尺度。所以，归根结底，人的发展就是社会的发展，反之亦然。二者是一个双向同步的、统一的运动过程，其统一的基础就是人的实践。

（二）实然与应然相统一的理念

　　人生活在现有的客观世界当中，同时，人又不断创造着新的价值世界。这充分表明人是"实然存在"与"应然存在"的双重存在。对于人而言，他永远不是虚幻的、超验的存在，而是现实的、对象的、感性的存在。人生而就处在一个当下的、无可选择的物质世界里，生而就处在"直接碰到的、既定的、从过去承继下来的条件

---

　　① 《马克思恩格斯文集》第 1 卷，人民出版社 2009 年版，第 220 页。
　　② 《马克思恩格斯文集》第 5 卷，人民出版社 2009 年版，第 10—13 页。

下"，① 这些直接承继下来的、无可选择的事实和条件，决定并表征
着人是一种实然的存在。除此之外，"人作为对象性的、感性的存在
物，是一个受动的存在物；因为它感到自己是受动的，所以是一个有
激情的存在物。激情、热情是人强烈追求自己的对象的本质力量"，
人可以按照"任何一个种的尺度"，"通过实践创造对象世界"，② 从
而超越承继的、给予的、既定的事物，这表征人本身还是一种应然的
存在。由此，人不但是一种自在的存在物，人也是一种"自为地存在
着的存在物"。③ 他是一种"是其所是"与"是其所不是"的辩证统
一体，而人之外的其他任何存在物都是"是其所是"或"不是其所
不是"的状态体。亦是说，惟有人是"实然存在"与"应然存在"
的统一体。人的实践活动，就是价值创造和实现的过程。价值创造和
实现的过程，就在于将存在于实然中的应然不断地转化为新的实然。

　　思想政治教育价值主体——即个人和社会，是在实践中不断生成
的"实然与应然"统一体。它们既是现实的实然存在，又是一个不断
追求未来的应然存在。基于此，思想政治教育的价值目标也应该是分
层次的，从关注人的基本生存现状到关注人与社会的全面地、和谐地
发展。思想政治教育理应既为人们解决现实生活问题提供指导，也为
人们追求崇高的理想提供指南。它理应是最富有魅力的工作，然而，
现实中很多人却把思想政治教育看做是一件令人生厌的事而加以排
斥。问题的症结就在于，已有的思想政治教育背离了个人与社会的实
然性与应然性，忽略了其目标的层次性。在已有的思想政治教育中，
人们把社会的实然性与应然性割裂开来，把思想政治教育对人们实然

---

① 《马克思恩格斯文集》第 2 卷，人民出版社 2009 年版，第 470—471 页。
② 《马克思恩格斯文集》第 1 卷，人民出版社 2009 年版，第 211 页。
③ 《马克思恩格斯文集》第 1 卷，人民出版社 2009 年版，第 211 页。

的要求与对人们应然的理想追求相脱节，甚至把二者对立起来，一方面使得对应然的理想追求挤占了对现实的实然分析，另一方面使得对现实的实然分析代替了对应然的理想追求，从而使思想政治教育的终极价值侵占了思想政治教育的现实价值，或者使思想政治教育的现实价值取代了思想政治教育的终极价值。很大程度上，现有的思想政治教育向人宣讲的是脱离人的实然状态的抽象的理论，它要人做到的通常是一些人们不可企及的规训，放大甚至夸大了对理想的、崇高的社会理想的追求，把目标放在了个人与社会的应然性上，忽视了个人与社会的实然状态。心理学研究表明，当这些崇高的社会理想成为可望而不可及且成为与我无关的乌托邦式的目标时，必然导致的就是人们对其理论的怀疑、逃避甚至反感。现实中，不少人却只看到了个人与社会在发展过程中某一阶段的实然状态，而对二者的应然状态缺乏认知和把握。这两种实然与应然脱节的状况，不但不能发挥思想政治教育应有的价值，反而会加重人们精神上的空虚、焦虑和迷茫。面对"空中楼阁"式的理想目标，人们难免会无所适从，进而出现了情感撕扯、观念冲突、信仰危机。彷徨、迷失、无所适从的心理积淀继而引发了各种社会问题，各种矛盾不断叠加，人们自然就会退回到日常生活的本真状态中，还原到思考生活的真实意义。由此，人们便热衷于自身权利的保障，追求自身利益的最大化。这种物质欲望的驱动，掩盖了能够召唤和净化人的心灵的崇高理想。人们逐渐地沉迷在追求能够给自身带来利益和快乐的实实在在的东西，不再相信崇高理想对人而言是一种至关重要的东西。于是，在崇高理想被消解的同时，人们的道德底线也被消解了。人们把权力和利益作为追求的终极目标，自然欲望便过度膨胀。"自然欲望的正当性意味着人对自己身上的'恶'性没有道德克制义务，因为它是自然的，所以是无辜的。恶性失去了道德的含义，反而成为人的自然权利。"① 这便导致人的道德不断退化，时代精神不断丧失，出现了群体道德放任自流，审美精神不断错位，人类道德底线一再被自然欲望的膨胀所突破的现象。此时，将道德底线的要求作为思想政治教育的目标和要求，思想政治教育就毫无意义和价值。这种情况下，有法律就足够了，思想政治教育就失去了应有的价值。

此外，思想政治教育价值客体——思想观念、政治观点、道德规范，不是基础的、不变的实体，它也是在实践的过程中不断形成和发展的"实然与应然"的统一体。

可见，如果思想政治教育中使实然与应然相脱节，思想政治教育价值就无法实现。实然与应然相统一的理念，就是指在思想政治教育价值实现的过程中，既要充分把握思想政治教育价值客体的变化动态，又要把关注人与社会的现实状况和关注人与社会的理想追求结合起来。让思想政治教育直接触摸现实，回应和解答尖锐的社会问题和矛盾，解决人们的日常困惑，满足人们的心理诉求。在此基础上，思想政治教育面向个人和社会的未来，关注人与社会的全面发展，拓展人们对未来社会的前进目标和崇高理想，从而实现思想政治教育应有的价值。

（三）合规律性与合目的性相统一的理念

众所周知，人类社会不同于自然界的根本点就在于人类社会是合规律性与合目的性统一的结果。自然界的事物运动是有规律的，但自然界事物的变化是盲目的、无意识的。人类社会则不同。人类的活动

---

① 　金生鈜：《规训与教化》，教育科学出版社 2004 年版，第 281 页。

不但是有规律的，而且是有目的、有意识、能动的活动。正如马克思所言，人类离开动物越远，他们的行为就越带有经过事先考虑的、有计划的、一定的事先知道的目标。当动物消灭某一地带的植物时，它们并不明白自己在干什么。而人在消灭植物，是为了腾出土地播种五谷，或者是为了种植树木和葡萄，他们知道这样做可以得到更多的收获。① 所以，人类"历史不过是追求着自己目的的人的活动而已"。② 在整个社会历史领域进行活动的人，都是有意识的、追求某种目的的人。正是人类的有目的、有意识、能动的实践活动的总和，构成了人类社会的历史。"人们自己创造自己的历史，但是他们并不是随心所欲地创造，并不是在他们自己选定的条件下创造"，③ 他们必须遵循社会历史发展的规律。可见，人类历史是人类实践活动的合规律性和合目的性统一的结果。

合规律性与合目的性相统一是唯物史观的根本方法之一。所谓合规律性，就是指引导人们进行实践活动的认识必须达到对客观事物的真理性的准确把握，也指人们的实践活动必须符合客观规律；所谓合目的性，就是指人们的实践活动及其结果必须符合主体自身的利益、需要等价值追求。合规律性与合目的性相统一，就是指人的实践活动既要符合客观规律，也要符合主体自身的利益和需要等价值追求。

在人的价值活动中，合规律性和合目的性所表现的就是两个尺度之间的关系，即一个是客体的尺度，另一个是主体的尺度。客体尺度是对象的尺度、客观规律的尺度。主体的尺度就是人的目的、人的需要、人的利益的尺度。价值从根本上说是以主体的需要为尺度，但这

---

① 《马克思恩格斯文集》第 9 卷，人民出版社 2009 年版，第 558 页。

② 《马克思恩格斯文集》第 1 卷，人民出版社 2009 年版，第 295 页。

③ 《马克思恩格斯文集》第 2 卷，人民出版社 2009 年版，第 470—471 页。

并不是说在价值产生的过程中可以忽视客体的尺度。价值是在人的实践基础上，依靠主客体的相互作用而产生的，在主客体相互作用的过程中存在着主体客体化和客体主体化两个方面。一方面，主体要按照自身的需要和目的对客体加以选择、改造和重建，以达到客体为主体自身服务的目的；另一方面，客体以其自身内在固有的规律和属性"迫使"主体改变原来的意图和想法，进而按照客体所能"允许和许可"的方式来活动。由此可见，在价值产生的过程中，既存在着主体的需要和目的因素，又存在着实践活动及其客体的规律因素，整个过程同样是合规律性与合目的性相统一的结果。这是由人的实践活动的本质决定的，也是价值本质的体现。

思想政治教育作为一种承载着信仰和价值追求的特殊的实践活动，必然要求合规律性与合目的性的统一。它有着自身的规律，也有着自身的目的。在思想政治教育价值实现的实践活动中，如果只考虑到要合规律性而忽略合目的性，就容易犯教条主义的错误；反过来，如果只考虑合目的性而忽略合规律性，就容易犯粗暴简单的错误。二者之间割裂任何一方，思想政治教育的价值不但难以实现，还会遭到合理性与合法性的质疑，给自身带来生存的危机。因此，只有把合规律性与合目的性有机地统一起来，思想政治教育的价值才能得到充分的实现。所以，科学实践观范式下的思想政治教育价值，必须树立合规律性与合目的性相统一的理念，始终"把社会的发展和人的潜力的实现作为它的目的"。① 而不能只把某个阶级、某个团体或者某些人的主观想象和愿望当做思想政治教育的出发点和目的，也不能把思想

---

① 联合国教科文组织国际教育发展委员会编：《学会生存——教育世界的今天和明天》，华东师范大学比较教育研究所译，职工教育出版社1989年版，第6页（前言）。

政治教育价值的目的放在解读或宣传已有的思想观念、政治观点、道德规范上，而是同时考虑是否符合社会发展的客观规律、人的思想行为形成发展的客观规律以及教育的普遍规律。惟其如此，思想政治教育才能获得广泛的认可与欢迎，才能奠基自身存在的合法性和合理性基础，也才能实现其应有的价值。

二、思想政治教育价值实现的原则①

原则是指人们观察问题、处理问题、说话办事所依据的准则和标准。从作用上来讲，原则犹如前行的灯塔，是业已证明的、具有持续的、永恒的价值的人类行动的指南。由此，要使思想政治教育价值顺利实现，必须确立符合并反映思想政治教育特性的原则。科学实践观范式下的思想政治教育不只是传授理论知识、让人们单纯接受一定社会所要求的思想观念、政治观点、道德规范的知性活动。更重要的是为人们提供建构人与社会之间的良性关系的根据和方法，促进人与社会在意识形态领域的良性互动、和谐发展的实践活动。科学实践观表明，社会作为人的生存世界，它与个人之间的关系，并非是一种外在关系，而是一体性的内在关系。所以，科学实践观范式下的思想政治教育的使命，就是以个人的全面发展促进社会的不断进步，以社会的文明滋养个人的和谐。科学实践观范式下的思想政治教育价值实现，就是通过实现个人和社会在思想观念、政治观点、道德规范等意识形态领域的统一，最终达到如下的境界：即一方面使得现实的人符合无限生成的人类社会的需要，使社会沿着正确的轨道前进的过程中尽可能

---

① 李月玲、王秀阁：《科学实践视阈下思想政治教育价值实现的原则》，《广西社会科学》2014 年第 4 期，第 201—204 页。

地减少障碍而形成最大的合力；另一方面使得人类社会满足于个人的需要，为个人的全面发展提供尽可能的条件和空间。为此，思想政治教育价值的实现，应当遵循同质多维、和谐共进、全面发展的原则。

（一）同质多维的原则

同质多维原则，它是科学实践观范式下思想政治教育价值实现的首要的基本原则。所谓同质多维的原则，是指在思想政治教育价值实现的过程中，既要坚持个人与社会在思想观念、政治观点、道德规范等意识形态领域的统一性，也要重视二者之间的差异性，以及人与人之间在思想观念、政治观点、道德品质方面的同质性与差异性。

从思想政治教育价值主体看。表面看来，个人和社会之间的不同只是数量的叠加或递减。但实质上并不是如此简单，人与社会是统一的，但是，人与社会不是同一的。它们之间是同质基础上的多维性的统一，二者之间既存在统一性，也存在差异性。另外，人本身具有共同的求生存求发展的同质性，但是，每个人的天赋素质、性格特征、能力气质、遭遇经历是有差别的，这是一个不争的事实。正是这些千差万别的、无限丰富的个性的人，才组成了丰富多彩的社会。社会本身由于不同的地域、不同文化底蕴、不同的发展水平，也会存在很大的差异。而且，人在认识世界和改造世界并创造自己的历史的过程中，具有不同的目标和世界观、价值观和人生观，这就决定了人与人之间在思想观念、政治观点、道德品质方面的差异。而且，任何人都可以自由地选择并实际地选择着自己的生活。但在选择的过程中，由于人与人之间的差异，各自所作出的选择的合理性和准确性的程度也就不同，当然其德行的境界也就有高低、优劣之分。这样，人与人之间就不可避免地产生这样那样的矛盾和冲突。但是，人与社会协调发展的宗旨和目标是始终不可撼动的。所以，思想政治教育价值的实现，要求思想政治教育在保证个人和社会同质发展的前提下，必须尊重多维性。同质性是前提，多维性是基础。失去同质性将迷失方向，失去多维性将死板僵化。

从思想政治教育价值客体看。思想政治教育所传递和宣传的思想观念、政治观点、道德规范来自个人与社会。由于个人与社会之间以及人与人之间的同质多维性，所以，个人的思想观念、政治观点、道德品质与一定社会所要求的思想观念、政治观点、道德规范之间，以及人与人之间在思想观念、政治观点、道德品质方面都存在同质多维性。在已有的思想政治教育中，由于忽视社会生活的多样化和个体特征的多样性，过多地强调思想政治教育的政治性、阶级性，导致思想政治教育无法面对和解释多层面的社会现实。在科学实践观范式下，思想政治教育不能像机器造物一样刻板地、始终用一个模子对待人与社会，用单一的方式和单一的内容面对丰富多彩的社会和个性差异的个人；也不能没有主方向和主目标，东一榔头西一棒槌。这就要求思想政治教育确立"共同的价值观"，在保证同质的、正确的方向和原则的前提下，要尊重各种不同的差异，因人而异，因材施教，增强思想政治教育的针对性。也就是说，为了保证科学实践观范式下思想政治教育价值的实现，思想政治教育既要按照社会的发展方向，也要按照符合人的本质的方式和方法展开。承认个体都是有思想、有感情、有自己独特经历的个体，不能以外在的强制手段来进行单向度的知识灌输。而要引导个体正确认识社会活动的规范性和个体实践活动的随意性之间的关系；正确把握社会生活的条件性和个体需要的多样性之间的关系；正确处理社会发展的规律性和个体生活的选择性之间的关系；增强个体分辨是非、自主选择的能力；协调人们之间各式各样的矛盾，使个人和社会彼此和谐、全面的发展。从而保证思想政治教育价值的实现。

（二）和谐共进的原则

党的十六届四中全会明确提出了构建社会主义和谐社会的目标，将"和谐"和"协调"提高到高度自觉的阶段。由此，和谐共进原则是思想政治教育价值实现的目标原则。所谓的和谐共进原则，指的就是在思想政治教育价值实现的过程中，始终以人与社会的和谐共进为目标和准则。总体上讲，该原则主要侧重于个人和社会在发展进程中的协调性。具体地讲，人与社会的和谐共进指的就是在个人自身和谐发展的基础上，实现个人和社会的和谐发展，它内在地包含着两个层次：个人自身内部的和谐发展，个人与社会的和谐共进。

在现代化快速发展的今天，不但存在着个人自身内部的失衡，还存在着个人与社会的失衡。由于精神世界具有相对的独立性，人的精神世界并不是随着物质世界的丰富而得到同步的、自然的进步和发展。改革开放以来，我国人民的生活发生了翻天覆地的新变化，可以说，历史的车轮把我们带进了一个崭新的世界。然而，物质世界和精神世界失衡、甚至反比例发展的情况时有发生。常常出现物质世界的相对丰富却导致精神世界相对空虚的局面。人们在感受着日益丰富和先进的物质生活的同时，正经历着精神失落的阵痛。西班牙思想家阿特嘉把这种现象称为是"失业式的生存"。在这种情况下，人们常常以"拥有金钱的多少"作为衡量一个人成功与否的标准，而几乎完全忽视了人的精神意义。这种意义的丧失，最终导致的就是人们的身心分裂、人心浮躁、道德沦丧、信仰崩溃、精神压抑等等失衡现象，从而引发人们追求一种狭隘的、平庸的、粗鄙的生活方式。2004 年 8 月，中共中央、国务院指出：我国"一些大学生不同程度地存在政治信仰迷茫、理想信念模糊、价值取向扭曲、诚信意识淡薄、社会责任感缺乏、艰苦奋斗精神淡化、团结协作观念较差、心理素质欠佳等问题"。① 长此以往，人们不再有更高的目标感，不再感觉到有某种值得以死相趋的东西。当人们失去了这些被有人称为"生命的英雄维度"的重要东西，个人在行为中就会失去社会和宇宙的存在。② 然而，马丁·路德说过："一个国家的繁荣，不取决于它的国库之殷实，不取决于它的城堡之坚固，也不取决于它的公共设施之华丽；而在于它的公民的文明素养，即在于人们所受的教育、人们的远见卓识和品格的高下。这才是真正的利害所在、真正的力量所在"。③

从思想政治教育价值客体的角度而言，思想政治教育中所宣传和传递的思想观念、政治观点、道德规范等要抛弃极端整体主义和个人主义两种极端的观念和思想。极端整体主义认为，个人是社会发展的工具，为了社会的发展，限制甚至牺牲个人的发展。其最大的缺陷是忽视了人的存在意义。个人主义认为，为了个人的发展，人们不再也不该受某些规则、秩序等东西的压抑，可以任其自由地按照自己认为的有价值的方式生活和行事，可以毫无顾忌地反叛先辈们的生活准则。其最大的缺陷就是无视社会的公共准则。和谐共进原则要求思想政治教育价值客体始终要正确处理个人和社会之间的关系，在强调个人自由的同时兼顾他人和社会，约束个体的行为符合社会的舆论和规则。同时，在强调社会的整体规划时兼顾个人，排除和消解思想观念中使人的发展和社会发展相背离的状态。

---

① 《十六大以来重要文献选编》中，中央文献出版社 2006 年版，第 178 页。

② ［加］查尔斯·泰勒：《现代性之隐忧》，程炼译，中央编译出版社 2001 年版，第 4 页。

③ ［英］斯迈尔斯：《品格的力量》，刘曙光、宋景堂译，北京图书馆出版社 1999 年版，第 1 页。

　　从思想政治教育价值的实践来看，思想政治教育并不仅仅是为了满足国家和社会的需要而对人的需要和发展进行控制和束缚的异己的存在。从本质上讲，思想政治教育是政治社会化和人的德性形成的内在需要。科学实践观范式下的思想政治教育，植根于人的和谐、社会的和谐以及人与社会的和谐的诉求之中。它既是对社会和人的和谐共进的现实需求的回应，也为社会和人的和谐共进提供一条可能的路径。所以，真正的思想政治教育必须关注人与社会的和谐共进，这也是思想政治教育价值存在的内在基础。这一原则要求思想政治教育一方面引导人们超越狭隘的物质利益的追求，超越世俗的利益纠纷，在终极关怀的层面寻求人的物质生活与精神生活的契合点，引导人们树立正确的人生目标，形成健康的人生态度，从而使人们构建舒适的心灵家园。如果人失去了正确的人生目标和健康的人生态度，一个人就不会有事业上的真正成功和生活中真正的幸福，也就不可能和谐发展。另一方面引导人们站在人类社会命运的高度，超越狭隘的个人主义和集体主义，追求人与社会和谐的精神境界，引导人们形成人与社会和谐的、可持续的发展理念，避免"焚林而田，竭泽而渔"。可见，只有以人与社会的和谐共进为原则而追求和实现价值的行为才是一种理性的行为。

　　综上所述，唯有使得思想政治教育价值客体与思想政治教育价值的实践活动遵循和谐共进的原则，才能满足思想政治教育价值主体的需要，才能保障思想政治教育价值的实现。也就是说，才能实现个人自身内部以及个人与社会的和谐。个人自身内部的和谐发展，主要指个人的生理、心理、道德、能力等各个方面的和谐发展。它要求人要有健康的体魄，同时还要有健全的人格和道德，并能充分发挥自己的潜能。人是肉体和精神的统一。个人自身的和谐共进，不仅意味着物质的日渐丰富和精神的同步提高，意味着身体健康和心理健康的统一，意味着智商（IQ）和情商（EQ）的统一，而且意味着人的心灵找到一个温馨的港湾，使人的臻善臻美的精神追求找到一个美好的归宿。个人与社会的和谐，就是个人的发展为社会的进步提供活力，社会为个人的发展提供保障。

（三）全面发展的原则

发展是社会历史的核心。由此，全面发展的原则，是思想政治教育价值实现的核心原则。与和谐共进原则相比，全面发展原则侧重于个人与社会发展的整体性。全面发展不是指实现个别人的全面发展，也不是指单纯实现社会的全面发展。它包括三个层面的意蕴：即现实的人的全面发展、社会的全面发展，以及个人全面发展与社会全面发展的有机统一。个人发展和社会发展之间不是简单地包含与被包含的关系，也不是直接同一的关系。科学实践观告诉我们，二者是同一个过程的两个不同方面，既具有相对独立性，又具有相互联系性。但是，全面发展并不是把它仅仅看做是未来理想社会的价值目标来谈，也不是脱离现实生活的、仅仅具有某种终极关怀意蕴的概念。在这里，全面发展，它不仅是一种个人和社会发展的理想目标，也是个人和社会发展的现实过程。如果丢弃任何一方，都会误解和歪曲其内在的涵义。作为理想，它是一个目标和完美的境界；作为现实过程，它是一个不断推进、不断提高的历史过程。简单地讲，全面发展是一个在现实的基础上逐步通向理想的过程。在这个过程中，社会能为人的发展提供多大的可能性空间，个人才会有在多大程度和范围上得到发展的可能性。同样，个人能为社会的发展提供多大的能力和智力支持，社会才会有在多大程度和范围上得到全面发展的可能性。也就是说，只有在社会中，个人才能获得全面发展其才能的可能，也只有依靠个人，社会才有可能全面发展，最终才能实现个人全面发展和社会全面发展的有机统一。总之，社会的全面发展与人的全面发展互为前提和基础。脱离社会的全面发展，人的全面发展只能是一种虚空的逻辑推演；而个人全面发展如果不能最终体现在社会的全面发展上，无疑是一种狭隘的、片面的、扭曲的发展。正如马克思所言：理想社会的最高成果是"建立在个人全面发展和他们共同的、社会的生产能力成为从属于他们的社会财富这一基础上的自由个性"，[①] 理想社会是个人的独创的和自由的发展不再是一句空话的唯一社会。同时，"社会生产力和经济文化的发展水平是逐步提高、永无止境的历史过程，人的全面发展程度也是逐步提高、永无止境的历史过程。这两个历史过程应相互结合、互相促进地向前发展"。[②]

从根本上说，全面发展是权利与义务的统一。即个人的全面发展不仅是每个人的权利，也是个人对社会应该尽的义务。同时，社会的全面发展既是"类"的权利，也是社会为每个人提供的条件和义务。"义务并不描述行为，而只是规范行为，因而义务只表达了人们应遵守的模式观念。这样，尽管义务可由'必须'或'应该'等命令式语句来表达，但义务不过是作为思想而存在，仍然是'应当'之陈述"。[③] 所以，全面发展包含着"应当"做什么的意蕴。"既表达人类对某一行为认识的一种特殊情感，也体现为避免一种可预测的有害后果"。[④] 由此，全面发展作为一种应当的行为模式，能够约束、调整

---

① 《马克思恩格斯文集》第 8 卷，人民出版社 2009 年版，第 52 页。

② 《江泽民文选》第三卷，人民出版社 2006 年版，第 295 页。

③ ［英］迪亚斯：《法律的概念和价值》，张文显译，法律出版社 2000 年版，第 441 页。

④ 韩庆祥等：《马克思开辟的道路——人的全面发展研究》，中国人民大学出版社 2005 年版，第 153 页。

和规范人们的行为。它一方面强调思想政治教育要尊重人、为了人、依靠人、鼓舞人、鞭策人、塑造人，体现社会对人的责任；另一方面强调思想政治教育要培养人的社会责任感，体现人对社会的责任。它要求思想政治教育的最终目标是培养出能够自主自愿地承担社会责任的人，并为自己负责的人。因为社会和个人是同构共生的，如果一个社会不为个人服务，这个社会将不可能长治久安；如果一个人"对社会概不负责，以此为前提，推论出：对自己也无法负责"。[1] 为此，思想政治教育既要了解人、为了人、鼓舞人，又要培养他们的社会责任感、团结协作等群体素养，而不能一味地将一定社会或集团所要求的思想政治观念等强硬地灌输给人。

三、思想政治教育价值实现的机制

机制原指机器的构造和工作原理。可以把它引申为一个工作系统的各环节之间相互衔接、相互作用的运行方式。理解机制问题，最主要的要把握住两点：一是把握各工作系统的各个环节，二是协调各个系统之间的关系。简单地说，机制就是以一定的运作方式把一个工作系统的各个环节有机地联系起来，使它们协调运行并发挥作用。科学实践观范式下思想政治教育价值实现的机制，就是指以一定的运行方式把思想政治教育价值实现的各因素有机地联系起来，以保证思想政治教育价值的充分实现。针对科学实践观范式下思想政治教育价值实现的特点，应建立以下几种机制：

---

① 薛德震：《人的哲学论纲》，人民出版社 2005 年版，第 231 页。

（一）融合机制

科学实践观范式下思想政治教育价值实现的融合机制，指的就是思想政治教育必须与整个社会生活相融合，必须与个体的现实生活相融合，进而促进个人与社会的融合。这种机制的确立，既是科学实践观范式下思想政治教育本质的必然要求，也是人与社会之间的关系的必然要求。反过来，通过融合机制，既可以很好地完成思想政治教育的本质使命，也可以促进个人和社会在意识形态领域的统一。通过这种统一，最终"不仅使人感受到掌握与遵循道德规范对自身来说是一种约束、一种限制、一种牺牲、一种奉献"，而且要使人"从内心体验到，从中可以得到愉快、幸福与满足，得到自我的充分发展与自由，得到唯独人才有的一种最高享受"。[①] 从而提高科学实践观范式下思想政治教育的"社会意识形态个体化"与"个体意识形态社会化"的自觉性。

首先，思想政治教育与整个社会相融合

思想政治教育是整个社会上层建筑中的一部分，是整个社会有机体中的组成部分。思想政治教育在社会结构中的地位，决定了思想政治教育必须与社会经济基础以及整个社会发展的目标和要求相融合、相一致，才能体现思想政治教育在社会结构中的地位，也才能够发挥和实现思想政治教育的价值。思想政治教育只有融入社会，与社会发展的主流相一致，才会具有生命力和存在的根基。如果思想政治教育与社会实际相脱离，其生命力就会枯竭，也就难以实现思想政治教育价值。如今，我国正处在由计划经济迅速向社会主义市场经济转变，

---

① 鲁洁等：《德育新论》，江苏教育出版社 1994 年版，第 215 页。

建立社会主义市场经济，发展社会主义现代化的生产力，全面建设小康社会的新阶段。社会结构发生了很大的变化，经济体制、政治体制等都发生了很大的变化。在以往的时代背景和条件下形成的思想政治教育理论和模式，在不同的程度和不同的范围中已经表现出了其弊端和局限，很多已经无法适应社会主义市场经济发展的现实和要求，思想政治教育的体制与市场经济的体制相脱离，甚至背离的情况比比皆是。这一切现象导致思想政治教育的价值难以实现。可见，思想政治教育必须融入当前的社会实际，与市场经济发展的要求相一致、相融合。在新的历史条件下，使思想政治教育与社会主义市场经济的运行机制相统一，努力克服计划经济条件下形成的僵化的理论和机制，是科学实践观范式下思想政治教育的重大任务。能否完成这个任务，真正做到思想政治教育与社会主义市场经济运行机制相融合、相统一，是思想政治教育成败的关键，也是思想政治教育价值实现的关键。所以，思想政治教育的目的、内容、方法以及规律，都要与社会发展的要求相融合、相一致。但这种融合离不开党和国家的政策、法律、法规的支持和保障。思想政治教育价值的实现是一个极其复杂的系统工程，为了保障思想政治教育按照正确的决策和规划所设定的目标和任务进行，以实现思想政治教育的价值，必须通过一系列的建章立制，建立健全一套有效的组织领导、监督管理、职责分明、奖惩有别的政策、法规制度。

其次，思想政治教育与个体生活相融合

思想政治教育的存在根基，不仅隐含着其对社会发展的重要作用或者说是社会实践对它的需要程度，而且还真切地包含着其对个体生活的意义。思想政治教育价值的实现，是受教育者个体的思想品德与社会规范双向互动的结果，绝不是教育者对受教育者单向度地传授社会思想观念、政治观点、道德规范的过程中形成的。然而，后一种认识却在思想政治教育界已经成为习惯，并且在思想政治教育活动中就是按照单向传输的做法进行。所以，要克服这种错误的、片面的做法，必须使思想政治教育与人的发展紧密融合。只有思想政治教育与人的生活休戚与共，才能实现其应有的价值。这就要求思想政治教育要把个人看做是具有独立个性的主体，重视人的内在需求，尊重人、理解人、关心人。通过培养独立人格、理性精神、观念普及和更新、利益意识的培养，为人与社会在意识形态领域的良性互动开拓可能的空间。只有在这个空间中，才会实现思想政治教育的价值。

（二）调适机制

科学实践观范式下思想政治教育价值实现的调适机制，就是指在思想政治教育价值实现的过程中，时刻调适思想政治教育的内容与个人和社会的发展需要相一致，还要时刻调适个人的动机与行动相一致。只有这样，才能保证个人和社会在意识形态领域内的一致性，才能实现思想政治教育的价值。

科学实践观范式下思想政治教育所宣传的思想观念、政治观点、道德规范，其自身必然要经历由可能到现实，由产生到发展再到灭亡的螺旋式前进的过程。一定的思想观念、政治观点、道德规范能成为科学实践观范式下思想政治教育所应该宣传的内容，其关键就在于它们代表和反映了一定集团、阶层和社会群体的利益需求，表达了他们的情感、理想和愿望，代表和反映了人与社会发展的前进方向。然而，在当代世界，随着改革开放的不断深化，各国之间意识形态领域的争夺不断地凸现出其复杂性和不可控性。各种反华势力通过各种方式和途径散播人权、民主、宗教等方面的谣言，妄图从思想上分化和西化我国公民，企图扭转国民的世界观、人生观、价值观。同时，随着社会政治、经济、文化体制的不断转型，社会的集团、阶层、社会群体结构也在不断地变化，从而导致他们的利益、需求、愿望、理想和追求也发生相应的变化。随之，人们的思想观念、政治观点、道德规范也呈现出此生彼灭、此起彼伏、不断更新的态势。因此，为了充分实现科学实践观范式下思想政治教育的价值，就不能停留在对已有的思想观念、政治观点、道德规范的认知和灌输，而要科学地分析思想观念、政治观点、道德规范演进的条件、规律及其走向，对其发展趋势作出前瞻性、预测性的判断，从而使思想政治教育中所宣传的思想观念、政治观点、道德规范始终和个人与社会的发展方向相一致。

此外，思想政治教育价值的实现，离不开个人的动机和行为。毛泽东非常强调动机与行动的统一。他指出："看一个青年是不是革命的，拿什么做标准呢？拿什么辨别他呢？只有一个标准，这就是看他愿意不愿意、并且实行不实行和广大的工农群众结合在一块"。① 德国学者米夏埃尔·兰德曼也指出："完美性和腐朽性均等地包含在人之中，唯有人决定着道路是朝着完美性拓展还是腐朽性延伸。"② "人可能把自己提升为一种值得敬慕的、令人惊奇的事物，人也可能利用自我形成的能力变得比任何野兽更野蛮"。③ 所以，思想政治教育要时刻调适人们的动机和行为，把人们引向健康的、进步的方向，才能保证思想政治教育价值的实现。

---

① 《毛泽东选集》第二卷，人民出版社1991年版，第566页。

② ［德］米夏埃尔·兰德曼：《哲学人类学》，张乐天译，上海译文出版社1988年版，第206页。

③ ［德］米夏埃尔·兰德曼：《哲学人类学》，张乐天译，上海译文出版社1988年版，第203页。

（三）认同机制

衡量思想政治教育价值实现与否的最终标准，就是广大人民群众对思想政治教育所宣传的思想观念、政治观点、道德规范的认同程度和自觉践行的程度。如果这些思想观念、政治观点、道德规范没有得到广大人民群众在思想上、情感上的认同，也没有得到广大人民群众在实际生活中的自觉执行和遵照，思想政治教育就没有价值，更谈不上思想政治教育价值的实现。由此，为了充分实现思想政治教育的价值，必须建构促进大众认同其思想观念、政治观点、道德规范的机制。科学实践观范式下的思想政治教育所强调的"认同"包含着内在相连的两个方面：既包括个人认同一定社会所要求的思想观念、政治观点、道德规范，也包括社会认同个人的先进的思想观念、政治观点、道德规范。既实现个人意识形态社会化，也实现社会意识形态个体化。最终促进个人和社会在意识形态领域的良性互动、同质发展。科学实践观范式下的思想政治教育区别于已有思想政治教育的关键点在于它把思想政治教育过程中存在的"一定社会发展所要求的思想观念、政治观点、道德规范"与"人们的思想观念、政治观点、道德品质"都看做是不断变化、不断发展的、自为的存在，而不是既定的、理想的、不变的存在。其最大的特性就在于既传递"一定社会发展所要求的思想观念、政治观点、道德规范"，使其社会成员认同"一定社会发展所要求的思想观念、政治观点、道德规范"，又分析和吸收"人们的思想观念、政治观点、道德品质"，使人们的先进的、合理的"思想观念、政治观点、道德品质"得到社会的认可，以实现个人和社会在思想观念、政治观点、道德规范等意识形态领域的双向互动。因此，在科学实践观范式下的思想政治教育价值实现的过程中，首先面临的问题就是判定"一定社会发展所要求的思想观念、政治观点、道德规范"与"人们的思想观念、政治观点、道德品质"之间，何者更符合马克思主义指导思想，何者更符合人类社会的前进方向。此刻，面对各种良莠不齐的思想观念、价值观点，各种不同甚至对立的社会思潮，以及各种社会事件及其冲突时，必须坚持实事求是的原则。要做到实事求是，还必须对什么是实事求是要有一个准确的认识和深刻的把握。

实事求是是马克思主义中国化的理论精髓。它要求人们对待任何事物、处理任何事情，包括对人或者是对物、对客观对象或者是对思想观念等等，都要做到实事求是。它在本质上不仅仅指人们对待事物的态度，而是指一个牵连着人们的思想认识和行为方式的世界观、认识论和方法论的重大问题。在这种意义上说，"'实事求是'就是人类实践的基本精神，人类生存、发展的基本方式"。[1] 要真正做到实事求是，前提是要准确理解和把握实事求是的内涵。在很长的一段时间内，人们把实事求是简单化、抽象化。认为一切顺从客观实际，摒弃人的主观性，这就是实事求是。这在传统思维方式下并不难理解，因为他们把人和人的对象世界看做是"主客二分"的两个相互对立的实体。而在实践思维方式下，问题的关键是人的主观性究竟是否能摒弃呢？马克思科学实践观表明，人的主观性是不可能摒弃的。所以，切实地讲，实事求是绝对不是一个单纯地客观性原则，也不是简单地去追求客观性的真理。之所以要从"实事"中去"求是"，就是为了去寻求"人"的行为根据、确立"人"的活动目标，最终认清"人"改造外部客观实际的根源和目的。很明显，把握这样的"实际"是非

---

① 高清海：《人的"类生命"与"类哲学"——走向未来的当代哲学精神》，吉林人民出版社 1998 年版，第 285 页。

常困难的事，就是因为这个"实际"不单纯只是指物的存在，而且它还包括人的存在；它不只是体现一种客观性的关系，而且还体现着主观性的价值追求；另外，它不只是限于眼前的存在，而且还包含着未来的空间。[①] 坚持实事求是就是指不以自己的主观喜好，主观偏见对"客观存在的事实"加以取舍，而要对"客观存在的事实"进行如实地分析。由此可见，在思想政治教育价值实现的过程中，坚持实事求是的原则，就是做到对各种思潮和观念给以准确的分析。不能无视现实，采取传统的填鸭式、灌输式的方式，一味地灌输和宣讲"一定社会发展所要求的思想观念、政治观点、道德规范"，而要对符合社会主流的各种思想与行为和不符合甚至违背社会主流的各种思想与行为要一视同仁地加以分析，不能只宣传和夸大社会中出现的各种优质的社会思想与行为而忽略各种不合流的、负面的思想与行为，也不能片面夸大各种不合流的、负面的思想与行为而忽略社会中存在的优质思想和行为，必须对各种思潮给予足够的重视，实事求是地掌握各种社会思潮的动向。正如心理学家闵斯特伯格所言："植物学家在描述和解释花草时既不喜爱也不厌恶，从他自己的角度而言无所谓好恶，杂草同样也是真正的植物，因此也像最漂亮的花一样重要。像植物学家对杂草的兴趣并不亚于对花卉的兴趣，同样，对研究人的科学来说，对于笨人的兴趣也并不亚于对聪明人。这一切都是必须不带偏见加以分析和解释的材料。从这个角度而言最美好的行为并不比最丑恶的罪行，最美好的情感并不比下流卑鄙的情感更有研究价值。一个疯子的无意义唠叨与一位精英的最深刻的思想都具有同样的研究价值。所有这一切都是毫无区别的材料，因为这些材料只是追求它们作为因果现

---

①　高清海：《人的"类生命"与"类哲学"——走向未来的当代哲学精神》，吉林人民出版社1998年版，第288页。

象连锁中的一环而存在的"。① 在做到实事求是的基础上，人们才能认同符合社会发展要求和个人发展要求相一致的思想观念、政治观点、道德规范，这样才有可能实现思想政治教育价值。

四、思想政治教育价值实现的途径

思想政治教育价值的实现程度，除了其他一些因素之外，其中的奥秘之一就是途径问题。正如毛泽东同志曾经形象而深刻地指出："我们不但要提出任务，而且要解决完成任务的方法问题。我们的任务是过河，但是没有桥或没有船就不能过。不解决桥或船的问题，过河就是一句空话"。② 由此，研究科学实践观范式下的思想政治教育价值问题，最终的归宿和落脚点就是要探讨思想政治教育价值实现的途径问题。

（一）正确定位思想政治教育的本质

思想政治教育本质问题是思想政治教育理论中牵一发而动全身的根本性问题。正确的理解和定位思想政治教育的本质，不仅是研究思想政治教育价值问题的前提和基础，也是决定思想政治教育价值实现的根本问题。所以，为了充分实现科学实践观范式下思想政治教育的价值，前提是对科学实践观范式下的思想政治教育本质形成科学而准确的定位。因为本质是事物的根本属性，是使一事物成为该事物并与

---

① 转引自［俄］维果茨基：《教育心理学》，龚浩然等译，浙江教育出版社2003年版，第64—65页。

② 《毛泽东选集》第一卷，人民出版社1991年版，第139页。

它事物相区别的决定性因素，是事物固有的、稳定的、根本的性质。可见，思想政治教育的本质，就是思想政治教育的根本属性，是思想政治教育固有的、稳定的、根本的性质，它是决定思想政治教育成为一种特殊的实践活动并与其他实践活动相区别的决定性因素。

长期以来，对思想政治教育本质的不同认识甚至有些错误的认识，使得原本应该充满生机和活力的思想政治教育活动面目皆非，导致人们反感和抵触思想政治教育，从而极大地制约了思想政治教育价值的发挥。所以，突破思想政治教育面临的困境，已是迫在眉睫的任务。这一切都必须从审视思想政治教育的"元"问题——思想政治教育本质开始。

本质是与现象相对的一个哲学范畴，二者是人们用来把握事物的两种基本形式。现象是人们通过感官和经验来把握的，是事物外在的、比较易变的东西。本质则是通过判断和推理才能把握的、是事物内在的、相对稳定的东西。换句话说，本质是一事物区别于另一事物的根据，而不是一事物区别于另一事物的某个方面。其"实质上即是根据"。①

科学实践观范式下的思想政治教育在本质区别于"社会哲学范式"和"人学范式"下的思想政治教育，主要表现为两个方面：一是科学实践观范式下的思想政治教育始终把个人和社会看做是同构共生的关系体；二是思想政治教育绝不能只是灌输或传递一定社会所要求的社会思想观念、政治观点、道德规范，而是为了个体意识形态和社会意识形态的良性互动。在此基础上，把思想政治教育的社会价值和个人价值看做是同一个事物的不同方面，就好比一个硬币的两面。

---

① ［德］黑格尔：《小逻辑》，贺麟译，商务印书馆 1980 年版，第 259 页。

（二）营造适宜思想政治教育的环境

马克思指出："人创造环境，同样，环境也创造人"。① 这表明人可以创造环境，环境本身具有极强的可塑性。同时，环境对人具有巨大的影响和作用。环境要素，既是开展思想政治教育的外在条件，也是通过思想政治教育活动作用和改造的对象。正是基于这样的认识，思想政治教育价值的实现受特定环境的影响和制约。在此过程中，一定的环境起着非常重要的作用。离开了具体的环境，就不会在其中发生相应的行为。然而，影响和制约思想政治教育价值实现的环境并不是一成不变的，而且环境对思想政治教育活动的影响大体上呈现出两种不同的结果：即"同性同向的强化"和"异性异向的消解"。② 为了充分实现思想政治教育的价值，我们必须优化和整合思想政治教育价值实现的环境。最大限度地挖掘环境对人的思想政治品德养成的"同性同向的强化"作用。正如苏霍姆林斯基所说："只有创造并且经常得到充实的教育人的环境，才能使教育手段收到预期的效果"。③

如今，环境的复杂性、多维性、多样性、开放性、虚拟性、多层次性等进一步增强，影响思想政治教育价值实现的环境也越来越复杂，并且由于大众传媒、互联网的普遍应用，使得影响和制约思想政治教育价值实现的环境具有很强的不可控制性。这种环境关涉人们所处的普遍的社会环境、思想政治教育开展所需要的具体所需要的具体环境、网络化、现代化发展所带来的虚拟环境。它们共同合成影响思

---

① 《马克思恩格斯文集》第 1 卷，人民出版社 2009 年版，第 545 页。
② 李辉：《思想政治教育环境研究》，广东人民出版社 2005 年版，第 80 页。
③ 苏霍姆林斯基：《和青年校长的谈话》，赵玮等译，教育科学出版社 2009 年版，第 186 页。

想政治教育价值实现的整体环境。由此，优化科学实践观范式下的思想政治教育价值实现的环境，就要从这三个方面入手：

第一，有效掌控社会环境。社会环境是影响思想政治教育价值实现的先决条件。正如古罗马著名的哲学家、政治家西塞罗在论述《德行的四个来源》时强调，"保持一个有组织的社会，使每个人都负有其应尽的责任，忠实地履行其所承担的义务"① 是德行养成的重要条件。随着国内改革开放的不断深入和国际经济全球化进程的不断加快，伴随着国际国内政治、经济、文化多元化发展的现实，影响思想政治教育价值实现的社会环境包括国际和国内的政治、经济、文化等多方面的因素。从国际方面讲，现今时代是个政治多极化、经济全球化、文化多元化、利益多样化的时代，代表着不同政治制度、不同文化倾向、不同利益集团的各种思想意识互相激荡。从国内方面来讲，社会转型不断推进，它不仅改变了社会结构、产业结构、生产结构，而且使社会运行机制、社会利益群体发生转轨和调整，这一切使人们的政治观念、经济观念、文化观念、道德观念、价值体系、行为方式、生活方式乃至思维方式都发生了明显的变化。思想政治教育价值的实现就是处于这样一个内外激荡和冲突的社会环境之中。它是思想政治教育实践活动所处于的、对思想政治教育价值实现产生作用的外在条件的总和。它一方面为思想政治教育价值的实现提供了更为广阔的空间。另一方面也使得思想政治教育价值实现的变数增加，难度加强。所以必须有效掌控社会环境。社会环境涉及的内容和方面极其复杂，其中最重要的是营造先进的文化环境。因为"保守地说，……对

---

① ［古罗马］马尔库斯·图利乌斯·西塞罗：《精神的超越》，吉林大学出版社2004年版，第47页。

一个社会的成功起决定作用的是文化，而不是政治"。① "先进的文化是人类认识世界改造世界的积极成果，是人成为自由存在物的根本条件，从而也是人的精神生活全面发展的根本条件"。② 文化作为一种社会历史的积淀物，作为一种人类能够传承的、普遍认可的意识形态，它能够促使人们的形成一定的思想共识和社会认同，提高民族的凝聚力和协同力从而提升每个人对社会的责任感，进而为人的思想政治品德的养成提供社会环境的保障。正如维特根斯坦指出："一种文化犹如一个大型组织，它给每个成员分配一席之地，使这些成员按照整体精神进行工作。……但是，在没有文化的时代，力量是分散的，个人的力量在克服敌对势力的倾轧性对抗中衰竭。"③ 因此，为了推动思想政治教育价值的实现，我们必须有效掌控它，分析研究文化的多元性与现代性，取其精华弃其糟粕。

第二，有效营造具体环境。具体环境是思想政治教育价值实现的直接条件。它与思想政治教育实践活动直接发生关系，并由思想政治教育工作者可以改造、重组和创设的环境。它包括家庭、学校、单位、社区等人们日常生活和出入的具体环境，还包括开展思想政治教育实践活动各种具体环境。这些环境是影响和制约思想政治教育价值实现的最直接、最重要的因素。例如"扔垃圾"，当他在扔垃圾时恰好看到人们随意乱丢，他也自觉不自觉地乱丢。相反，当他看到人们都规规矩矩地将其丢进垃圾箱，他也毫不例外。可见，具体的行为环境不但直接影响人们的行为，还会给人留下不同的个人体验和感受。

---

① ［美］塞缪尔·亨廷顿，劳伦斯·哈里森：《文化的重要作用》，程克雄译，新华出版社 2010 年版，第 8 页。

② 沈壮海：《思想政治教育的文化视野》，人民出版社 2005 年版，第 21 页。

③ ［奥］维特根斯坦：《思想札记》，唐少杰等译，吉林大学出版社 2004 年版，第 82—83 页。

研究表明，个人的切身体验是在个人价值观形成中发挥着举足轻重的作用，它可以强化或者颠覆过去通过灌输和持续教育所形成的所有认识。譬如，我党提出"学习雷锋好榜样"、"向雷锋同志学习"等口号已经半个多世纪了。与此同时，在反思和追求"雷锋当初向谁学习了"这个问题时，大量的研究表明，雷锋同志高尚的品德来源于当初所经历的一些具体的、微小的行为当中，也正是对领导和战友们一次次具体的行为切身体验，雷锋的精神和思想不断得到升华，最终成为了共产主义的光荣战士和全国人民学习的楷模。因此，营造思想政治教育价值实现的具体环境，可以从硬环境和软环境两个方面入手。硬环境主要是指各级各类的实体环境，包括人化自然景观、校舍、厂址、公共设施等。软环境主要就是价值观念、文化氛围、生活作风、工作作风、学习风气、人际关系、语言氛围等。一方面注重硬环境的建设和设计，通过建筑物或雕塑等示意人们的行为，起到润物细无声的作用。正如维特根斯坦指出："建筑是一种姿态，……它表达了一种思想，它使人想以某种姿态作出反应"。① 另一方面注重软环境的营造和利用，利用有效的载体，营造积极、良好、和谐的氛围，构建能够促进个人发展和社会进步相统一的环境，以实现社会意识形态的个体化和个体意识形态社会化。

第三，有效利用虚拟环境。虚拟环境就是指以互联网为基础，以计算机、手机等为中介的网络环境。科学实践观范式下的思想政治教育价值形态包括社会意识形态个体化和个体意识形态社会化两个方面。要实现这两个方面的价值，前提就要使各种思想观念、政治观点、道德规范展开充分的、自由的互动交流，使得各种观点得以较为

---

① ［奥］维特根斯坦：《思想札记》，唐少杰等译，吉林大学出版社2004年版，第47页。

充分地表达，反映出人们真实的心声和认识。然后通过各种观点之间的充分博弈，最终使得个人和社会认同合理地、先进的思想观念、政治观点、道德规范。传统的现实环境不可能具备这样的条件。伴随着网络的日促发展，我国的网民数量大幅增加。据中国互联网信息中心的统计，截至 2013 年 12 月底，中国网民规模达 6 页。18 亿 手机网民人数 5 亿。由于网络的虚拟性、便捷性等特点，人们既可以无所顾忌的表达他们最为真实的想法，发泄各种挤压的怨气、寻求各方的"援助"，也可以及时地获取各种新观念、新信息，解决自身的疑惑、清除各种思想障碍。但是，网络上滋生和散播的各种谣言以及错误信息，不时地冲击人们的思想观念、政治观点、道德规范。可见，网络既为思想政治教育价值实现提供了良好的平台和新的途径、又为思想政治教育价值的实现设置了不同程度的障碍和风险。所以，为了思想政治教育价值的顺利实现，就要充分利用网络技术、网络平台和网络资源，通过微信、飞信、微博、博客、QQ 群、贴吧等各种形式，营造有效的虚拟环境。

综上可见，虽然思想政治教育价值实现的环境是有层次的，但并不是绝对分离的，各个层次之间的联系是非常紧密的。不同层面的思想政治教育环境既体现了人受动于环境的一面，也体现了人能动地改造环境的一面。思想政治教育价值实现，是在各个层级内以及层级间的各种环境下，人的能动性和受动性共同作用的结果。

（三）提升思想政治教育队伍的素质

"思想本身根本不能实现什么东西。思想要得到实现，就要有使用实践力量的人"。① 思想政治教育价值的实现，要通过各级各层的领导者、管理者以及思想政治教育的研究者、教育者等工作人员来实现。由此可见，思想政治教育的工作队伍的素质如何，将直接影响到思想政治教育价值的实现及其程度。

他们的理论素质、政治修养、道德品质状况，对于思想政治教育价值的实现起着至关重要的作用。培养一支理论功底深厚、道德品质高尚、理想信念坚定，具有睿智的观察力和洞察力、明智的分析力和判断力的思想政治教育工作队伍，是保证思想政治教育价值实现的关键因素。因此，教育者不但要虚怀若谷，兼容并包，而且必须具备深厚的理论功底，掌握丰富的社会经验，了解众多的社会现实。

伴随着人的生存过程，每个人都会形成并具有不同的内在规定性。人的内在规定性包含人的政治方向、思想意识、道德品质、理想信念、宗教信仰、心理特质等多种因素。而人的行为则与人所具有的内在规定性紧密相连，甚至可以说人所具有的内在规定性直接决定着人的行为。正是由于这样，西塞罗在阐述《德行的四个来源》时，其中两个来源都与人的内在规定性相关。即：一个是"具有一种伟大的、坚强的、高尚的和不可战胜的精神"，另一个"一切言行都稳重而条理，克己而有节制"。② 思想政治教育队伍是一个极其特殊的群体，他不但具有人成其为人的内在规定性，而且还具有其成为教师的内在规定性。更重要的是他必须具有符合思想政治教育要求，并能影响人的思想政治品德养成的内在规定性。

科学实践观范式下的思想政治教育不同于"社会哲学范式"和

---

① 《马克思恩格斯文集》第 1 卷，人民出版社 2009 年版，第 320 页。
② ［古罗马］马尔库斯·图利乌斯·西塞罗：《精神的超越》，吉林大学出版社 2004 年版，第 47 页。

"人学范式"下的思想政治教育。它在本质上既体现了思想政治教育从事的是"思想政治"方面的教育，又体现了思想政治教育承载着宣传一定社会和政党的意识形态和促进个体思想政治品德发展的双重任务。因此，科学实践观范式下思想政治教育的价值，最终表现为促进或是实现一定社会和政党所要求的意识形态与个体思想政治品德发展的同质性和良性统一性。可见，思想政治教育是个综合性非常强的活动。要把握这个极其复杂而综合的过程，最终实现思想政治教育应有的综合价值，思想政治教育工作者发挥着至关重要的作用。一个合格的或者是优秀的思想政治教育工作者，不但是个思想极其丰富、政治立场坚定的人，而且还必须是个优秀的教育工作者。针对科学实践观范式下的思想政治教育工作者而言：首先，必须系统地掌握人类历史上哲学家、社会学家等关于个人和社会关系的各种理论思想，从而深刻领会个人与社会同构共生的实质；其次，思想政治教育工作者必须明确思想政治教育学科的政治性和意识形态性，它不仅定位了我们的政治立场，而且要求我们应该具备符合一定社会所要求的政治立场的品格和境界；再次，思想政治教育工作者必须具备教育家所具有的那种慈祥与和蔼可亲的气质、具有能够感染人和影响人的人格魅力。

（四）凝练思想政治教育的方法

不同的思想政治教育方法，对思想政治教育的价值会产生不同的影响。秉承科学实践观范式下思想政治教育的理念，服务科学实践观范式下思想政治教育价值的实现，应该采取对话分析法、情感育人法、实践体验法等符合其本质的教育方法。

1. 对话分析法

对话分析法就是指通过相互间的话语交流、营造出一种平等、自由、尊重、畅所欲言的交流空间，教育者和受教育者都真诚地阐述和表达各自所持的思想观念、政治观点、道德立场，同时，对方必须悉心聆听另一方的观点。然后，在马列主义、毛泽东思想、邓小平理论和"三个代表"的基础理论的指导下，结合社会现实和各自所处的客观环境，采取唯物辩证的原则，敞开心扉地分析各自所持的思想观念、政治观点、道德立场的合理性及其前瞻性。在这个对话分析的过程中，各自通过彼此间认知的碰撞，发现自身的"知识缺位"和"逻辑缝隙"，从而达成对已有的、较为先进的思想观念、政治观点、道德立场的认同，并进而促进新的思想观念的产生。对话分析法是科学实践观范式下思想政治教育的本质要求，它克服了已有思想政治教育中所采用的"单向灌输式"的种种弊端，摒弃了"你说我听，上传下达"的填鸭式教育方法的不足，从而成为促进思想政治教育价值实现的有效方法之一。

2. 情感育人法

"情动于中而形于言，言之不足故嗟叹之"。① 情感是人们认同一定的思想观念、政治观点、道德规范的精神力量。心理学研究表明，情感是人的认识能力和创造能力发展的动力机制。感时花溅泪，恨别鸟惊心。缺乏或没有人的情感，就从来不会也根本就不可能产生人们对真理的追求。同时，一定的思想观念、政治观点、道德规范必须以一定的情感为血肉。正如苏霍姆林斯基曾经说过，情感是道德信念的核心和血肉，没有情感，道德就会变成枯燥无味的空话。可见，一定的思想观念、政治观点、道德规范是融情于其中的、富有人情的东西，并不是脱离人、脱离人的情感的冷冰冰的东西。

---

① 郭绍虞编：《中国历代文论选》第 1 卷，上海古籍出版社 1979 年版，第 63 页。

古人曰，情阻理难通，情到理方至。任何形式的思想政治教育，其中都少不了用一定的理论引导人和培育人。所以，在思想政治教育的实践活动中，只有以情育人、以情感人，才能实现思想政治教育应有的价值。

科学实践观范式下的思想政治教育中，一方面，要使个人认同社会所要求的思想观念、政治观点、道德规范，就不能强制性地硬灌，也不能越俎代庖地代替人们自身的思想。苏霍姆林斯基说过，在教育过程中，当老师的情感接触了学生情感的时候，教师对学生的教育是最鲜明、最积极、最深刻的。因为"亲其师而信其道"。所以，思想政治教育者要在情与理结合的基础上，运用真情的力量感染对方，从而顺利完成思想观念的转化和升华，实现思想政治教育价值的社会意识形态个体化。"理乃情之所系"就是这个道理。另一方面，要使社会认可个人的思想观念、政治观点、道德规范，同样要动之以情。因为马克思说过："人不仅通过思维，而且以全部感觉在对象世界中肯定自己"。[①] 在彼此之间的情理交融之中，产生理论共容和心灵共鸣，从而达成思想观念、政治观点、道德规范的共识，实现思想政治教育价值的个体意识形态社会化。正如美国学者英格尔斯曾经说过，如果一个国家的人民缺乏一种能赋予这些制度以真实生命力的广泛的现代心理基础，不能从内心中接纳它，那么，再完满的现代制度和管理方式，再先进的技术工艺，也会在一群传统人的手中变成废纸一堆。所以，思想政治教育价值实现的过程中，必须以一定的情感为基础，才能使个人和社会互相认可和认同相应的思想观念、政治观点和道德规范。

---

① 《马克思恩格斯文集》第 1 卷，人民出版社 2009 年版，第 191 页。

3. 实践体验法

马克思恩格斯非常重视思想政治教育中的实践体验法。恩格斯在1887 年给威士涅威茨基夫人的信中曾经写道，我们的理论不是背得烂熟并机械地加以重复的教条，不要把我们的理论硬灌输给美国人。而是在德国人的帮助下，由美国人自己亲身的体验去检验它，越多地体验它，理论就会越深入他们的心坎。① 这表明了实践体验法在理论教育中的魅力。列宁在秉承这一思想的基础上，指出："没有年轻一代的教育和生产劳动的结合，未来社会的理想是不能想象的：无论是脱离生产劳动的教学和教育，或者没有同时进行教学和教育的生产劳动，都不能达到现代技术水平和科学知识现状所要求的高度"。② 毛泽东也非常重视实践体验法。他指出，理论本身来源于实践，并由实践来检验和证明。他多次强调，"教育与劳动结合的原则是不可移易的"。③ 单纯的灌输式的教学方式，不利于"培养青年们在德、智、体诸方面生动活泼地主动地得到发展"。④ 不论是智育，还是以共产主义情操和集体英雄主义为核心内容的德育，都要和劳动结合起来。我们学习任何文化知识，都要经过感性知识和理性知识两个阶段。在第一个阶段上，这些知识虽然是被别人证明过的，但对学习者来讲，它依然是没有被证明的片面知识。因此，最重要的就是把知识与实际生活和实践活动结合起来。把"走马观花"式的传授知识的方法，变

---

① 《马克思恩格斯文集》第 10 卷，人民出版社 2009 年版，第 562 页。
② 《列宁全集》第 2 卷，人民出版社 1984：461 页。
③ 《毛泽东文集》第七卷，人民出版社 1999 年版，第 398 页。
④ 《毛泽东文集》第八卷，人民出版社 1999 年版，第 376 页。

为"下马看花"式的教育方法。① 惟有如此，所传授的知识才能成为学习者真正的知识。江泽民也多次强调，公民应该"更多地参加社会实践"，把"学习书本知识与投身社会实践"② 统一起来，只有这样，才能真正地做到自学、自理、自强、自律，也才能真正成为中国特色社会主义事业的合格的建设者和接班人。

实践体验法就是对受教育者提供能够切实体验和感受其所接受的思想观念、政治观点、道德规范的合理性的场景。这是科学实践观范式下的思想政治教育价值实现的最有效的教育方法。人只有切身感受到这种思想观念、政治观点、道德规范在现实生活中的意义，人们才会认同和信服它，这样才会实现思想政治教育的价值。譬如人们对宗教的信仰，很明显，宗教信仰地区的人比非宗教信仰地区的人对宗教的信仰度高，信仰的人群比率也高。正是因为宗教信仰地区的人自小就切身体验了各种宗教观念所折射的威慑力。当宗教信仰者把其自身对宗教的体验单向灌输给非宗教信仰者，后者总会觉得这是无稽之谈。然而，奇怪的是，很多非宗教信仰者，当他们多次切身感受了宗教观念、参加宗教活动后，就不断地信仰并非常虔诚。当然，这里并不是提倡人们通过体验宗教活动而信教，而是借鉴宗教活动的实践体验法以实现思想政治教育价值。

目前，大多数停留在理论层面上的自圆其说，无论其理论上的灌输多么充分，在实践的"试金石"面前却显得苍白无力。当这些理论脱离了实践，不但不可能发挥理论应用的价值，反而会引起人们对理论的蔑视或践踏。正如苏霍姆林斯基所言："不论课堂上所学的教材

① 韩庆祥等：《马克思开辟的道路——人的全面发展研究》，中国人民大学出版社2005年版，第79页。

② 《江泽民文选》第三卷，人民出版社2006年版，第483页。

包含着多么丰富的政治思想和道德思想，学生在掌握知识的过程中都常常把认识目的放在首要地位，这就是学会、记熟和弄懂教材，教师全力以赴追求的也是这一目标。这一目标（学会、记熟、弄懂教材）越是被置于首要位置，它占去学生的精力就越多，它的思想性就越是退居次要地位，知识转化为信念的效率就越低。学生很少进行思考，很少深入分析事实、现象和规律的实质，于是这种效率本身就降低了"。① 这种停留在用统一的理论灌输层面的"知性教育"往往只能培养出"语言的巨人，行动的矮子"。但这并不意味着强调实践而忽视或降低理论的作用，"理论建设是党的建设的根本，理论素质是……思想政治素质的灵魂"。② 而是要求理论与实践相结合，在不同的群体中选择不同层次的教育理论，而不能只是灌输既定的、同一的理论。正如雅斯贝尔斯所言："教育的界限不能事先划定，而只能在实际中观察把握"。③

---

① 苏霍姆林斯基：《和青年校长的谈话》，赵玮等译，教育科学出版社 2009 年版，第 171 页。

② 《江泽民文选》第二卷，人民出版社 2006 年版，第 366—367 页。

③ ［德］雅斯贝尔斯：《什么是教育》，邹进译，生活·读书·新知三联书店1991 年版，第 65 页。

结　　语

　　人是万物之灵，思想政治教育是一项深入人的心灵的工作。由此，思想政治教育是最富有魅力，其价值也是最深邃的。然而，目前的思想政治教育的处境却不容乐观。在某种程度上，处在一种不但令人生厌，而且不断让人们质疑其存在的意义的困境中。研究思想政治教育价值，就是对思想政治教育存在意义的哲学追问与回答，以焕发思想政治教育原有的生机和活力，增强其生命力。

　　通俗地讲，没有一个人无缘无故地对某一事物产生一种反感或者排斥等情绪反应。一项原本富有魅力的东西却令人生厌，从根本上来说，要么是人们对其存在费解，要么是它本身违背了人的意愿、兴趣、需要及人的本性。

　　思想政治教育是极具时代性、历史性、阶级性、实践性的活动。它的特殊性决定了它在特殊时期为特定的任务而具有特殊的形式，但其本质依然不变。它在本质上就是为了达到个人与社会在意识形态领域的和谐统一。在其过程中，既要关照社会，也要关照人。最终实现用社会的和谐滋养个人，用个人的发展促进社会的发展。在革命战争年代，为了夺取政权，为了建立适合人生存的新的社会秩序，思想政治教育把侧重点偏向于社会。在和平时期，思想政治教育就应该为了个人和社会的统一。目前，仍有部分学者沿用了革命战争时期的做法，使得很多人无法接受思想政治教育。而又有部分学者却因此走向了另一个极端，从而只重视个人，却忽视了社会。这两种做法都各有不妥之处。

爱因斯坦曾经说过，一个人能否准确地把握眼前的现象，取决于他所运用的理论。理论的指导决定着他到底能够观察到什么。所以，要准确地把握思想政治教育及其价值，必须要运用科学的理论作为指导。科学实践观作为一种科学的思维方式，其基本意蕴就是任何一项实践活动都内含着人与社会的统一、现实性与超越性的统一。思想政治教育作为一项特殊的实践活动，除了其在特殊时期因特殊任务而采取的特殊形式之外，在当代，和平与发展已成为世界的主题，思想政治教育的本真状态应该是促进人与社会在意识形态领域的统一。由此，以科学实践观为视域审视与研究思想政治教育，目的就是使思想政治教育回归本真状态而发挥其本真的价值。

科学实践观视域中的思想政治教育既传递"一定社会发展所要求的思想观念、政治观点、道德规范"，使其社会成员认同"一定社会发展所要求的思想观念、政治观点、道德规范"，又分析和吸收"人们的思想观念、政治观点、道德品质"，使人们的先进的、合理的"思想观念、政治观点、道德品质"得到社会的认可，以实现个人和社会在思想观念、政治观点、道德规范等意识形态领域的双向互动。其本质上讲就是实现个人和社会在意识形态领域的良性互动、有机统一。可见，科学实践观范式下的思想政治教育区别于已有思想政治教育的显著特点体现在两个方面：一是把个人和社会看成在人类实践过程中同构共生、相互统一的关系体，而不是相互割裂甚至相互矛盾的孤立的实体。二是思想政治教育并不是对社会成员"施加"社会所要求的思想观念。一定的社会所要求的思想观念、政治观点、道德规范不是静止的、理所当然的规范，而是处在不断更新、不断完善的过程之中。它肯定了个体思想观念、政治观点、道德品质在社会发展中的作用，看到了人的选择性、主动性和超越性。简言之，科学实践观范式下的思想政治教育作为一种实践活动，它不仅在于解释世界，还在于改变世界。它担负着"解释世界"和"改变世界"的双重任务，即，一方面要面向现实社会和既成的事实，对现有社会观念和道德品质进行合理性解释；另一方面要面向社会和个人的未来发展，推动社会观念和道德品质向更高阶段发展。所以，科学实践观范式下的思想政治教育价值，其表现形态就是个体意识形态社会化和社会意识形态个体化。个体意识形态社会化就是指社会认可个体的先进的思想观念、政治观点、道德规范。社会意识形态个体化就是个人认同社会所要求的思想观念、政治观点、道德规范。从而实现个人和社会在意识形态领域的良性互动、有机统一。

爱因斯坦说过，问题的提出往往比问题的解决更重要，提出问题意味着从新的角度、新的可能性看待旧的问题，标志着科学的进步。以科学实践观为视域，探讨思想政治教育价值，也相当于为思想政治教育价值研究提出了新的视角。问题的进一步解决还有待继续深入。然而，一种新理论的建立，不能像在某处毁掉一个旧仓库，然后在那里建起一座摩天大楼。它反倒是像爬山一样，愈爬愈能显示出其出发点与周围广大地域间出乎意外的联系。由此，我的拙文也是在借鉴和吸收众多学者的理论成果的基础上完成的，谢谢你们为我提供了知识的营养。然而，囿于自身理论功底和学识之不足，文中难免有很多纰漏之处，敬请专家学者不吝赐教。

参考文献

一、中文著作

［1］《马克思恩格斯文集》（第1—10卷），人民出版社2009年版。

［2］《马克思恩格斯全集》（第1卷），人民出版社1995年版。

［3］《马克思恩格斯全集》（第3卷），人民出版社2002年版。

［4］《马克思恩格斯全集》（第30卷），人民出版社1995年版。

［5］《马克思恩格斯全集》（第31卷），人民出版社1998年版。

［6］《马克思恩格斯全集》（第47卷），人民出版社2004年版。

［7］《马克思恩格斯全集》（第3卷），人民出版社，1960页。

［8］《马克思恩格斯全集》（第19卷），人民出版社1963年版。

［9］《马克思恩格斯全集》（第26卷Ⅲ），人民出版社1974年版。

［10］《马克思恩格斯全集》（第40卷），人民出版社1982年版。

［11］《马克思恩格斯全集》（第49卷），人民出版社1982年版。

［12］《列宁专题文集》，人民出版社2009年版。

［13］《列宁全集》第55卷，人民出版社1990年版。

［14］《毛泽东选集》（第1—4卷），人民出版社1991年版。

［15］《毛泽东文集》（第 1—2 卷），人民出版社 1993 年版。

［16］《毛泽东文集》（第 3—5 卷），人民出版社 1996 年版。

［17］《毛泽东文集》（第 6—8 卷），人民出版社 1999 年版。

［18］《邓小平文选》（第 1—2 卷），人民出版社 1994 年版。

［19］《邓小平文选》（第 3 卷），人民出版社 1993 年版。

［20］《江泽民文选》（第 1—3 卷），人民出版社 2006 年版。

［21］中共中央文献研究室：《十一届三中全会以来重要文献选读》（上），人民出版 1987 年版。

［22］中共中央文献研究室：《十二大以来重要文献选编》（下），人民出版社 1988 年版。

［23］中共中央文献研究室：《十三大以来重要文献选编》（上），人民出版社 1991 年版。

［24］中共中央文献研究室：《十四大以来重要文献选编》（中），人民出版社，1997 页。

［25］中共中央文献研究室：《十四大以来重要文献选编》（下），人民出版社 1999 年版。

［26］中共中央文献研究室：《十五大以来重要文献选编》（中），人民出版社 2001 年版。

［27］中共中央文献研究室：《十五大以来重要文献选编》（下），人民出版社 2003 年版。

［28］中共中央文献研究室：《十六大以来重要文献选编》（上），中央文献出版社 2005 年版。

［29］中共中央文献研究室：《十六大以来重要文献选编》（中），中央文献出版社 2006 年版。

［30］中共中央文献研究室：《十六大以来重要文献选编》（下），中央文献出版社 2008 年版。

[31] 中共中央文献研究室：《十七大以来重要文献选编》（上），中央文献出版社 2009 年版。

[32]《全国教育工作会议文件选编》，人民出版社 2010 年版。

[33]《马克思恩格斯列宁斯大林论党的组织工作》，中共中央党校出版社 1988 年版。

[34]《马克思恩格斯列宁斯大林论德育》，四川教育出版社 1989年版。

[35]《马克思恩格斯列宁斯大林毛泽东论宣传》，四川省社会科学院出版社 1988 年版。

[36]《马克思主义思想政治教育文选》，中国政法大学出版社1993 年版。

[37] 中共中央宣传部：《毛泽东邓小平江泽民论思想政治工作》，学习出版社 2000 年版。

[38] ［德］黑格尔：《小逻辑》，贺麟译，商务印书馆 1980年版。

[39] ［德］黑格尔：《法哲学原理》，范扬等译，商务印书馆2009 年版。

[40] ［德］费尔巴哈：《费尔巴哈哲学著作选集》（上、下卷），荣震华等译，商务印书馆 1984 年版。

[41] ［美］汉娜·阿伦特：《人的条件》，竺乾威等译，上海人民出版社 1999 年版。

[42] ［美］约翰·罗尔斯：《道德哲学史讲义》，张国清译，上海三联书店 2003 年版。

[43] ［美］杜威：《经验与自然》，傅统先译，江苏教育出版社2005 年版。

[44] ［美］杜威：《杜威教育论著选》，上海师范大学教育系、

杭州大学教育系译，上海师范大学出版社 1977 年版。

［45］［英］摩尔：《哲学研究》，杨选译，上海人民出版社 2009 年版。

［46］［德］舍勒：《伦理学中的形式主义与质料的价值伦理学》（上），倪梁康译，生活·读书·新知三联书店 2004 年版。

［47］［美］丹尼尔·贝尔：《意识形态的终结》，张国清译，江苏人民出版社 2001 年版。

［48］［苏］图加林诺夫：《马克思主义中的价值论》，齐友等译，中国人民大学出版社 1989 年版。

［49］［日］牧口常三郎：《价值哲学》，马俊峰等译，中国人民大学出版社 1989 年版。

［50］［日］尾关周二：《共生的理想——现代交往与共生、共同的思想》，卞崇道等译，中央编译出版社 1996 年版。

［51］［匈］卢卡奇：《历史与阶级意识》，杜章智等译，商务印书馆 1992 年版。

［52］［美］马尔库塞：《单向度的人：发达工业社会意识形态研究》，刘继译，上海译文出版社 2006 年版。

［53］［德］诺贝特·埃利亚斯：《个体的社会》，翟三江等译，译林出版社 2003 年版。

［54］［英］安东尼·吉登斯：《社会的构成》，李康等译，生活·读书·新知三联书店 1998 年版。

［55］［德］马丁·布伯：《人与人》，张健等译，作家出版社 1992 年版。

［56］［英］查尔斯·汉普登－特纳，［荷］阿尔方斯·特龙佩纳斯：《国家竞争力——创造财富的价值体系》，徐联恩译，海南出版社 1997 年版。

［57］〔英〕鲍桑葵：《关于国家的哲学理论》，汪淑钧译，商务印书馆 2009 年版。

［58］〔英〕齐格蒙·鲍曼：《寻找政治》，洪涛等译，上海人民出版社 2006 年版。

［59］〔奥〕维特根斯坦：《思想札记》，唐少杰等译，吉林大学出版社 2005 年版。

［60］〔俄〕维果茨基：《教育心理学》，龚浩然等译，浙江教育出版社 2003 年版。

［61］〔德〕雅斯贝尔斯：《什么是教育》，邹进，译. 生活·读书·新知三联书店，1991 页。

［62］〔英〕乔伊·帕尔默：《教育究竟是什么——100 位思想家论教育》，任钟印等译，北京大学出版社 2008 年版。

［63］〔德〕博尔诺夫：《教育人类学》，李其龙等译，华东师范大学出版社 1999 年版。

［64］〔美〕托马斯·库恩：《科学革命的结构》，金吾伦等译，北京大学出版社 2003 年版。

［65］〔阿根廷〕方迪启：《价值是什么——价值学导论》，黄藿译，台北联经出版事业公司，"中华民国" 75 年。

［66］〔德〕舍勒：《伦理学中的形式主义与质料的价值伦理学》（上），倪梁康译，生活·读书·新知三联书店 2004 年版。

［67］〔德〕李凯尔特：《文化科学和自然科学》，涂纪亮，译. 商务印书馆，1986 页。

［68］〔美〕培里等：《价值和评价——现代英美价值论集萃》，刘继编选，中国人民大学出版社 1989 年版。

［69］杨祖陶：《德国古典哲学逻辑进程》，武汉大学出版社 1993 年版。

［70］胡曲园等编：《哲学大辞典》马克思主义哲学卷，上海辞书出版社 1990 年版。

［71］张汝伦：《历史与实践》，上海人民出版社 1995 年版。

［72］吴仁平：《科学实践观与马克思主义哲学》，江西人民出版社 1999 年版。

［73］李晋江，吴从意：《科学实践观的形成与发展》，厦门大学出版社 1992 年版。

［74］林伟健：《科学实践观与历史唯物主义》，华南理工大学出版社，1992 年版。

［75］穆艳杰：《马克思实践观变革——三种实践观比较研究》，吉林人民出版社 2006 年版。

［76］聂世明：《马克思主义实践观新探》，当代中国出版社 1994 年版。

［77］欧阳康，张明仓：《在观念激荡与现实变革之间：马克思实践观的当代阐释》，中国人民大学出版社 2008 年版。

［78］黄凤久等：《马克思主义实践观与主体能动性》，吉林人民出版社 1991 年版。

［79］胡福明等：《马克思主义实践论与邓小平理论的哲学基础》，南京大学出版社 1998 年版。

［80］李秀林：《时代精神的哲学反思》，中国人民大学出版社 1987 年版。

［81］李秀林等：《辩证唯物主义和历史唯物主义原理》（第 5 版），中国人民大学出版社 2004 年版。

［82］高清海：《传统哲学到现代哲学》，吉林人民出版社 1997 年版。

［83］高清海：《哲学思维方式变革》，吉林人民出版社 1997

年版。

[84] 高清海：《哲学的奥秘》，长春：吉林人民出版社 1997 年版。

[85] 高清海：《哲学体系改革》，长春：吉林人民出版社 1997 年版。

[86] 高清海：《人的"类生命"与"类哲学"——走向未来的当代哲学精神》，吉林人民出版社 1998 年版。

[87] 张曙光：《人的世界与世界的人：马克思的思想历程追踪》，北京师范大学出版社 2009 年版。

[88] 叶汝贤等：《马克思主义实践哲学的现代解读》，社会科学文献出版社 2006 年版。

[89] 程金生：《空间与永恒：实践哲学视域中的价值问题》，江西人民出版社 2004 年版。

[90] 陈晏清等编：《马克思主义哲学高级教程》，南开大学出版社 2001 年版。

[91] 陈晏清，阎孟伟：《辩证的历史决定论》，中国社会科学出版社 2007 年版。

[92] 王南湜：《社会哲学》，云南人民出版社 2001 年版。

[93] 张云阁：《马克思思维方式论》，武汉大学出版社 2007 年版。

[94] 韩庆祥：《马克思人学思想研究》，河南人民出版社 1996 年版。

[95] 张治库：《人的存在与发展》，中央编译出版社 2005 年版。

[96] 李淑梅：《社会转型与人的现代重塑》，山西教育出版社 1998 年版。

[97] 车玉玲：《总体性与人的存在》，黑龙江人民出版社 2001

年版。

［98］胡守钧：《社会共生论》，复旦大学出版社 2006 年版。

［99］赵长太：《马克思的需要理论及其当代意义》，河南人民出版社 2008 年版。

［100］滕云起：《唯物史观的本质及其与人本史观的对立》，华文出版社 1997 年版。

［101］张立文：《新人学导论》，广东人民出版社 2000 年版。

［102］钟明华等：《马克思主义人学视域中的现代人生问题》，人民出版社 2006 年版。

［103］冯景源：《现代西方价值观透视》，中国人民大学出版社 1993 年版。

［104］杜任之：《现代西方著名哲学家述评》（续集），生活·读书·新知三联书店 1983 年版。

［105］刘放桐等编：《现代西方哲学》（上册），人民出版社 1990 年版。

［106］张书琛：《西方价值哲学思想简史》，当代中国出版社 1998 年版。

［107］张书琛：《探索价值产生奥秘的理论——价值发生论》，广东人民出版社 2006 年版。

［108］赵馥洁：《中国传统哲学价值论》，人民出版社 2009 年版。

［109］吴倬：《当代中国价值论与相关问题研究》，沈阳出版社 2008 年版。

［110］王玉樑：《价值哲学新探》，陕西人民教育出版社 1993 年版。

［111］王玉樑，［日］岩崎允胤：《价值与发展》，陕西人民教育出版社 1999 年版。

［112］王玉樑：《当代中国价值哲学》，人民出版社 2004 年版。

［113］王玉樑：《21 世纪价值哲学：从自发到自觉》，人民出版社 2006 年版。

［114］李连科：《哲学价值论》，中国人民大学出版社 1991 年版。

［115］李连科：《价值哲学引论》，商务印书馆 1999 年版。

［116］李从军：《价值体系的历史选择》，人民出版社 2008 年版。

［117］熊晓红等：《价值自觉与人的价值》，人民出版社 2007 年版。

［118］李德顺：《价值新论》，中国青年出版社 1993 年版。

［119］李德顺主编：《价值学大词典》，中国人民大学出版社 1995 年版。

［120］李德顺，马俊峰：《价值论原理》，陕西人民出版社 2002 年版。

［121］李德顺，孙伟平：《道德价值论》，昆明：云南人民出版社 2005 年版。

［122］李德顺：《价值论》，中国人民大学出版社 2007 年版。

［123］袁贵仁：《价值学引论》，北京师范大学出版社 1991 年版。

［124］袁贵仁：《邓小平价值观研究》，河南人民出版社 1998 年版。

［125］袁贵仁：《价值观的理论与实践》，北京师范大学出版社 2006 年版。

［126］袁贵仁：《对人的哲学理解》，东方出版中心 2008 年版。

［127］齐振海，袁贵仁：《哲学中的主体和客体问题》，中国人民大学出版社 1992 年版。

［128］刘永富：《价值哲学的新视野》，中国社会科学出版社 2002 年版。

［129］马志政等：《哲学价值论纲要》，杭州：杭州大学出版社1991年版。

［130］司马云杰：《文化价值论》，陕西人民出版社2003年版。

［131］吴亚林：《价值与教育》，北京师范大学出版社2009年版。

［132］杨国荣：《理性与价值——智慧的历程》，上海三联书店1998年版。

［133］孙伟平：《价值论转向：现代哲学的困境与出路》，合肥：安徽人民出版社2008年版。

［134］郑也夫：《代价论——一个社会学的新视角》，生活·读书·新知三联书店1995年版。

［135］李斌雄：《中国共产党的价值观研究》，中国社会科学出版社2003年版。

［136］刁培萼，丁沅：《马克思主义教育哲学》，华东师范大学出版社1987年版。

［137］陈理宣：《教育价值论》，四川大学出版社2003年版。

［138］卓泽渊：《法的价值论》，法律出版社2006年版。

［139］李尚卫：《基础教育价值论》，中央文献出版社2009年版。

［140］黄楠森：《人学原理》，广西人民出版社2000年版。

［141］联合国教科文组织国际教育发展委员会：《学会生存——教育世界的今天和明天》，华东师范大学比较教育研究所译，职工教育出版社1989年版。

［142］朱小蔓：《教育的问题与挑战——思想的回应》，南京师范大学出版社2000年版。

［143］金生鈜：《理解与教育——走向哲学解释学的教育哲学导论》，教育科学出版社1997年版。

［144］金生鈜：《规训与教化》，教育科学出版社2004年版。

［145］彭聃龄：《普通心理学》，北京师范大学出版社，2001

［146］黄希庭：《心理学导论》，人民教育出版社 2007 年版。

［147］韩明谟等编：《社会学概论 》，中央广播电视大学出版社 1997 年版。

［148］韦克难，沈光明编：《社会学概论》，四川人民出版社 2003 年版。

［149］杨杰编：《组织行为学》，北京大学出版社 2008 年版。

［150］安世民，安运杰编：《组织行为学》，北京大学出版社 2008 年版。

［151］教育部思想政治工作司编：《加强和改进大学生思想政治教育重要文献选编》，中国人民大学出版社 2008 年版。

［152］教育部思想政治工作司编：《思想政治教育原理与方法》，高等教育出版社 2010 年版。

［153］刘德华编：《马克思主义思想政治教育著作导读》，高等教育出版社 2001 年版。

［154］李爱华编：《马克思主义经典著作导读》，北京师范大学出版社 2008 年版。

［155］王秀阁：《社会主义市场经济条件下思想政治教育研究》，天津人民出版社 1998 年版。

［156］邱伟光，张耀灿编：《思想政治教育学原理》，高等教育出版社 1999 年版。

［157］张耀灿，陈万柏编：《思想政治教育学原理》，高等教育出版社 2001 年版。

［158］张耀灿等编：《现代思想政治教育学》，人民出版社 2001 年版。

［159］张耀灿等编：《现代思想政治教育学》，人民出版社 2006

年版。

［160］张耀灿等：《思想政治教育学前沿》，人民出版社 2006 年版。

［161］张耀灿：《中国共产党思想政治工作史论》，高等教育出版社 1999 年版。

［162］张耀灿：《中国共产党思想政治教育史论》，高等教育出版社 2006 年版。

［163］陈万柏，张耀灿编：《思想政治教育学原理》，华中师范大学出版社 2009 年版。

［164］郑永廷：《思想政治教育方法论》，高等教育出版社 1999 年版。

［165］郑永廷等：《社会主义意识形态研究》，中山大学出版社 1999 年版。

［166］郑永廷：《现代思想道德教育理论与方法》，广东高等教育出版社 2000 年版。

［167］郑永廷等：《粤港澳台高校德育比较研究》，中山大学出版社 2001 年版。

［168］郑永廷等：《社会主义意识形态发展研究》，人民出版社 2002 年版。

［169］郑永廷，张彦：《德育发展研究》，人民出版社 2006 年版。

［170］郑永廷等：《人的现代化理论与实践》，人民出版社 2006 年版。

［171］郑永廷等：《主导德育论——大学生思想政治教育一元主导与多样发展研究》，人民出版社 2008 年版。

［172］郑永廷等编：《大学生思想政治教育理论与实践》，高等教育出版社 2009 年版。

［173］王宏维，郑永廷：《大学生思想政治教育与管理比较研究》，高等教育出版社 2010 年版。

［174］刘书林，陈立思编：《青年思想政治教育学原理》，中国青年出版社 1999 年版。

［175］陈秉公编：《思想政治教育学》，吉林大学出版社 1992 年版。

［176］陈秉公编：《思想政治教育学原理》，高等教育出版社 2006 年版。

［177］陈秉公：《思想政治教育学基础理论研究》，吉林大学出版社 2007 年版。

［178］罗洪铁等：《思想政治教育原理与方法基础理论研究》，人民出版社 2005 年版。

［179］罗洪铁：《思想政治教育专题研究》，中央文献出版社 2007 年版。

［180］罗洪铁：《思想政治教育学原理》，西南师范大学出版社 2009 年版。

［181］王树荫，王炎：《新中国思想政治教育史纲》，人民出版社 2010 年版。

［182］王树荫：《中国共产党思想政治教育史纲》，党建读物出版社 2002 年版。

［183］李德芳等编：《中国共产党思想政治教育史料选编》，武汉大学出版社 2009 年版。

［184］石云霞：《新中国成立以来中国共产党思想理论教育历史研究》上、下册，中国社会科学出版社 2007 年版。

［185］刘建军：《中国共产党思想政治教育的理论与实践》，中国人民大学出版社 2008 年版。

［186］赵康太，李英华：《中国传统思想政治教育理论史》，华中师范大学出版社 2006 年版。

［187］许启贤：《中国共产党思想政治教育史》，中国人民大学出版社 2004 年版。

［188］杨柳，王荣德：《思想政治教育新论》，中央文献出版社 2003 年版。

［189］聂月岩等：《邓小平思想政治教育理论与实践研究》，首都师范大学出版社 2000 年版。

［190］褚凤英：《思想政治教育活动研究》，人民出版社 2011 年版。

［191］李合亮：《思想政治教育探本》，人民出版社 2007 年版。

［192］李合亮：《解析与建构：当代中国思想政治教育的哲学反思》，人民出版社 2010 年版。

［193］宋锡辉，吴若飞：《思想政治教育学新论》，云南人民出版社 2009 年版。

［194］雷骥：《现代思想政治教育的人性基础研究》，人民出版社 2008 年版。

［195］赵兴宏：《思想政治教育应用论》，东北大学出版社 2008 年版。

［196］王敏：《思想政治教育接受论》，湖北人民出版社 2002 年版。

［197］王勤：《思想政治教育学新论》，杭州：浙江大学出版社 2004 年版。

［198］万光侠：《思想政治教育的人学基础》，人民出版社 2006 年版。

［199］沈壮海：《思想政治教育有效性研究》，武汉大学出版社

2001 年版。

　　［200］李传华，程路等：《中国思想政治工作全书》，中国人民大学出版社 1990 年版。

　　［201］陈立思：《当代世界的思想政治教育》，中国人民大学出版社 1999 年版。

　　［202］苏振芳：《当代国外思想政治教育比较》，社会科学文献出版社 2009 年版。

　　［203］苏振芳：《思想政治教育学原理》，厦门大学出版社 2000 年版。

　　［204］项久雨：《思想政治教育价值论》，中国社会科学出版社 2003 年版。

　　［205］唐志龙，罗剑明：《思想政治工作价值论》，蓝天出版社 2003 年版。

　　［206］胡国义：《思想政治教育价值论》，浙江教育出版社 2009 年版。

　　［207］杨钒：《思想政治教育审美价值论》，海潮出版社 2008 年版。

　　［208］张世贵：《思想政治教育中介价值论》，海潮出版社 2008 年版。

　　［209］王茂胜：《思想政治教育评价论》，中国社会科学出版社 2006 年版。

　　［210］蔡晓良：《马克思主义理论教育评价》，社会科学文献出版社 2009 年版。

　　［211］曹影：《思想政治教育职能论》，吉林大学出版社 2007 年版。

　　［212］王敬华：《道德选择研究：以价值论为视角》，中国社会

科学出版社 2008 年版。

［213］张澎军：《德育哲学引论》，人民出版社 2002 年版。

［214］鲁洁、王逢贤：《德育新论》，江苏教育出版社 2002 年版。

［215］李萍：《现代道德教育论》，广东人民出版社 1999 年版。

二、中文论文

［1］胡锦涛：《在庆祝清华大学建校 100 周年大会上的讲话》，《人民日报》2011 年 4 月 25 日。

［2］胡锦涛：《在庆祝中国共产党成立 90 周年大会上的讲话》，《人民日报》2011 年 7 月 2 日。

［3］江泽民：《在中央思想政治工作会议上的讲话》，《人民日报》2000 年 6 月 29 日。

［4］杨耕：《论马克思的"从后思索法"》，《学术月刊》1992 年第 5 期，第 10—15 页。

［5］杨耕：《马克思的科学抽象法：一个再思考》，《中国人民大学学报》1993 年第 3 期，第 67—73 页。

［6］杨耕：《物质、实践、世界：关于马克思主义哲学三个基本范畴的再思考》，《北京社会科学》2000 年第 3 期，第 17—27 页。

［7］高清海：《哲学观念的转变——哲学探进断想之一》，《哲学研究》1987 年第 10 期，第 18—28 页。

［8］高清海：《论实践观点作为思维方式的意义——哲学探进断想之二》，《社会科学战线》1988 年第 1 期，第 63—71 页。

［9］高清海：《再论实践观点的超越性本质》，《哲学动态》1989 年第 1 期，第 1—4 页。

［10］高清海，张慧彬：《从哲学思维方式的演进看人的不断自我

超越本质》，《学习与探索》1994 年第 3 期，第 53—57 页。

　　［11］高清海：《转变认识"人"的通常观念和方法》，《人文杂志》1996 年第 5 期，第 1—5 页。

　　［12］高清海：《人的天人一体本性——转变对"人"的传统观念》，《江海学刊》1996 年第 3 期，第 80—86 页。

　　［13］高清海：《找回我们失去的"哲学自我"》，《社会科学战线》2001 年第 1 期，第 42—45 页。

　　［14］高清海：《社会国家化与国家社会化——从人的本性看国家与社会的关系》，《社会科学战线》2003 年第 1 期，第 1—9 页。

　　［15］高清海：《价值选择的实质是对人的本质之选择》，《吉林师范大学学报》（人文社会科学版），2005 年第 3 期，第 1—3 页。

　　［16］迟超波：《论马克思的实践观》，《马克思主义与现实》2002 年第 3 期，第 27—30 页。

　　［17］徐长福：《重新理解马克思人论的四个命题——种反思性的探讨》，《天津社会科学》2003 年第 3 期，第 18—24 页。

　　［18］徐长福：《劳动的实践化和实践的生产化》，《学术研究》2003 年第 11 期，第 47—54 页。

　　［19］侯惠勤：《马克思主义的个人观及其在理论上的创新》，《马克思主义研究》2004 年第 2 期，第 61—70 页。

　　［20］陈晏清：《关于实践观点在马克思哲学体系中地位的再思考》，《教学与研究》1997 年第 2 期，第 12—17 页。

　　［21］陈晏清，李淑梅：《个人和社会的关系问题是社会观念的核心问题》，《天津大学学报》（社会科学版）1999 年第 1 期，第 37—43 页。

　　［22］陈晏清：《重建新世纪的价值观》，《天津社会科学》2001 年第 1 期，第 4—6 页。

［23］孙正聿：《践行"育人为本"》，《光明日报》2011 年 8 月 11 日。

［24］梁树发：《"以人为本"何以是一个唯物史观的科学命题》，《思想政治教育研究》2009 年第 2 期，第 4—6 页。

［25］韩庆祥：《解读"以人为本"》，《光明日报》2004 年 4 月 27 日。

［26］刘泉水：《价值本质研究综述》，《社会科学动态》2000 年第 10 期，第 6—8 页。

［27］张岱年：《论价值的层次》，《中国社会科学》1990 年第 3 期，第 3—10 页。

［28］张曙光：《"精神超越"、"实践批判"与"话语沟通"：对哲学三种范式及其意义的批判性考察》，《江海学刊》2008 年第 1 期，第 39—45 页。

［29］张曙光、宋友文：《论价值的普遍性与普遍价值》，《河北学刊》2009 年第 4 期，第 31—42 页。

［30］张曙光：《"价值"五题》，《光明日报》2010 年 6 月 22 日。

［31］张曙光：《马克思关于"价值"的研究及相关问题》，《河北学刊》2011 年第 1 期，第 1—10 页。

［32］张曙光：《论现代价值与价值观的问题》，《马克思主义与现实》2011 年第 1 期，第 150—153 页。

［33］俞吾金：《价值四论》，《哲学分析》2010 年第 2 期，第 1—7 页。

［34］王海明：《价值释义》，《首都师范大学学报》（社会科学版）2003 年第 2 期，第 48—50 页。

［35］王玉樑：《百年价值哲学的反思》，《学术研究》2006 年第 4 期，第 5—13 页。

［36］潘于旭：《"需要"问题与价值论的"难点"》，《哲学研究》1993 年第 1 期，第 47—53 页。

［37］唐凯麟：《重读马克思——关于人的本质和人的需要的再认识》，《衡阳师范学院学报》（社会科学）2000 年第 2 期，第 1—7 页。

［38］赵家祥：《马克思关于人的本质的三个界定》，《思想理论教育导刊》2005 年第 7 期，第 20—26 页。

［39］赵长太：《需要范畴的生存论解读》，《湖北社会科学》2007 年第 10 期，第 9—11 页。

［40］徐贵权：《论价值理性》，《南京师大学报》（社会科学版）2003 年第 5 期，第 10—14 页。

［41］刘少杰：《意识形态层次类型的生成及其变迁》，《学术月刊》2011 年第 2 期，第 5—12 页。

［42］李江凌：《以实践的思维方式理解价值的本质》，《江汉论坛》2001 年第 2 期，第 42—44 页。

［43］李江凌：《略论马克思的实践价值观》，《广东教育学院学报》2002 年第 3 期，第 1—6 页。

［44］李江凌：《论思想政治教育价值的创造和实现》，《求实》2006 年第 3 期，第 74—76 页。

［45］李德顺：《当前价值论研究中的几个理论问题》，《社会科学战线》1988 年第 4 期，第 71—80 页。

［46］李德顺：《学习和应用价值论——价值理论与思想政治工作漫谈》，《思想政治工作研究》1989 年第 1 期，第 36—37 页。

［47］李德顺：《价值的秘密在于主体——价值论与思想政治工作漫谈（续一）》《思想政治工作研究》1989 年第 3 期，第 38—39 页。

［48］李德顺：《多元化与统一意志——价值论与思想工作漫谈之三》，《思想政治工作研究》1989 年第 4 期，第 37—38 页。

［49］李德顺：《校准心目中的天平——价值论与思想工作漫谈之四》，《思想政治工作研究》1989 年第 5 期，第 42—43 页。

［50］李德顺：《实效原则与实用主义——价值论与思想工作漫谈之五》，《思想政治工作研究》1989 年第 6 期，第 42—44 页。

［51］李德顺：《实践的唯物主义与价值问题》，《南京社会科学》1996 年第 1 期，第 13—18 页。

［52］李德顺：《以人为本的价值观》，《哲学动态》2004 年第 7 期，第 3—5 页。

［53］李德顺：《关于价值与核心价值》，《学术研究》2007 年第 12 期，第 13—16 页。

［54］人民论坛"千人问卷"调查组：《"未来 10 年 10 大挑战"调查报告》，《人民论坛》2009 年第 12 期下，第 14—15 页。

［55］王秀阁：《加强意识形态建设是构建社会主义和谐社会之必需》，《马克思主义研究》2006 年第 12 期，第 16—20 页。

［56］王秀阁：《马克思主义整体性与思想政治教育学理论基础》，《天津师范大学学报》（社会科学版）2008 年第 5 期，第 9—12 页。

［57］王秀阁：《用社会主义核心价值体系引领社会思潮的机制研究》，《红旗文稿》2010 年第 1 期，第 13—17 页。

［58］王秀阁：《论社会主义核心价值体系引领机制的建构》，《马克思主义研究》2010 年第 1 期，第 119—125 页。

［59］张耀灿：《关于思想政治教育过程中的主客体关系问题》，《学校党建与思想教育》2003 年第 4 期，第 15—17 页。

［60］张耀灿：《论加强西方思潮引导的方法论问题》，《思想教育研究》2006 年第 11 期，第 3—6 页。

［61］张耀灿等：《"八荣八耻"荣辱观的内涵和价值探析》，《思

想理论教育》2006 年第 9 期，第 26—29 页。

［62］张耀灿等：《建国 60 年来高校思想政治教育的基本经验》，《思想理论教育》2009 年第 17 期，第 4—11 页。

［63］张耀灿：《推进思想政治教育研究范式的人学转换》，《思想教育研究》2010 年第 7 期，第 3—6 页。

［64］郑永廷等：《当代大学生的成长需要与高校思想政治教育的价值实现》，《思想理论教育导刊》2010 年第 12 期，第 94—99 页。

［65］郑永廷：《论思想政治教育的本质及其发展》，《教学与研究》2001 年第 3 期，第 49—52 页。

［66］秦在东、方爱清：《思想政治教育本质特征刍议》，《学校党建与思想教育》2011 年第 13 期，第 7—9 页。

［67］褚詹玄：《思想政治教育内涵的扩展和质的界定》，《思想教育研究》2004 年第 8 期，第 18—19 页。

［68］段文灵：《试论马克思主义人学理论与思想政治教育的逻辑关系》，《学习与探索》2007 年第 6 期，第 42—46 页。

［69］陈荟芳、赵庆杰：《马克思"人是人的最高本质"的基本观点对我国思想政治教育的启示》，《湖北社会科学》2007 年第 4 期，第 182—183 页。

［70］卢岚：《当代思想政治教育的困境、归因与超越》，《理论与改革》2011 年第 1 期，第 114—117 页。

［71］李辽宁：《解读思想政治教育本质的多重维度》，《思想理论教育》2007 年第 21 期，第 12—16 页。

［72］陈志华：《坚持思想政治教育的本质属性——政治性与科学性的有机统一》，《理论与改革》2005 年第 5 期，第 152—154 页。

［73］陈华洲：《试论思想政治教育价值的特征》，《高等函授学报》（哲学社会科学版）1999 年第 5 期，第 21—24 页。

［74］陈华洲:《试论思想政治教育价值的表现形态》,《高等函授学报》(哲学社会科学版) 1999 年第 6 期, 第 35—38 页。

［75］项久雨: 《思想政治教育价值论及其相关研究的现状视域》,《中国青年政治学院学报》2002 年第 4 期, 第 62—66 页。

［76］项久雨:《思想道德教育社会价值的结构及其内核》,《社会主义研究》2002 年第 3 期, 第 45—48 页。

［77］项久雨:《思想道德教育价值评价的主体与客体》,《南京师大学报》(社会科学版) 2002 年第 5 期, 第 24—29 页。

［78］项久雨: 《论思想道德教育价值评价标准的逻辑结构》,《学校党建与思想教育》2002 年第 9 期, 第 22—24 页。

［79］项久雨:《思想政治教育价值与人的价值》,《教学与研究》2002 年第 12 期, 第 55—59 页。

［80］项久雨: 《需要: 思想政治教育价值生成的人性基础》,《西安石油学院学报》2003 年第 2 期, 第 50—53

［81］项久雨:《思想道德教育价值评价的合理性》,《思想教育研究》2003 年第 2 期, 第 12—15 页。

［82］项久雨:《论思想道德教育价值的表现形态》,《江汉论坛》2003 年第 2 期, 第 58—61 页。

［83］项久雨:《思想政治教育价值论域及其研究意义》,《学校党建与思想教育》2003 年第 7 期, 第 14—17 页。

［84］项久雨:《论思想政治教育价值的实现途径》,《教育研究》2003 年第 10 期, 第 46—51 页。

［85］项久雨: 《论思想道德教育的价值特征》, 《光明日报》2004 年 7 月 6 日。

［86］项久雨:《论全球化背景下德育价值的主体性特征》,《社会主义研究》2004 年第 4 期, 第 123—125 页。

［87］项久雨：《论思想政治教育价值的实现及其规律》，《江汉论坛》2006年第11期，第110—114页。

［88］项久雨：《利益逻辑与思想政治教育价值的生成》，《思想理论教育》2008年第1期，第15—19页。

［89］项久雨：《思想政治教育当前价值的三个维度》，《武汉大学学报》（哲学社会科学版）2008年第5期，第660—663页。

［90］项久雨：《论中国先秦时期道德教育价值观》，《学习与实践》2009年第8期，第57—62页。

［91］孙其昂：《关于思想政治教育本质探讨》，《南京师大学报》2002年第5期，第18—23页。

［92］孙其昂：《思想政治教育发展的多维探析》，《马克思主义研究》2008年第11期，第92—9页。

［93］孙其昂：《历史视野中思想政治教育的社会价值与现代发展》，《思想理论教育》2009年第19期，第13—18页。

［94］孙其昂：《思想政治教育本质的唯物史观解读》，《学校党建与思想教育》2010年第14期，第8—11页。

［95］侯勇、孙其昂：《论思想政治教育价值的历史转型与现代发展———基于社会、历史、系统视野的考察》，理论与改革，2011年第2期，第114—117页。

［96］侯勇、徐海楠：《思想政治教育价值范式变迁及其发展》，《河海大学学报》（哲学社会科学版）2010年第4期，第6—9页。

［97］董浩军：《论思想政治教育的价值》，《学术论坛》2001年第6期，第157—159页。

［98］刘建军：《论思想政治教育的个人价值》，《教学与研究》2001年第8期，第48—52页。

［99］马毅松，王雄杰：《论思想政治教育的价值结构》，《思想

教育研究》2002 年第 2 期，第 11—13 页。

［100］冯达成：《新时期思想政治教育价值初探》，《学术论坛》2002 年第 3 期，第 140—144 页。

［101］王威孚等：《思想政治教育价值研究综述》，《重庆广播电视大学学报》2006 年第 2 期，第 21—24 页。

［102］陈成文等：《论思想政治教育价值问题的研究进展》，《甘肃社会科学》2006 年第 1 期，第 85—87 页。

［103］邱柏生：《论意识形态功能及其与思想政治教育价值的关系》，《学校党建与思想教育》2007 年第 10 期，第 16—20 页。

［104］田霞等：《简论思想政治教育价值生成的根源》，《中国青年政治学院学报》2007 年第 6 期，第 68—71 页。

［105］闵绪国：《人的社会性：思想政治教育价值生成的根源》，《学校党建与思想教育》2010 年第 12 中：13—15 页。

［106］杨威：《论思想政治教育的价值根源》，《学校党建与思想教育》2011 年第 14 期，第 15—18 页。

［107］王侃：《关于新形势下思想政治教育价值特点的探讨》，《理论月刊》2003 年第 4 期，第 106—107 页。

［108］黄世虎：《主体性与客体性：思想政治教育价值基本特征分析》，《理论与改革》2005 年第 2 期，第 148—151 页。

［109］裴学进等：《论思想政治教育经济价值的特点与向度》，《马克思主义研究》2008 年第 8 期，第 101—104 页。

［110］李辉，练庆伟：《价值认同：当代大学生思想政治教育的重要取向》，《学校党建与思想教育》2008 年第 1 期，第 11—13 页。

［111］戴锐：《思想政治教育研究范式的回顾与前瞻》，《思想政治教育研究》2009 年第 3 期，第 17—21 页。

［112］张澍军：《略论思想政治教育的深层价值》，《思想教育研

究》2010 年第 7 期，第 7—9 页。

[113] 石书臣：《思想政治教育的本质规定及其把握》，《马克思主义与现实》2009 年第 1 期，第 175—178 页。

[114] 石书臣：《思想政治教育的价值定位及其发展》，《学校党建与思想教育》2010 年第 3 期，第 4—7 页。

[115] 张艳等：《建国以来高校思想政治教育价值取向的历史转变》，《学校党建与思想教育》2010 年第 8 期，第 27—29 页。

[116] 孙剑坪：《新时期高校思想政治教育的价值取向及未来视野》，《海南师范大学学报》（社会科学版）2010 年第 6 期，第 164—167 页。

[117] 谢宏忠：《价值导引：现代思想政治教育的本质》，《吉林师范大学学报》（人文社会科学版）2010 年第 2 期，第 100—102 页。

[118] 江波：《思想政治教育价值实现途径的哲学思考》，《中国成人教育》2005 年第 6 期，第 24—25 页。

[119] 马宁：《思想政治教育的价值复归：现实的个人》，《湖北社会科学》2010 年第 3 期，第 178—180 页。

[120] 王淑芹：《思想政治教育价值基本问题研究》，《思想教育研究》2010 年第 11 期，第 12—16 页。

[121] 褚凤英等：《论思想政治教育的人本价值》，《学校党建与思想教育》2010 年第 7 期，第 8—11 页。

[122] 段建斌：《关于思想政治教育价值在当代发展的思考》，《求实》2009 年第 11 期，第 76—78 页。

[123] 张明秀、吴世彬：《从工具化到人本化：高校思想政治教育价值诉求的转变》，《学校党建与思想教育》2009 年第 3 期，第 47—49 页。

[124] 张明秀：《高校思想政治教育价值诉求转变与人文精神构

建》，《社会科学家》2009 年第 6 期，第 133—136 页。

[125] 谢晓娟：《论马克思人的全面发展理论对高校思想政治教育的价值引领》，《辽宁大学学报》（哲学社会科学版）2009 年第 2 期，第 24—27 页。

[126] 李绍伟：《马克思主义人学视域中思想政治教育价值的哲学反思》，《中国矿业大学学报》（社会科学版）2009 年第 4 期，第 76—79 页。

[127] 薛艳丽：《建构个体生命的意义世界——当代思想政治教育价值新探》，《青岛农业大学学报》（社会科学版）2011 年第 2 期，第 72—75 页。

[128] 卫刘华：《人文关怀视阈下思想政治教育价值探析》，《教育革新》2009 年第 2 期，第 7—8 页。

[129] 李合亮：《关于思想政治教育社会价值与个人价值的深层认识》，《探索》2010 年第 1 期，第 115—119 页。

[130] 丁玉泉：《基本价值：思想政治教育的内容基础》，《学校党建与思想教育》2009 年第 8 期，第 34—36 页。

[131] 王雄杰：《思想政治教育价值的现代建构及其和谐发展》，《学校党建与思想教育》2008 年第 10 期，第 35—37 页。

[132] 朱怡：《试论思想道德教育的价值内涵与特性》，《理论与改革》2004 年第 4 期，第 154—156 页。

[133] 汤海生：《改革开放前后思想政治教育价值取向的变迁》，《继续教育研究》2009 年第 6 期，第 45—46 页。

[134] 董重转：《以人为本：大学生思想政治教育的价值诉求》，《中国高等教育》2010 年第 13 期，第 19—20 页。

[135] 王贤卿、赵盛润：《论思想政治教育价值实现的障碍及其克服路径》，《毛泽东邓小平理论研究》2009 年第 8 期，第 72—

77 页。

［136］徐曼、王艳红：《思想政治教育价值实现过程分析》，《广西社会科学》2009 年第 5 期，第 9—13 页。

［137］陈怀平等：《从个体主体维度透视思想政治教育价值的实现机制》，《社会科学家》2010 年第 8 期，第 41—44 页。

［138］涂刚鹏：《论新时期思想政治教育的价值及其实现》，《湖北社会科学》2004 年第 8 期，第 121—122 页。

［139］刘先进等：《思想政治教育价值实现论》，《黑龙江高教研究》2007 年第 2 期，第 75—77 页。

［140］郝文军：《谈大学生思想政治教育价值实现的路径》，《教育探索》2010 年第 8 期，第 117—119 页。

［141］张亚丹：《浅析大学生思想政治教育价值实现的层次和规律》，《思想教育研究》2011 年第 3 期，第 103—106 页。

［142］董杰，魏纪林：《论重大突发情境的思想政治教育价值及其引导》，《探索》2009 年第 3 期，第 131—135 页。

［143］李楠明：《价值主体性：主体性研究的新视域》，黑龙江大学 2004 年博士学位论文。

［144］朱晓东：《实践价值论与价值哲学的变革》，吉林大学 2009 年博士学位论文。

三、英文著作

［1］Roy Gardner. *Education for Values*：*Morals*，*Ethics and Citizenship in Contemporary Teaching*，Routledge Falmer，2003 页。

［2］Louis P. Pojman. *Ethical Theory*：*Classical and Contemporary Readings*，Wadsworth Publishing Company，1998 页。

［3］Langford，Glenn. *New Essays in the Philosophy of Education*，Routledge Chapman Hall，2009 页。

［4］Zajda，Joseph. *Global Values Education*，Springer Netherlands，2009 页。

［5］Paterson，R W K . Values，Education and the Adult ，Routledge Chapman Hall，2009 页。

［6］R. S. Peters. *The Philosophy of education*，Oxford University Press，1987 页。

后　记

　　本书在我博士论文的基础上修改而成，付梓之际，心中常常泛起涟涟的感慨，谨以此书献给我的父母和恩师王秀阁教授。

　　人生的路上，几经闯荡，在天津师范大学遇到了我的恩师——王秀阁教授。自从第一次见到王老师，就被她身上特有的朝气、仁慈、果敢、刚毅、睿智深深地折服。身处在学术、管理、生活以及其他各式各样的工作的漩涡中，她不但能样样兼顾，平衡得有条不紊，而且总是神采奕奕。在工作中尽职尽责，精益求精，几乎不放过任何一个细节。追求完美的人很多，但她却总是能让自己的追求变成现实。她能包容每一个不同学术背景、学术层次的学生。不但对自己的弟子给予了学术指导和慈母般的关爱，更重要的是对学院的每一个学子都关爱有加，思大家所思，想大家所想。说句真切的话，大家对王老师，除了尊敬，更有崇拜，还有无限的感激和荣幸。

　　敞开心扉地说，恩师的人格魅力深深地感化了我。在她面前，我是一个多么真实的、毫无掩饰的我，甚至是撒娇和放纵的我。常人给父母诉说的苦衷与烦恼，我却倾诉给我的老师。每当工作和生活中遇到难以抉择的问题，我都第一时间打电话向恩师求教。她给予我的关爱和指导让我无以言表、终生受益。恩师在我心中就像妈妈一样的神圣和伟大，不是亲妈胜似亲妈。特殊的成长经历，特殊的成长环境，使我一直沉浸在无可奉告的担忧和恐惧中而无暇顾及交友处事的技巧。当我从零起点甚至负起点迈步在充满技巧和竞争的大都市时，我内心的困惑、痛苦、忧虑、敏感以及行为上的幼稚，唯有恩师完全包容且化解。那时候，我时刻感觉在我的身上笼罩着一层厚厚的、自卑的网套，感觉这种无形的网套时刻束缚和压抑着我的内心和行动。就是恩师接连不断的鼓励、就是恩师恨铁不成钢的指责，就是恩师时不时的表扬、就是恩师不断地帮助，使我彻底揭去了那层自卑的网套，使我获得并充满了自信，使我真正地感受到了生活的甜蜜和幸福。这对于我以及我的家庭都是一笔非凡的、终身的收获。十多年来，恩师见证了我的成长。此刻，我想说——敬爱的王老师，永远怀念受您指导时茅塞顿开的那种感觉，永远怀念您兼具母亲般的慈爱和严师般教导的风范，永远怀念我受委屈时您给我的安慰，怀念……太多太多。在此，我不得不感谢我的师叔，多年来，他不但给予了我无限的关心，而且常常给我的人生提供宝贵的建议。他对恩师的支持和关爱、他们之间那种相濡以沫、故剑情深的情境，令多少人感叹和羡慕啊！

人生是一个过程，在每一个驿站上，都有我们永远想忘也忘不了的人和事。能有今天的收获和成绩，我不得不提及我的中学老师应红才。当初我用稚嫩的泥土手接到"中专录取通知书"，我欣喜若狂。因为在那个年代，考上中专就意味着"铁饭碗"到手了。而应老师几经周折找到我，劝我放弃中专而再次读前途未卜的高中。在应老师的再三劝说下，我背上简单的行囊踏上了一条艰辛的求学之路。也正是因为这个抉择，才使我有了后来读博的机会。

这期间，父母的恩情似海如山！在那如此荒凉而偏远的山村，在那样的情感生活中，无法想象父亲忍受了多少的苦难和煎熬把我们培养成才。回想过去，父亲偿尽了人间的辛酸。然而，作为女儿，根本没有体谅和理解他在那种处境中的尴尬和内心的委屈。直到父亲驾鹤西行，翻开父亲一生的"日志"和"收支记录"，字里行间映现了父亲的艰辛、刚强、节俭、智慧，才真正地明白父亲的苦衷，才真正地发现父亲是个多么不简单的、多么不寻常、多么智慧的人！至今，"记录"中的那一字那一句就像一把把锋利的剑，深深地刺痛我愧疚的心，那一切都是留给我一辈子无法弥补的遗恨。多少个漫长漆黑的不眠之夜，我的思绪就像脱缰的野马狂奔在一桩桩历历在目的、苦涩的回忆中，在整个过程中，与其说流下的是泪还不如说是滴下的血，那种痛、那种悲……。"子欲孝而亲不在，树欲静而风不止"，懊悔、思念、无奈……，时时刻刻摧残着我的心灵。我亲爱的爸爸，如果有来生，一定让我再做您的女儿，我一定在您的膝下尽孝，绝不会让您独自咽下生活的苦酒。这辈子做您的女儿，我没有做好，也没有做够。如今，能告慰先灵，宽慰自己的唯一做法就是照顾年迈的母亲。母亲天性悲观、忧郁，能让她快乐地安度晚年，是女儿最大的夙愿。交加着如此痛苦的情感折磨，我艰辛地完成着我的博士论文。还有任劳任怨、不怕苦累的爱人，自从结识以来，他以男人特有的责任和淡定，给了我极大的关爱和指导。常常写诗、写对联鼓励我，使我急躁和自卑的心平静下来。在我论文准备的初期，他几乎独自一人承担了所有的家务、孩子以及工作。期间，他一直给我报喜不报忧，为的就是能让我安心地在学校读书，这为后期的论文写作奠定了相当重要的基础。在此，不得不提起李坤妹妹，在我疲惫难熬的日子里为我捶背揉肩，共同商讨难题，伴我欢笑伴我忧。还有我那当时才三岁多的宝贝儿子，每次离开的时候，都含着泪为我告别。那一幕幕分别时让人心酸的场景、那一句句成人都难以讲出的感人的话语至今记忆犹新。尤其是在论文写作和修改的后期，幼小的孩子拿着沙漏计时器，一会儿爬上我的肩膀，一会儿坐进我的怀里，一会儿责怪妈妈不陪他玩，一会儿像个小大人似的安慰妈妈赶紧写论文。举举动动不但考验着我的专注力，更考验着我的忍耐度。身陷在家务、工作、孩子、论文、思念父母中的我，面对如此的煎熬和矛盾，时而让我对着孩子歇斯底里地大吼，时而看着站在一边不知所措的孩子而愧疚。当然也少不了家庭中的争争吵吵。就在这样的境况下，论文能写到这样的状况我已经很知足了。但是，想一想导师为我付出的心血和期望，我没有把导师的思想切实地融入到论文中，内心充满了歉意。然而，我的意志和精力都有些不支，时间也不允许。一切就这样暂时地结束了。

路漫漫其修远兮，吾将上下而求索！希望在将来的道路上能用我的爱心和智慧回报我的恩师、我的亲人。

最后，向评阅我的论文并参加我博士论文答辩的刘景泉教授、祖嘉合教授、李毅教授道声深深的谢意！也向人民出版社的赵圣涛编辑以及为出版付出辛苦的全体人员致以衷心的感谢！此外，向已经标注或者因疏忽没有标注的文献资料的同仁学者道声深深的谢意！

李月玲

2015 年 3 月于文瀛湖畔

责任编辑:赵圣涛
封面设计:肖　辉
责任校对:吴晓娟

图书在版编目(CIP)数据

科学实践观范式下思想政治教育价值研究/李月玲 著.
  -北京:人民出版社,2015.3
ISBN 978－7－01－013853－4

Ⅰ.①科…　Ⅱ.①李…　Ⅲ.①思想政治教育-研究-中国　Ⅳ.①D64

中国版本图书馆 CIP 数据核字(2014)第 192916 号

科学实践观范式下思想政治教育价值研究
KEXUE SHIJIANGUAN FANSHI XIA SIXIANG ZHENGZHI JIAOYU JIAZHI YANJIU

李月玲　著

人民出版社 出版发行
(100706　北京市东城区隆福寺街 99 号)

环球印刷(北京)有限公司印刷　新华书店经销

2015 年 3 月第 1 版　2015 年 3 月北京第 1 次印刷
开本:710 毫米×1000 毫米 1/16　印张:17.75
字数:265 千字　印数:0,001-3,000 册

ISBN 978－7－01－013853－4　定价:45.00 元

邮购地址 100706　北京市东城区隆福寺街 99 号
人民东方图书销售中心　电话 (010)65250042　65289539